시시콜콜한 조선의 일기들

ⓒ 박영서 2021

초판 1쇄	2021년 4월 16일			
지은이	박영서			
출판책임	박성규	**펴낸이**	이정원	
편집주간	선우미정	**펴낸곳**	도서출판 들녘	
디자인진행	한채린	**등록일자**	1987년 12월 12일	
편집	이동하·이수연·김혜민	**등록번호**	10-156	
디자인	김정호	**주소**	경기도 파주시 회동길 198	
마케팅	전병우	**전화**	031-955-7374 (대표)	
경영지원	김은주·장경선		031-955-7376 (편집)	
제작관리	구법모	**팩스**	031-955-7393	
물류관리	엄철용	**이메일**	dulnyouk@dulnyouk.co.kr	
		홈페이지	www.dulnyouk.co.kr	

ISBN　　979-11-5925-618-9 (03910)

그들의 하루는 참 흥미진진했다

평범한 사건·찬란한 삶

시시콜콜한
조선의 일기들

박영서 지음

들녘

집필록
執筆錄

조선은 가깝고도 먼 나라입니다. 그들과 우리의 시간은 그렇게 멀지 않으나, 감정의 거리는 쉽사리 좁혀지지 않습니다. 특히, 현대인의 눈으로는 이해할 수 없는 몇몇 장면들이 아프게 꼬집혀 '미개하다' '부끄럽다'라는 댓글을 받는 일이 좀처럼 사라지지 않습니다.

제가 개인의 편지나 일기에 관심을 두게 된 것은 두려움 때문이었습니다. 너무나도 거대한, 그리고 너무나도 무거운 시대의 흐름 안에서 우리는 다만 무력한 개인일 뿐입니다. 시대가 거대한 역사, 특히 부정적인 역사로 덧씌워질 때, 개인의 삶은 쉽게 사라지고 맙니다. 결국엔 그들 개인이 '무가치한 것'을 위해 잠깐 살다 간 존재처럼 비치는 것이 아득하고 두렵게 느껴졌습니다. 저의 삶 또한 '무가치한 것'을 좇았던 시간이 되는 것은 아닌가 싶었습니다. 저의 삶 역시, '미개하다' '부끄럽다'라는 시대에 대한 평가로 간단히 정리되는 것은 아닌가 싶었습니다.

일기에는 그들의 치열했던 삶의 흔적이 세세하게 남아 있습니다. 게다가 일기는 작성자가 그 시대와 어떻게 교차하고 있는지 보여준다는 점에서 매우 거시적이기도 합니다. 우리가 망국의 위기에서 나라를 구원한 이순신 장군의 대활약을 알 수 있었던 것은 『난중일기(亂中日記)』 덕분이고, 대한민국 임시정부가 끝이 보이지 않는 터널 속에서 벌였던 사투를 알 수 있었던 것은 김구의 『백범일지(白凡逸志)』 덕분입니다. 이렇듯 일기는 개인의 희망과 절망, 시대의 영광과 추락을 모두 담고 있습니다.

국립문화재연구소의 '조선시대 개인일기 학술조사'에 따르면, 현재까지 확인된 조선의 개인 일기들은 무려 1431건에 이릅니다. 여행 중에 쓴 여행일기, 전쟁 중에 쓴 전란일기, 궁중의 여인들이 쓴 궁중일기, 단맛 짠맛 다 드러나는 생활일기, 공무를 수행하던 중에 쓴 사행일기 등 짧게는 수십 일, 길게는 몇 세대가 이어 쓴 수백 년의 일기들이 우리 곁에서 묵묵히 숨 쉬고 있습니다. 조선의 일기를 택한 이유는 단순합니다. 이 수많은 기록 덕분에, 시대와 문화의 차이에도 불구하고 조선 사람들과 비교적 쉽게 공명(共鳴)할 수 있기 때문입니다.

조선 사람들은 자신의 성찰을 위해, 그리고 타인의 통찰을 위해 일기를 썼습니다. 저는 그들의 일기를 읽으며, 때로는 예능 프로그램을 볼 때처럼 혼자 끅끅대며 웃었고, 때로는 슬픈 영화를 볼 때처럼 눈시울이 붉어지기도 했습니다. 시간이 어떻게 가는지도 모르고 몰입하는 동안, 저는 일기의 주인들과 완전히 공명했다고 생각합니다.

역사 뒤로 퇴장한 그들이 남긴 기록들 덕분에 저는, 비록 시대가 내 편이 아니더라도, 비록 오래도록 기억될 만큼 성공하지 않아도, 너무나 사소해 보이는 지금 이 순간의 삶이 충분히 찬란해질 수 있다는 것을 알게 되었습니다. 제가 읽었던 그들의 희망과 절망, 기쁨과 슬픔, 번민과 고뇌, 감탄과 희열로 가득한 시시콜콜한 삶이 너무나 찬란해 보였기 때문입니다.

그래서 이 책은 '공명 유도서'입니다. 책을 엮을 때 가장 공들인 부분도, 책을 읽으시는 분들이 일기 속 주인공들과 공명하실 수 있어야 한다는 점이었습니다. 그들과 같은 눈높이에서 마주하게 될 때, 비로소 말도 많고 탈도 많았던 조선이라는 나라에서 살던 사람들이 얼마나 자신의 존재를 뽐내고 있었는지 느끼게 되실 것입니다. 이윽고 하루가 다르게 변화하는 시대를 사는 우리의 존재도 빛나는 존재임을 느낄 수 있으리라, 생각합니다.

책을 엮었던 저의 시간이 그러했듯, 여러분의 '지금, 여기'의 시간 또한 지나간 이들의 삶처럼 찬란히 빛나시기를 바랍니다.

저는 『난중일기』나 『열하일기(熱河日記)』처럼 비교적 널리 알려지지는 않았으나, 여러분이 원문 및 번역문을 쉽게 접하실 수 있는 생활 일기들을 주로 선정하여 담았습니다. 또한, 시시콜콜한 일상 속의 사건 중심으로 각 장을 꾸리면서도, 등장인물들의 삶을 조망하기 위해 노력했습니다. 책 여기저기서 나타나는 등장인물들의 삶을 음미해보시면 더욱 책 읽는 맛이 나시리라 생각합니다.

이 책에 소개된 자료들은 모두 전문 연구자분들과 연구기관의 귀중한 연구 성과입니다. 지금도 늦은 밤, 퇴근을 미루면서 곰팡내 가득한 고서를 번역·아카이빙 하고 계실 연구자·연구기관 종사자들께 존경과 감사를 드립니다.

집필하면서 고전번역교육원 장성덕 교수님과 박제균 선생님의 도움을 많이 받았습니다. 특히, 한문 검수까지 해주신 박제균 선생님께는 더 깊은 감사를 드립니다. 또한, 배움의 항해를 함께하는 철학이야기 도반들께도 감사를 드립니다. 더하여 집필 기간 저를 응원해주신 sooyi 님께 감사드립니다. 덕분에 큰 힘이 되었습니다. 나아가 집필을 핑계로 '예민 보스'가 된 저를 인내하고 배려해주신 석왕사(釋王寺) 가족 여러분들께도 감사드립니다.

이번에도 졸고에 숨결을 불어넣어 세상의 빛을 보게 해주신 들녘 출판사 분들께 감사드립니다.

마지막으로, 이 책과 인연의 끈이 닿은 독자 여러분께 감사드립니다. 더불어 본 책에는 제가 그린 캐리커처, 그리고 일기 원문을 적은 서예 도판이 수록되었습니다. 정말 부끄러운 퀄리티지만, "제법 애썼네!"정도로 생각해주시면 좋겠습니다.

2021년 03월 18일

충주 자비원(慈悲阮)에서

박 영 서 씀

차례

CHARACTER 01

김령 金坽
1577~1641

『계암일록(溪巖日錄)』의 저자. 광산 김씨 패밀리의 프랜차이즈 스타 1호. 한때는 풍운의 꿈을 안고 과거 공부에 매진하여 응시, 보란 듯 합격했지만, 매운맛 사회생활을 견디다 못해 사직서를 던지고 방콕을 선언한 히키코모리 선비. 나라에서 어떻게든 일 시키려고 몇 번이나 관직을 줬지만, "저는 다리를 못 쓰는 병에 걸렸는데요?"라면서 도망 다닌 회피 스킬 만렙. 덕분에 '고결하기로 영남의 1티어 선비'라 불린다. 하지만, "쯧쯧, 이게 나라냐?"라고 꼬집으면서도 나라가 위급할 땐 재산을 털어서 의병 군자금을 대는 '츤데레'.

CHARACTER 02

김광계 金光繼
1580~1646

『매원일기(梅園日記)』의 저자. 광산 김씨 패밀리의 프랜차이즈 스타 2호. 김령에게는 조카뻘. 공부면 공부, 인품이면 인품 뭐 하나 빠지지 않아, 좀처럼 남을 칭찬하지 않는 사람조차 빠져들게 만드는 매력의 소유자. 동네 사람들 모두가 그의 매력에 흠뻑 빠졌고, 심지어 길 가는 공무원들도 모두 그와 말 한마디 나눠보려고 안달복달했다나. 하지만 이런 완벽남조차도 집안 내 못 말리는 트러블메이커 앞에선 어찌할 바를 모른다.

CHARACTER 03

노상추 盧尙樞
1746~1829

『노상추일기(盧尙樞日記)』의 저자. 집안 재산을 말아먹으며 도전한 12년의 무과 과거. 기약 없는 서울 고시원 장수생 생활을 청산하고 드디어 합격!했지만……. 4년의 임용 대기가 있을 줄은 몰랐다. 어찌어찌 관직을 얻었는데, 간신히 얻은 관직이 최전방이라니! 게다가 그를 괴롭히는 직장 동료와 크고 작은 트러블까지. 아들의 얼굴도 까먹을 정도로 집을 떠나 살면서 이리 치이고 저리 치이는 수난 많은 인물.

CHARACTER 04

오희문 吳希文
1539~1613

『쇄미록(瑣尾錄)』의 저자. 임대료 걷을 생각에 싱글벙글 영남으로 홀로 떠난 그. 그러나 청천벽력 같은 소식을 듣는다. "왜……왜놈들이 쳐들어왔소! 피하시오!" 느닷없이 시작된 뜻밖의 피난민 생활로 논밭 대부분을 잃고 빈털터리가 되었지만, 그는 자존심을 굽히고 양식 구걸을 다니며 가장의 의무를 다한다. 그렇게 세월이 흘러 이제 좀 먹고살 만해졌다 싶어 정신을 차리고 보니, 이제는 정년퇴직한 골칫덩이 남편 취급만 남았다. 그는 생각한다. '이래서는 안 된다. 답은, 양봉 코인이다.'

CHARACTER 06

이문건 李文楗

1494~1567

『묵재일기(默齋日記)』및『양아록(養兒錄)』의 저자. 하나를 가르치면 열을 아는 똑똑한 조카와 아무리 때려도 말을 들어 먹지 않는 아들놈 사이에서 속앓이한다. 이런저런 사유로 틈만 나면 부부싸움을 걸어오는 아내의 성화는 덤. 하지만 누가 알았을까? 그 잘나고 똑똑한 조카 때문에 패가망신을 당할 줄은. '내 남은 삶은 손자를 위해 바치리라.' 다짐했건만, 피는 물보다 진한 법, 못난 아들보다 더 말썽을 부리는 손자 때문에 늙은 할아버지의 애간장은 오늘도 업진살처럼 살살 녹는 중.

CHARACTER 07

심노숭 沈魯崇

1762~1837

『남천일록(南遷日錄)』의 저자. 자다가도 벌떡 일어나서 미친 듯이 글을 쓰는 글쓰기 중독자. 하지만 평범함은 사절하고, 오직 자신만의 독특한 문체와 자유로운 표현, 그리고 도저히 엄격한 선비의 글로는 볼 수 없을 만큼 솔직하고 구구절절한 자기 고백의 글을 쓴 조선의 리베로. 그 아무리 정치적으로 외압을 가해도 할 말은 하는 '심카콜라'. 주인 잘못 만난 노비들이 자신의 뒷담화를 해도 웃어넘기는 쿨가이. 하지만, 그에게도 치명적인 약점이 하나 있었다. 바로, 눈물 많은 '딸 바보'라는 것.

CHARACTER 08

박래겸 朴來謙

1780~1842

『서수일기(西繡日記)』의 저자. 어느 날, 룰루랄라 칼퇴하려던 그에게 전해진 임금님의 비밀 편지. "그대를 암행어사로 임명하노라." 이 영광스러운 순간, 그의 반응은 "아니, 이게 무슨 소리요! 내가 암행어사라니!" 하지만 기왕 암행어사가 된 거, '본전 제대로 뽑자.'라는 마인드로 공무 반 관광 반 평안남도를 질주한다. 정체를 숨긴 듯 안 숨긴 듯, 퀴즈쇼 진행자처럼, '누가 누가 암행어사인 걸 맞히나?'라며 슬쩍슬쩍 마패를 내보이는 '관종 어사'.

CHARACTER 09

윤이후 尹爾厚

1636~1699

『지암일기(支菴日記)』의 저자. 전라남도의 최고 명문가, 해남 윤씨 가에서 금수저를 물고 태어난 인물. 더럽고 치사한 공무원 생활에 진절머리가 나 쿨하게 사표를 던졌지만, 어떤 소동에 휘말리게 된다. 버릇없는 호송관 뒤를 졸졸 따라 감방에 들어가게 되는데, 감방 동기와의 수다 덕분에 '슬기로운 감방생활'을 이어간다. 석방 후 집으로 돌아온 그가 몸 바친 것은 땅따먹기. 그런데 의외의 인물로부터 뜻밖의 양발 태클을 받는데……

✳

일러두기

※ 책에 수록된 대부분의 일기 자료는 다음의 같은 사이트에서 원문 또는 번역문을
확인하실 수 있습니다. 또한, 필자의 강한 윤색과 편집이 가해졌음을 밝힙니다.

1. 한국국학진흥원 〈선인의 일상생활, 일기〉

   (http://diary.ugyo.net/)

2. 한국국학진흥원 〈스토리테마파크 - 일기와 생활〉

   (http://story.ugyo.net/ront/index.do)

3. 한국사데이터베이스, 한국사료총서 55집~57집 『南遷日錄』

   (http://asq.kr/vsPiT5dORvvIiX)

4. 한국사데이터베이스, 한국사사료총서 49집 『盧尙樞日記』

   (http://asq.kr/k6Udy3IL4CTrV)

5. 지암일기: 데이터로 다시 읽는 조선시대 양반의 생활

   (http://wiki.jiamdiary.ino/)

6. 『묵재일기(默齋日記:1535~1567)』 교감(校勘) 및 역주(譯註) 사업

   (http://waks.aks.ac.kr/rsh/?rshID=AKS-2014-KR-1230007)

※ 본문에 수록된 도판 중 각 장마다 실린 일기원문은 필자가 직접 쓴 것입니다. 수록 페이지는 다음과 같습니다.

45쪽   1780년 2월 25일 - 『노상추일기(盧尙樞日記)』
56쪽   1846년 3월 12일 - 『임재일기(臨齋日記)』
97쪽   1801년 4월 3일 - 『남천일록(南遷日錄)』
143쪽   1822년 5월 13일 - 『서수일기(西繡日記)』
174쪽   1801년 4월 1일 - 『남천일록(南遷日錄)』
204쪽   1552년 11월 24일 - 『묵재일기(默齋日記)』
230쪽   1801년 3월 4일 - 『남천일록(南遷日錄)』
284쪽   1803년 11월 16일 - 『남천일록(南遷日錄)』
309쪽   1607년 4월 24일 - 『계암일록(溪巖日錄)』

학창시절, 많고 많은 방학 숙제 중에 가장 무서운 것은 '일기 쓰기'였습니다. 일기 쓰기 숙제는 참 이상합니다. 한두 번도 아니고 거의 매번, 미루고 미루다가, 그것도 꼭 개학이 코앞에 다가와 선생님의 매서운 회초리가 눈앞에 아른거려야만 '한꺼번에' 쓰게 되거든요. 여러분에게도 비슷한 경험이 있을 겁니다.

　　매일 일기를 쓰는 것도 어려운 일이었지만, 그보다 더 어려운 것은 매일 똑같이 굴러가는 하루에서 일기용 에피소드를 짜내는 것이었지요. 그 뒤로 일기는, 첫사랑에게 고백했다 차인 날이나, 시험 성적이 말도 안 되게 나빴던 날이나, 취업 면접에서 호되게 혼난 날에나 쓰게 되었습니다.

　　조선 사람들은 달랐습니다. 조선 사람들에게 글쓰기란, 문자 그대로 그들의 존재 당위였습니다. 계급적으로는 사대부, 사상적으로는 성리학이 조선 건국을 떠받친 기둥이었죠. 사대부들은 글쓰기를 통해 공론(公論)을 형성하고, 형성된 공론을 통해 정치에 적극적으로 참여했습니다. '나의 글쓰기가 세상을 바꾼다.'라는 강력한 믿음, 그것이 글쓰기의 강력한 원동력이었습니다. 특히, 그들이 남긴 개인 일기는 지독하고도 투철했던 조선 기록 문화의 에센스입니다.

그들의 일기에서는 특별하지 않아도 빛나는 일상이 묻어 나옵니다. 그들도 우리처럼, 어쩌면 매일 비슷한 모양새를 살았겠으나, 일상 속에서 자신만의 특별함을 발굴하는 능력은 존경스러울 정도였습니다. 나랏일을 할 때, 집에서 뒹굴뒹굴할 때, 공부할 때, 집 밖으로 나돌아다닐 때, 전쟁 중일 때, 포로일 때 등등 언제 어디서든 일기를 썼습니다. 전쟁과 혼란이 거듭됐던 한반도의 역사 때문에 그들이 썼던 것에 비하면 남아 있는 가짓수가 현저히 적습니다만, 놀랍게도 그 분량은 압도적입니다. 이걸 언제 다 보나, 싶습니다.

그들의 일기와 우리의 일기가 다른 점은 하나 더 있습니다. 그들은 항상, 타인에게 보여줄 준비를 하고 일기를 썼습니다. 스스로에게는 성찰을, 누군가에는 영감을 주기 위해, 목숨처럼 소중히 써 내려갔죠. 이제, 붓질로 줄줄이 엮어나간 그들의 농밀한 감정, 그리고 그들이 살던 세상의 모습을 차근차근 소개하겠습니다.

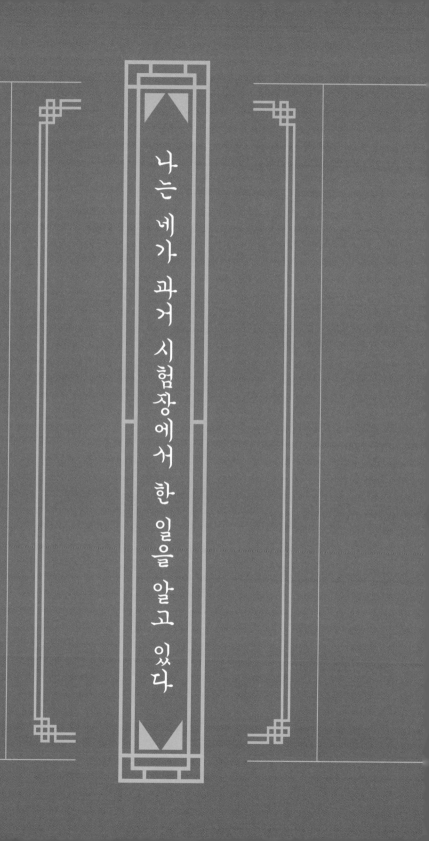

나는 네가 과거 시험장에서 한 일을 알고 있다

'인문학의 위기'나 '이공계의 위기'라는 말, 이제 익숙하시죠? 이러한 얘기가 흘러나온 지 벌써 수십 년이 지난 것 같습니다. 대학이 더는 학문의 전당으로 남지 못하고, 그저 취직을 위해 거쳐 가야 할 하나의 계단 정도가 되어버린 현실을 우려하는 말이었죠. 청년 실업률이나 중소기업의 구인난이 이제는 일상의 한 자락만큼이나 익숙한 용어가 되어버렸습니다. 일자리는 삶의 질을 결정하는 데 매우 중요한 요소이기에 우리는 취업난, 구인난이 왜 벌어지고 있는지 이해할 수 있습니다.

요즘 청년들이 취업에 몹시 민감한 것처럼, 조선 사람들은 과거(科擧)에 목숨을 걸었습니다. 비록 사실상 양반층의 전유물이었지만, 그 파급효과는 전 세대, 전 계급, 전 지역에 퍼졌습니다. 과거에 살고 과거에 죽는 그들의 모습은 가끔은 지나치거나, 괴이하다고 느껴질 만큼이나 '예민 보스'였죠. 우리 시대야 일단 취업하면 부모님에게서 "어이구, 이 녀석아 공부 좀 해라!"라는 잔소리를 듣게 되지 않지만, 안타깝게도 조선의 청년들은 아버지가 돌아가시는 그날까지 "공부해라" "수양해라"라는 잔소리를 꼬박꼬박 들어야 했습니다. 과거, 과거 이후, 심지어 정계 은퇴 이후에도, 공부를 해야 할 역사적 사명을 띠고 태어난 존재들. 그것이 조선의 양반이었습니다.

하지만 모두가 눈에 불을 켜고 시험의 공정성을 지키기 위해 노력해야 할 양반들은, 이상하게도 온갖 부정행위를 공유하는 '암묵적인 룰'을 만듭니다. 시대가 흐르면서 관직의 수는 산술급수적으로 증가하는데, 양반의 수는 기하급수적으로 늘어났기 때문이죠. 결국, 조선 중기 이후의 과거장은 응시자도, 감독관도, 임금님도 못 말리는 '천하제일 커닝대회'가 되고야 맙니다.

그 생생한 고발의 현장, 한번 훔쳐볼까요? 꼿꼿한 영남 선비, 김령(金坽, 1577~1641)의 일기, 『계암일록(溪巖日錄)』을 펴 보겠습니다.

—

1614년 10월 29일
『계암일록(溪巖日錄)』

시험 감독관 김치원은 이번 시험에서 친목으로 다져진 인맥을 사용하며 온갖 수작을 부렸다. 특히, 시험지에 그가 감독 도장을 찍을 때, 응시자를 한 명 한 명 불러 얼굴을 확인하면서 자신이 아는 사람인지, 혹은 자신이 아는 사람의 지인인지 꼭 확인했다. 게다가 다른 감독관은 "이 시험지는 딱 3등 정도 하겠군요!"라며 시험 결과가 공표되기도 전에 마치 등수가 정해진 것처럼 이야기하는 것이 아닌가! 알고 보니, 이 모든 게 이(李)씨네 삼 형제를 모조리 합격시키기 위한 술수였다. 김치원은 이씨네 삼 형제 중 맏형 이립이 영 글을 시원치 않게 쓰는 것을 알고 아우에게 답안지 대리 작성을 시킨 것도 모자라, 아우 이점의 시험지에는 '합격'이라고 써 붙였다. 덕분에 이점은 자신이 합격한 것을 알고 자신 있게 형의 답안지를 대신 써줬다. 물론, 막내 이강의 답안도 형편없었는데 고득점으로 합격했다.

그들이 시험지를 제출하는 모습은 정말로 가관이었다. 삼 형제가 우애 좋게 나란히 서더니, 형님이 답안지를 줄줄 읽으면, 아우는 옆에서 "형님! 문장이 정말 좋습니다!"라면서 서로를 추켜세우기 바빴다. 그러고는 "형님 시험지는 딱 봐도 삼 등 안에 듭니다."라면서 떠드는데,

감독관 김치원은 그들을 제지하기는커녕 그들이 말한 점수를 그대로 받아 적었다.

　김령의 일기에선 빵빵한 인맥을 갖춘 이씨네 삼 형제가 대리 응시, 합격자 내정, 시험 결과 선 공개 등 '짜고 치는 고스톱'으로 벌인 부정행위가 나옵니다. 세 가지 모두, 지금 우리 시대에서 벌어졌다면 9시 뉴스에 나올 법한 일이겠죠? 놀랍게도 김령의 일기에선 이러한 부정행위가 숱하게 등장합니다.* 예의범절과 꼿꼿한 절개를 중시했던 유학의 나라, 조선에서 어떻게 된 일일까요.

　조선의 과거제는 세 가지를 함께 이해해야 합니다. 먼저, 과거제는 능력에 따라 인재를 선발하기 위한 제도였다는 점, 그리고 조선은 강력한 신분제 국가였다는 점, 마지막으로 조선의 정치 시스템은 당론(黨論)을 중심으로 운영되었다는 점입니다. 문과와 무과, 그 밖에 실무적인

난장판이 된 과거 시험장

어느 순간부터 과기는 조별 괴제로 바뀌었습니다. 이른바 거벽(巨擘)이라 하는 과거 전문 대리 작성가가 널리 퍼져, 『정조실록』에는 서울의 고봉환, 개성의 이환룡, 호남의 이행휘, 호서의 노금 같이 전국적 네임드 거벽들의 이름이 나옵니다. 이들은 조별 과제를 하드캐리하는 거벽이었죠. 그 뒤 과거 판은 수험생, 거벽, 자리 지키는 노비, 동료 등이 한 조가 되어 공공연한 부정행위를 저지르는 '커닝 대축제'가 되지요. '난장판'이라는 말은 바로 엉망진창의 과거 시험장에서 유래된 말입니다.

직렬에 원칙적으로는 신분에 대한 차별 없이 각자의 재능에 따라 응시할 수 있었습니다. 그렇지만, 실제로는 응시할 수 있는 과와 신분이 정해져 있는 것과 다름이 없었죠. 특히, 문과의 경우는 '양반 남성'으로 제한된 것이나 마찬가지였습니다.[*]

그럼에도 과거에 합격하기란 바늘구멍을 뚫기보다 어려운 일이었습니다. "전하! 지방의 잠든 인재를 발탁해주십시오."라는 상소문은 지방을 위한 시험을 열어달라는 말을 우회적으로, 세련되게 전하는 말이었죠. 그래서 원래 3년에 한 번씩만 열리던 정기 시험을 포함하여, 나

과거제도- 신분의 차별

차별의 대상은 신분만이 아니었습니다. 지방의 유생들은 집권 세력의 변화에 따라 자기 지역이 차별받는다고 생각했습니다. 또한, 법적으로는 아무런 제약이 없으나, 정치적 사건으로 사실상 관직 길이 막히기도 했죠. 예컨대, 뒤에 소개할 노상추는 할아버지가 정치적으로 숙청당하면서 문과를 포기하고 무과에 응시합니다. 한편, 윤이후는 자신의 일기에서 시각장애인이 과거에서 합격했다가 취소된 일을 전하며 '나라가 생긴 이래 장애인을 장원으로 뽑은 경우가 없다. 정말로 한심하다.'라고 적고 있습니다. 또한, 최흥원(崔興源, 1529~1603)은 특이하게도 글 잘쓰는 노비 복님이를 발견하는데, 다만 수업료를 주면서 아이들에게 글씨를 가르치게 했을 뿐입니다. 전쟁을 비롯한 매우 특수한 상황이 아니면, 이러한 신분적, 사회적 차별을 극복하고 당당히 합격하는 것은 불가능에 가까웠습니다.

라에 축하할 일이 있을 때 파티를 하듯 시험을 열게 됩니다. 이러다 보니, 시험에 대한 관리 감독도 허술해질 수밖에 없었죠.

　게다가 당론 중심의 정치 시스템은 '우리 편 만들기'에 열중하게 되는 부작용을 낳았습니다. 물론, 이 시스템을 나쁘게만 볼 것은 아닙니다. 견제와 균형, 대화와 토론이 전제된 정치 시스템이니까요. 다만 시대가 흐르며 구조적인 모순이 차츰 누적되어버린 까닭이겠지요. 그래서 온갖 종류의 부정행위*가 판치는데, 그중 가장 안전하고 확실한 방법은 '인맥에 의한 합격'이었습니다. 그래서 과거장은 누가 누가 더 혈연·지연이 강력한가 다투는 숨 막히는 기 싸움의 현장이기도 했습니다.

　그런데, 기 싸움을 넘어서 가끔은 물리적인 싸움도 했나 봅니다.

조선 시대의 과거 부정행위

1818년에 올라온 상소에는 당시 과거 시험장에서 행해졌던 대표적인 8가지 부정행위가 기록되어 있습니다. 그 면면을 보면 이렇습니다. 책을 갖고 들어가서 오픈북으로 시험 보기, 다른 사람의 대리 응시, 미리 작성해둔 답안지로 바꿔치기,

답안지를 시험장 밖으로 넘겨 다른 사람이 대신 써주기, 시험 문제 미리 알려주기, 감독관을 바꿔서 친한 사람만 합격시키기, 답안지를 베끼거나 남의 답안지에 이름만 갖다 쓰기 등 다양한 방법이 있었습니다. 그 밖에도 다양한 커닝페이퍼를 만들어서 갖고 들어갔는데, 이를 협서 (挾書)라고 합니다.

1606년 7월 4일
『계암일록(溪巖日錄)』

조즙은 오로지 인맥 덕분에 이번 시험의 감독관이 되더니, 상주와 함창 사람들을 우르르 이끌고 시험장에 나타났다. 그런데 이상했다. 말이 상주와 함창 사람이지, 사실은 주민등록만 옮기고 실거주지는 다른 곳인 사람들도 수두룩했다. 의심스럽기 짝이 없었다.

아니나 다를까, 시험장 문이 열리자마자 다른 지역에서 온 사람들과 조즙이 따로 만나 웃으며 수다를 떨고 있었다. 그 꼴을 본 우리 지역의 선비들은, "감독관 양반! 이게 무슨 짓입니까! 어떻게 감독관이 사사로이 응시생과 농담을 나눌 수 있습니까! 저 사람들을 보내세요!"라고 따졌지만, 오히려 조즙은 얼굴을 붉으락푸르락하며 화를 냈다. 그러나 항의가 계속되자, 그의 얼굴은 갑자기 흙빛이 되었고, 끝내 고개를 떨궜다. 그러더니 대뜸, "그러면 내가 나가면 될 것 아닙니까! 더러워서 못 해먹겠구먼!"이라면서 자리를 박차고 일어났다.

게다가, 그가 옆 사람에게 '저 사람들이 뭘 어쩔 수 있겠나. 그저 나랑 한번 해보자는 거지.'라고 했다는 말이 과거장에 퍼지면서, 우리 지역의 선비들은 일제히 과거장을 나가버렸다. 나중에 보니, 한 선비의 머리에서 피가 흘러내렸는데, 조즙을 지지하는 옆 동네 사람들이 몽둥이로 때렸기 때문이라고 했다.

자기 '라인'을 과거에 합격시키기 위해 거주지를 허위로 등록하게 하고, 과거장까지 이끌고 온 조즙의 뻔뻔한 행위에 동네의 선비들은 분개합니다. 감독관과 응시생의 말싸움은 점차 커져, 둘 다 시험장을 나가버리는 '벤치 클리어링'이 발생하죠. 초유의 감독 거부와 응시 거부 사태는 결국 부상자를 초래하죠.

'조즙의 얼굴이 흙빛이 되어 고개를 떨궜다.'라는 내용은 조즙 자신도 본인의 행위가 비도덕적임을 인식하고 있었음을 암시합니다. 즉, 비록 '관례적'으로 온갖 종류의 부정행위가 매우 자주 벌어졌지만, 그런 행위가 부정한 것이라는 최소한의 인식은 공유했다는 뜻입니다. 아마도 과거 시험장의 부정행위는 야근을 하지 않고 수당을 입력하는 우리 시대의 '관례' 같은 것이 아니었나 싶습니다. 어떠한 부정한 행위가 '관례'가 되는 순간, 오히려 원칙을 지키는 사람이 바보 취급을 받곤 하죠. 몽둥이로 두들겨 맞은 한 선비처럼요.

그렇지만 관례가 무한히 통용되는 것은 아닙니다. 그 관례를 어떤 사람이 행하냐에 따라, 행위에 대한 평가가 갈렸죠. 김령의 조카뻘이자 『매원일기(梅園日記)』의 저자, 김광계(金光繼, 1580~1646)의 일기에서는 낙인찍힌 사람을 용인하지 않았던 시험장의 에피소드가 등장합니다.

1609년 12월 17일
『매원일기(梅園日記)』

사촌 형 김광도는 금응훈 어르신에게 입을 잘못 놀려서 시험 자격을 박탈당했다. 그런데 이번 시험에서 또다시 사고를 치고야 말았다.

어떻게든 시험을 치고 싶었던 광도 형은 시험장 출입구에서 입장이 막히자, 담당 공무원을 두드려 패서 억지로 시험자 명부에 등록할 수 있었다. 그길로 형은 시험장 문이 닫히기 전에 부리나케 달려가 뻔뻔하게 앉아 있었는데, 형을 알아본 사람들이 웅성거리는 바람에 결국 감독관에게 딱 걸리고 말았다. 그런데 창피하게도 끌려 나가면서까지 온갖 욕설과 상소리를 지껄이는 게 아닌가?

거기서 끝이 아니었다. 자기가 팼던 아전이 자신을 수령에게 고발한 사실을 알아챈 형은 또 성질을 부렸는데, 결국 수령이 형을 옥에 가둬 곤장 마흔대를 후려쳤다. 정말 창피하고 민망한 일이다.

과거에 살고 과거의 죽는 양반의 모습이 그대로 드러나는 일기입니다. 김광도는 삭적(削籍), 즉 서원의 등록 명부에서 삭제된 인물입니다. 삭적은 일종의 파문일 뿐만 아니라, 과거 응시 자격을 박탈하는 정치적 사망 선고나 다름없었습니다. 이는 유생들 스스로 세운 룰에 의해 결정되었는데, 그랬기에 더할 나위 없는 불명예이자 수치였죠. 조정에서도 그 결정에 개입할 수 없는 유생 집단의 '초필살기'였습니다.

과거에 응시할 수 없는 양반, 김광도는 실존적 위기를 겪게 됩니다. 그 위기를 극복하기 위해 무리수를 던졌는데, 그게 하필이면 '아전을 구타하여 강제로 시험자 명단에 이름 올리기'였던 것입니다. 그러나 이미 동네 선비들 모두의 조롱거리가 된 김광도는 들어가자마자 발각되었고, 또 입을 잘못 놀려 '궁디 팡팡' 40대를 맞게 됩니다. 일기의 주인인 김광계는 그런 8촌 형을 부끄러워하죠. 김광도는 앞서 보았던 꼿꼿한 선비, 김령의 5촌이었습니다.

더 재밌는 점은, 김광계 역시 과거시험을 두고 하늘을 우러러 한 점 부끄러움이 없는 인물이 아니었다는 것입니다.

—

1610년 2월 27일
『매원일기(梅園日記)』

일주일 전, 금응훈 어르신이 하인을 통해 편지를 보내셨다. 편지를 펴보니, "올해 과거시험 문제는 작년과 같을 거야. 기출 문제를 열심히 준비하게." 라고 쓰여 있었다. 어르신이 시험 문제에 관해 뭔가 아시는 것이 분명했다. 그래서 오늘 밤, 김령 삼촌 등 집안 식구 및 친구들과 함께 어르신을 만나 뵐 수 있었다. 어르신은 편지에 나온 것처럼, 올해 시험 문제에 대한 정보를 자세하게 알려주셨다.

동네의 조직폭력배처럼 시험장에서 온갖 '깽판'을 친 8촌 형 수준은 아니었지만, 그 역시 사전에 시험 문제를 미리 듣게 되었습니다. 게다가 꼿꼿한 선비 김령도 포함되어 있네요! 이 판 안에서는 정도의 차이가 있을 뿐, 모두가 공범이었던 게 분명합니다.

　여기서 주목해야 할 인물이 바로 금응훈(琴應壎, 1540~1616)입니다. 앞서 8촌 형 김광도가 삭적 당한 이유가 여기저기서 금응훈의 뒷담화를 하고 돌아다녔기 때문인데요. 금응훈은 퇴계 이황(李滉, 1501~1570)의 직계 제자이면서, 퇴계를 기억하고 가르침을 전하기 위해 세운 안동 사람들이 세운 도산서원의 원장이었습니다. 그야말로 지역 유지이자, 지역 학계의 거두이면서, 지역 유생들의 교장 선생님이었던 셈이죠. 그런 사람의 '뒷담화'를 하고 다녔으니, 김광도의 패기가 어찌 보면 대단합니다.

　그런데 이렇게 제자에게 혹은 아끼는 사람에게 시험 문제를 알려 주는 금응훈의 행위는, 어쩌면 퇴계 선생에게서 배운 것이 아니었을까 추측해봅니다. 왜냐하면, 퇴계 이황 역시 아들에게 시험 문제를 은근히 알려줬기 때문입니다. 유학자들의 워너비, 조선의 교장 선생님 역시 아들 앞에서는 노량진의 '1타 강사'와 같았으니, 제자들은 그 모습조차도 배우고야 말았던 것 같습니다. 이 정도의 '꿀팁 전수'는 부정행위가 아니라 사제 간의 아름다운 인연이라고 생각했겠죠.

　그러나 이렇게 '아름다운 인연'에 의지할 수 없는 사람들은, 보다 적극적으로, 그러나 보다 적나라한 방법으로 시험 문제*를 알아내기 위해 애썼습니다. 그 과정에서는 신분과 명예의 높낮이는 중요하지 않았나 봅니다. 시간이 흘러 중년의 관찰자가 된 김령의 일기입니다.

조선의 기출 문제는 어떤 것이었을까?

조선 시대의 문과 시험에선 어떤 문제들이 출제됐을까요? 조선 시대에는 시대마다 다양한 '기출 문제집'이 만들어졌는데요. 먼저, 유학에서 중요한 인물들이 남긴 글이나 유학의 중요한 텍스트에 대한 문제, 또는 법전의 내용을 묻는 문제가 나왔는데, 그 글들을 달달 외워서 정해진 글자 수와 양식을 딱딱 채우는 '인간 백과사전'이 되어야만 했습니다. 또, 정책의 대안을 제시하는 문제도 출제됐습니다. 예를 들면, 정조(正祖)는 "인재를 어떻게 해야 잘 뽑을 수 있는지 논하시오" "요즘 불온서적이 많이 나돌아다니는데 어떻게 바로 잡아야 하는지 논하시오"와 같이, 정책적 의도가 반영되면서 '사상 검증'도 할 수 있는 문제를 냈죠.

다음 그림은 심상기(沈相耆)라는 인물의 답안지입니다. 점수는 차상(次上), 단 1등 차이로 합격을 놓쳤네요.

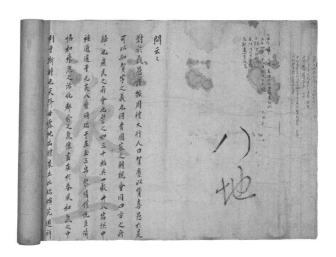

1639년 2월 28일
『계암일록(溪巖日錄)』

동네 선비들 사이에 최근 시험 감독관에 대한 이야기가 시끌시끌하다. 그 내용을 들어보니, 감독관의 연인인 기생 은개에게 청탁하여 합격한 자가 너댓 명이나 되었다고 한다. 시험 문제는 이미 상주의 백일장에서 출제된 문제였고, 청탁한 이들은 그 시험지를 미리 볼 수 있어서 시험을 치기도 전에 작성해둔 답안을 제출했다는 것이다.

또 다른 열여섯 명은 공무원에게 뇌물을 써서 합격하였단다. 빈 시험지를 끝까지 갖고 있다가, 이미 채점이 완료된 답안지를 베껴서 제출하였다는 것이다. 그에 따른 뇌물은 베 백 필에서 백오십 필 정도였다는데, 모조리 예천 수령 허한이 날름 먹고선 뒷일을 무마하기 위해 해당 공무원을 잡아 가두었다.

지엄한 신분제의 국가였던 조선의 양반 남성이 기생과 말단 공무원에게 청탁하여 과거에 합격하는 혼란스러운 광경입니다. 감독관에게 직접 청탁하는 것은 위험하니, 감독관의 연인인 기생 은개에게 청탁을 한 것이죠. 또한, 공무원들에게 들어간 뇌물이 무려 베 100필[*] 이상이라는군요. 덕분에 예천 수령은 노비 여러 명을 살 수 있을 만큼 짭짤한 수익을 올렸고 '꼬리 자르기'를 통해 일을 무마합니다.

그런데 이렇게 합격해도 꼭 관직을 받는 것은 아니었습니다. 성적이 아주 우수한 최상위 합격자만 공무원이 될 수 있었거든요. 이 정도면 의아합니다. 큰 비용을 들이고, 자존심을 굽혀 신분이 낮은 사람에게 애걸하면서까지 왜 과거에 합격하려고 했을까요?

그 까닭은 양반 중심의 향촌 사회에서 '김 생원님' '박 진사님'으로 불리는 것이 매우 중요했기 때문입니다. 과거 합격을 통해 명예를 얻고, 명예를 통해 더 귀한 인맥을 넓혀가며, 더 귀한 인맥을 통해 부의 생산이 가능한 것이 조선 사회의 구조였습니다. 명예가 곧 권력이 되는 것이었지요. 그래서 이토록, 묻지도 따지지도 않고 과거에 '올인'하게 됩니다.

그러나 'The Winner Takes It All', 그 달콤한 유혹에 인생을 던지는 것은 경제적, 정신적, 신체적으로 큰 리스크를 감수하는 위험한 도전

베 한 필의 가치

조선 시대의 물가를 현대의 감각으로 치환하여 계산하는 것은 무척 어렵습니다. 특히, 가장 중요한 기준이 되는 쌀에 대한 가치 평가가 달라졌기 때문이죠. 다만 추측해볼 수는 있습니다. 18세기에 편찬된 『속대전(續大典)』에 의하면, 쌀 1섬은 5  냥 정도였고, 삼베 1필은 2냥이었다고 합니다. 쌀 1섬이 140kg 정도니, 현대 시세로 쌀 1kg을 4,000원 정도 잡으면 56만 원 정도입니다. 그에 따르면 1냥은 11만 원 정도니, 위에서 뇌물로 들어간 100필은 2천만 원이 넘는 가격이 됩니다. 물론 이러한 계산은 매우 부정확하지만, 베 100필이 얼마나 큰 돈이었는지는 짐작할 수 있지요.

이었습니다. 문과를 준비하다가 책상을 엎어버리고 무과에 도전하게 된 노상추(盧尙樞, 1746~1829)의 『노상추일기(盧尙樞日記)』에는 10여 년 동안의 과거 도전이 얼마나 많은 재산을 탕진하게 했는지 잘 보여줍니다.

—

1782년 5월 7일
『노상추일기(盧尙樞日記)』

간신히 시험에 합격했더니, 남아 있는 땅은 고작 집터로 쓸 땅 팔백 평과 영 시원치 않은 논 천육백 평 정도밖에 없었다.

아버지께 가산을 상속받았을 때 오백 냥 정도의 땅을 받았는데, 십 년 동안 과거시험을 보기 위해 야금야금 팔아버렸고, 이사하면서 산 땅 또한 과거 때문에 팔아버렸으니 유산으로 받은 나의 오백 냥은 모두 과거에 갖다 바친 꼴이다. 이거 완전, 앞으로 굶어 죽게 생겼다. 그놈의 '입신양명'이 뭔지, 내가 미쳤지.

10여 년 동안 서울을 오가며 과거에 '올인'했지만, 정신을 차리고 보니 그에게 남은 것은 잘 팔리지도 않은 안 좋은 땅뿐이었습니다. '입신양명'의 꿈을 꾸다가 가산을 탕진하게 된 그의 한탄이 꼭 비트코인을 잘못 물고 들어간 사람 같은 모습입니다.

시험에는 왜 이렇게 많은 돈이 드는 것일까요? 먼저 순수한 교육 비용이 있습니다. 또한, 조선에서 가족이라는 울타리는 양반 중심의 가족+하인+소작인으로 이루어진 '가족 기업'이었는데, 가족 경영의 관리자인 양반 남성이 이른바 '바깥일', 즉 부의 재생산을 위한 활동에 적극적으로 참여하지 못하게 된다는 것은 큰 타격이었죠. 마지막으로, 서울로 향하는 경비와 체류비가 들었습니다. 걸어서 서울을 왕복하는 것만으로도 수십 일이 걸리는데, 벼락치기 과거 준비와 여러 날 동안 진행되는 시험 응시 또한 적지 않은 기간이 소요됐죠. 그래서 과거 일정이 연장이라도 되면, 여비를 구하지 못해 발을 동동 구르는 지방의 유생들이 많아집니다.

집주인의 '갑질'로 하루아침에 길바닥에 나앉는 신세가 된 노상추의 사연에서는 서울살이가 얼마나 어려운 일이었는지 잘 나타납니다.

—

1796년 4월 10일
『노상추일기(盧尙樞日記)』

집주인 허씨가 허질이란 사람에게 사백 냥을 받고 나를 쫓아내고 내가 묵고 있던 사랑방을 그에게 주려고 했다. 내가 전세로 내던 돈이 이백칠십 냥인데, 백삼십 냥 더 받자고 추잡한 짓을 벌이다니, 도대체 인심이 이치에 맞지 않는다.

서울살이가 어려운데엔 무엇보다 주거 문제가 가장 컸습니다. 노상추는 매번 '영끌'을 하며 서울살이를 준비했지만, 집주인이 월세금을 올려서 속절없이 쫓겨나는 신세가 되었습니다. 사실, 130냥이면 적은 돈은 아니죠. 요즘도 며칠 만에 집값이 몇천만 원이 뛰어, 위약금을 물어주고라도 더 비싼 값으로 팔려는 일이 벌어지고 있는 것처럼, '인심이 이치에 맞지 않는다.'라는 말은 반은 틀린 것 같습니다. 틀린 것이 아니라, 그것이 인간의 자연스러운 욕망인지도 모르죠.

한편, 그를 괴롭히는 문제는 더 있었습니다. 과거를 위해 서울로 떠날 때, 본인의 부재로 집안의 대소사를 제대로 챙기지 못하는 심리적 괴로움이었습니다. 공적인 업무 때문에 서울에 있던 노상추는 어느 날, 노비 손돌이가 가지고 온 편지를 받습니다.

—

1769년 7월 28일
『노상추일기(盧尚樞日記)』

어떤 개울가에 있는 집에 도착했을 때, 남자 종 손돌이를 만났다. 그런데 손돌이는 내 동생이 보낸 편지를 한 손에 들고 가타부타 아무런 말도 없이 그저 우두커니 서 있었다. 마음이 덜컹 내려앉았다. 슬픈 예감 속에서 떨리는 손으로 편지를 펴 보았다.

"형님. 형수님이 아이를 낳으시고 산후 후유증으로 칠 일 만에 갑자기 돌아가셨습니다."

눈앞이 캄캄해졌다. 칠 일 만이라니, 내가 서울에 들어온 날이 아니던가. 하늘도 무심하시지, 어째서 나의 인생은 가면 갈수록 엉망진창이 되어가는 것인가. 벌써 두 번 아내를 잃게 하고, 두 아들도 잃게 하였다. 도대체 왜, 나에게만 이런 일이 일어나는 것인가!

노상추는 세 번 결혼했습니다. 그리고 두 명의 아내의 부음을 객지에서 듣습니다. 위의 편지는 두 번째 부인의 부음을 전하는 편지였습니다. 상전을 만났는데 인사도 없고 그저 멍하니 서 있는 하인의 모습을 보자마자 노상추는 슬픈 예감을 합니다. 왜 항상 슬픈 예감은 틀린 적이 없는 걸까요. 서른 살이 되기도 전에 아내와 아들을 떠나보내야 했던 그는 자신의 운명을 저주합니다. '내가 집을 비우지 않았다면!' '아내에게 맞는 약을 더 알아봤다면……' 아마 이런 생각이 노상추의 머리에서 떠나지 않았을 것입니다.

이 난관을 타개할 방법은 단 하나, 과거급제뿐이었습니다. 그러나 '공시 장수생' 노상추의 합격은 늘 잡힐 듯 잡히지 않았습니다. 노상추가 소개하는 조선의 무과 시험장 풍경을 살펴볼까요?

—

1777년 9월 19일
『노상추일기(盧尙樞日記)』

며칠 전부터 친구들과 숙소에 모여 오늘 있을 과거를 준비했다. 드디어 과거 날 아침, 나는 활쏘기 시험부터 임했다. 친구 경유는 그럭저럭 맞췄고, 화경이는 첫 번째 화살은 과녁을 빗나갔지만, 그래도 나머지는 일단 다 맞췄다. 다른 친구는 화살 세 발이 거리 기준에 미달해 버렸다. 나는 친구들보다 더 먼 거리에서 쏴서 모두 과녁에 꽂았다. 총 쏘기 시험에서 화경이는 구십 점, 나는 칠십 점, 경유는 육십 점을 받았다.

필기시험에서는 내가 먼저 도전했다. 열심히 공부한 바를 읊어 두 개의 시험은 통과했지만, 마지막 시험에서 네 글자를 잘못 해석해서 불합격했다. 너무 아쉽다. 집에서 공부할 때 선배들이 분명 "그 시험에서는 『오자(吳子)』"(손자병법과 더불어 무과 응시생이 꼭 공부해야 했던 병법서)가 나올 거야. 기출 문제를 준비해두도록 해."라고 해서 『오자』만 달달 외웠는데, 서울로 올라와 보니 이미 선대왕부터 『오자』는 기출에서 빠졌다는 것이 아닌가! 뒤통수를 세게 맞은 기분이었다. 발등에 불이 떨어져 벼락치기로 최신 기출을 열심히 공부했지만, 결국 통하지 않아 불합격하고 말았다. 안타까워도 별수 없다. 그러려니 해야지 뭐.

그 끝은 보이지 않는데, 매일매일 자신을 몰아붙여 긴 싸움을 해야 하는 것이 고시생의 하루입니다. 뒷바라지해주시는 부모님께 하소연하기는 죄송하고, 학교를 함께 다니던 친구들에게 하소연하는 것은 어쩐지 자존심이 상하는 일입니다. 서로의 마음을 가장 잘 아는 것은 함께 시험을 준비하는 동기들이죠. 그러다 보니 사랑도, 우정도 쉽게 싹트게 됩니다. 노량진이 '연애의 왕국'이 되는 배경이겠죠.

조선의 '공시생'들도 그러했습니다. 가끔은 홀로 독학하는 사람들도 있었지만, 시험을 대비하여 합숙 훈련을 하는 것은 물론, 서울도 같이 가고, 같이 시험도 보며, 낙방 후 집에 돌아올 때도 그들은 함께했습니다. 슬픔은 나누면 절반이 되니까요. 그런데 노상추는 선배들이 알려준 기출 문제가 너무 옛날 유형이라 과거에 낙방하게 됩니다. 그 선배는 분명 선의로 알려줬을 텐데, 안타깝네요. 노상추에게도 위의 금융훈 같은 '1타 강사'가 곁에 있었다면 결과는 달라졌을지도 모를 일입니다.

「길주과시도(吉州科試圖)」

—

무과 시험을 치르는 장면을 담고 있습니다. 오른쪽 가운데 부분에 말을 타면서 활을 쏘는 응시생의 모습이 보이네요. 노상추는 매번 시험을 볼 때마다 며칠에 걸쳐 응시했습니다. 과목도 많은데 응시생 한 사람 한 사람 꼼꼼히 체크했기 때문이죠. 체력적, 정신적으로 굉장히 피로한 일이었을 겁니다. 어쩌다가 부상이라도 당하면, 꼬박 1년을 내리 쉬어야만 했죠. (본 저작물은 국립중앙박물관에서 2012년 작성하여 공공누리 제1유형으로 개방한 《북새선은도》 중 〈길주과시도〉를 이용하였습니다.)

시험이 끝나면, 합격 소식도 낙방 소식도 며칠 내로 가족들에게 빠르게 전달됩니다. 시험 결과와 합격자 이름이 붙은 공지문이 마을 게시판에 붙으면, "어디, 이번엔 뉘 집 아들내미가 붙었나?" 하면서 학생, 동네 어르신, 수험생의 가족들이 모여서 기웃기웃 게시문을 읽었습니다. 그래서 합격하면 사람이 도착하기도 전에 이미 한바탕 떠들썩한 잔치 준비를 마치게 되고, 낙방하면 위로할 술을 준비하고 모임을 추진했죠.

그러나 아무리 친구들과 술을 마시며 마음을 위로해도 낙방의 쓰라림은 쉽사리 가시지 않았습니다. 다만, 스스로 마음을 굳게 다잡고 다음을 기약하며 다시 도전하는 방법밖에 없죠. 18세기의 문신 권상일(權相一, 1679~1759)이 쓴 『청대일기(淸臺日記)』에는 다음과 같은 짤막한 다짐이 있습니다.

—

1704년 9월 5일
『청대일기(淸臺日記)』

급제자 명단이 붙었다는 소식을 들었다. 낙방을 피하지 못해 통탄스러운 마음이었다. 옛 성현이 말씀하시길, "아무리 억울하게 낙방하였어도 무덤덤하려고 하지만, 결코 완전히 무심할 수는 없더라."라고 하신 말씀은 정말로 뼈가 있는 말씀이다.

'광탈'한 공시생의 '멘탈 관리'는 쉬운 일이 아닙니다. '그때 그 문제만 더 잘 풀었어도!'라는 생각이 꼬리에 꼬리를 물고 나가, 베개에 머

「거자칠변(擧子七變)」

중국 송나라 시기, 과거에 여섯 번이나 떨어진 포송령(蒲松齡, 1640~1715)은 자신의 모습을 빗대 「거자칠변(擧子七變)」이란 글을 지었습니다. '시험이 끝난 후 밖으로 나오면 병든 새의 꼴이고, 시험 결과를 기다릴 때는 안절부절못하는 원숭이 꼴이며, 낙방을 확인한 후엔 약 먹은 파리 꼴이고, 열 받아서 집안 살림살이를 다 때려 부순 뒤에는 자기가 낳은 알을 깨뜨려버린 비둘기 꼴이다.' 정말 재밌는 비유가 아닌가요?

리를 누일 때면 '지금 내가 이 짓을 계속하는 게 맞을까?'라는 회의까지 일어나죠. 이들의 모습은 꼭 「거자칠변(擧子七變)」*에서 말한 바와 같았을 것입니다.

그러나 자신을 되돌아보면서 진지하게 성찰하는 것은 합격을 위한 새로운 발걸음의 시작입니다. 3년 뒤, 여전히 관직을 얻지 못한 권상일은 한 해를 마무리하면서 이렇게 다짐하고 또 반성합니다.

—

1707년 12월 30일
『청대일기(淸臺日記)』

- 늘 사람들을 공경할 것. 교만해지지 말 것.
독서는 늘 빼놓지 않을 것. 남의 단점을 이야기하지 말 것.

사람들에게 친절할 것. 늘 검소하고 겸손할 것.

항상 신중할 것. 옷매무시를 단정하게 할 것. -

나에게는 고질적인 나쁜 습관이 있다.

몸은 한없이 게으르고, 얼굴은 늘 화난 표정이며, 뜻은 높고 자존심도

강해 무엇이든 내가 하고 싶은 대로 해야 직성이 풀린다. 그런데 또,

한 가지 일을 하다가 말다가 하여 매사 마무리가 야무지지 않다. 그러

므로 글로 써서 반성해본다.

이렇게 자신을 되돌아보고 성찰을 반복한 권상일은 결국 1710년 과거에 급제하여 첫 관직을 얻었고, 그 뒤로 여러 요직을 거치는 조정의 엘리트 관료가 됩니다. 흔히들 '인간의 욕심은 끝이 없고, 같은 실수를 반복한다.'라고 하죠. 매번 똑같은 도전과 똑같은 실수를 반복하는 것은 본인에게는 물론 지켜보는 이들에게도 힘든 일입니다. 그러나 결연한 의지로 그 실수를 끊어내고 기어코 목표를 달성한 인간의 모습은 멋있고 존경스럽기까지 합니다.

한편, 장수생으로 살다 보면 때로는 나의 낙방 소식보다 더 뼈 아픈 '기쁜 소식'도 있습니다. 바로 같이 공부하던 친구나 친척이 나보다 앞서 합격하는 소식입니다. 늘 함께 어울리고 함께 공부했던 재종숙(再從叔) 김령의 합격 소식을 들은 김광계의 일기입니다.

1605년 8월 19일

『매원일기(梅園日記)』

시험에 떨어진 뒤 집에 돌아온 뒤 여러 사람을 만나며 시험 뒤풀이를 마쳤다. 금응훈 어르신은 여러 좋은 말씀과 함께 술을 주시며 나를 위로해주셨다. 또 동네의 여러 친척 집을 들르며 인사를 드렸는데, 집안 어르신들이 "다음에 더 잘하면 되지. 다 잊고 마셔."라면서 자꾸만 술을 권해 어쩔 수 없이 받아 마셨다.

결국, 어제 아침 나는 숙취 때문에 몸이 아파 이부자리에 누워 꼼짝도 안 하고 있었는데, 친구가 합격자 명단 소식과 함께 나를 찾아왔다. 듣자 하니, 우리 동네에서는 김령 삼촌만 붙었다고 한다. 그것도 무려 진사시험에서 일 등을 차지했단다. 오늘은 그를 축하해주기 위해 여러 사람이 모여 술판을 벌였다.

재종숙, 그러니까 삼촌뻘이긴 하지만, 김령은 김광계보다 고작 세 살 많은 형이었습니다. 요즘 같았으면 그저 같이 나이 먹어가는 사이죠. 또한, 늘 함께 어울렸고, 함께 공부하고, 함께 시험을 보는 사이의 한 집안 사람이다 보니, 김령의 합격 소식은 김광계에게 작지 않은 충격이었을 겁니다. 어쩌면 집안 어르신들이, "광계야. 윗동네 령이 삼촌은 이번에 과거에 붙었다는데 너도 분발해야 하지 않겠니?"라는 잔소리를 술잔에 담았을지도 모를 일이죠. 우리 시대에서 명절에는 "누구누구 사촌이 이번에 무슨 대학에 붙었다는데." 하면서 어른들끼리 은근한 라이벌을 세우는 것처럼요. 차라리 생판 남인 '엄마 친구 아들'이라면 나으련만, 김령과는 평생 얼굴을 보고 살아야 할 사이이니 자존심이 더 상하죠.

인고의 시간과 오욕의 나날을 보낸 끝에 합격자 명단에서 자신의 이름을 발견하는 것은 어떤 기분일까요? '12년 장수생' 노상추에게도 드디어 그날이 왔습니다.

—

1780년 2월 25일
『노상추일기(盧尙樞日記)』

아침에 합격자 명단이 붙었다는 소식을 듣고 게시판을 찾아갔다. 떨리는 마음으로 공지문을 보니, 내 이름이 열두 번째에 있었다. 드디어, 합격한 것이다!
그 이름을 보는 순간, 오랫동안 내 가슴 안에서 나를 짓누르던 무게감, 부담감, 아쉬움과 설움이 한순간에 씻은 듯 사라졌다. 너무나 기뻤다.
할아버지께서 돌아가신 뒤 이십오 년 만에 집안에서 급제자가 다시 나왔으니 얼마나 다행스러운 일인가 싶지만, 한편으로는 부모님 두 분이 이미 돌아가셨으니 슬프다. 부모님께서 이 광경을 보셨다면, 너무나 기뻐하셨을 텐데.
온종일 사람들이 나를 찾아와 합격이 사실인지 묻고 축하해주었다. 대답하는 것만으로도 바빠서 그 내용을 다 적지 못한다.

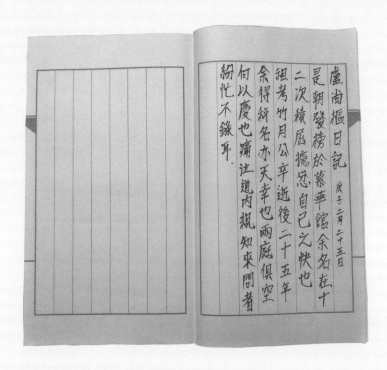

盧尙樞日記 庚子二月二十五日

是朝發榜於慕華館余名在十

二次積屈擡怨自己之快也

祖考竹月公卒逝後二十五年

余得科名亦天幸也兩庭俱空

何以慶也痛泣道內親知來問者

紛忙不錄耳.

지금은 대학 입학시험도, 공무원 시험도 모두 인터넷으로 합격자를 확인하지만, 90년대까지만 해도 대학 캠퍼스마다 대자보를 붙여서 합격자를 발표했었죠. 수험생들은 추위를 뚫고 떨리는 마음으로 캠퍼스를 찾았다가, 혹자는 기쁨에 서로를 껴안았고, 혹자는 고개를 떨구며 터벅터벅 캠퍼스를 빠져나오던 시절이 있었습니다.

노상추는 그 두 가지 감정을 모두 겪었습니다. 지난 12년 동안, 합격자 명단을 바라볼 때마다 그는 고개를 떨구고 발길을 돌려야 했습니다. 좀처럼 잡히지 않는 합격 때문에 때로는 초조했고, 때로는 화도 났고, 때로는 체념도 했습니다. 10년이 넘어가자 그는 시험 하나하나의 과정에 일희일비(一喜一悲)하지 않고, 그저 담담하게 최선을 다하려고 했습니다.

이 시험은 아마도 그의 마지막 시험이었을지 모릅니다. 가세가 너무나 기울어 더는 과거 비용을 대기 위해 돈을 빌릴 만한 곳도 없었고, 때마침 동생 또한 무과에 본격적으로 응시하기 시작했기 때문에 동생을 위해 물러나야 했을지도 모릅니다. 그 기로의 순간에, 드디어 '내 손에 쥔 합격 목걸이'를 고향 사람들에게 보일 수 있게 됩니다.

우리 시대의 청춘은 수많은 시험 속에서 살아가고 있습니다. 많은 청춘이 공무원과 공공기관 합격을 목표로 지금도 노량진에서, 고시원에서, 골방에서 우울과 좌절을 억누른 채, 때로는 열심히, 때로는 멍하니 살아가고 있습니다. 어떤 어른들은 "요즘 젊은 친구들은 너무 편한 일만 찾는다."하고, 어떤 청년들은 "공무원이 아니고선 안정적인 삶을 상상하기 어렵게 된 이 사회가 문제다."라고 합니다. 누가 더 잘못하고 있는지는 모르겠지만, 사회적으로 심각한 문제인 것만큼은 누구나 다 알고 있을 것입니다.

이번 장에서는 과거시험을 놓고 나타난 과거 시험장의 천태만상과 개인이 느꼈던 좌절과 성공을 풀어보았습니다. 그들의 이야기에서 우리가 찾아야 할 것은 부패한 조선의 모습과 개인의 탐욕스러운 행보를 비난하는 근거가 아니라, 무한 경쟁 사회의 승자독식 구조가 수많은 보통사람에게 얼마나 위험한 것인가에 대한 반성입니다. '엄격'하고 '공정'한 시험이 보편화한 지금, 과연 그것은 '엄격'하고 '공정'한 것일까요? 또 그 공정함이, 모두에게 행복을 가져다주고 있는 것일까요? 미래 세대가 더 공정한 사회, 더 안정적인 삶을 누리기를 원하는 우리 시대의 노력이 어디쯤 와 있는지 되돌아볼 필요가 있습니다. 조선의 선비들은 후손들이 마땅히 그러기를 바랐을 테니까요.

신입 사원들의 관직 생활 분투기

김동률과 이적의 프로젝트 그룹 카니발의 〈그땐 그랬지〉라는 노래에선 다음과 같은 노랫말이 나옵니다. '시린 겨울 맘 졸이던 합격자 발표날에 부둥켜안고서/이제는 고생 끝 행복이다 내 세상이 왔다/그땐 그랬지' 하지만 조금만 지나면 알게 되죠. 수능을 지나면 대학, 대학을 지나면 취업, 취업을 지나면 직장생활이라는 또 다른 산을 마주하게 된다는 것을요. 지나고 보면 고생했던 어제의 나날들은 우스운 추억처럼 느껴지기도 합니다.

묻지도 따지지도 않고 과거에 올인한 사내들에게도 행복한 궁궐 생활 라이프가 곧바로 펼쳐지진 않았습니다. 몇 달 동안이나 치러지는 축하 잔치, 그리고 기약 없이 마냥 기다리는 발령 대기, 첫 발령 받은 부서에서 벌어지는 호된 신고식 등, 정신없이 벌어지는 골칫거리의 향연에 조용히 공부만 하면 되던 그때를 되레 그리워하기도 했습니다.

그 좌충우돌 분투기를 살짝 염탐해볼까요. 먼저, 과거 합격 후 임금님께 인사를 드리기 위해 궁궐로 들어간, 19세기의 인물 서찬규(徐贊奎, 1825~1905)의『임재일기(臨齋日記)』를 펼쳐봅니다.

—

1846년 2월 28일
『임재일기(臨齋日記)』

이른 아침, 창덕궁으로 들어갔다. 너무 긴장한 탓인지 일찍 와버렸다. 우리는 한참을 기다렸고, 늦은 오후가 되어서야 비로소 궁궐 앞의 뜰에 들어오라는 명을 받았다. 임금님의 경호원들이 까칠하게 굴면서 자꾸만 우리를 재촉했다.

우리 합격생들은 정해진 대로 줄을 서서 수석부터 차례대로 계단을 올라가 임금님이 앉아 계신 곳 앞으로 나아갔다. 담당자가 "직과 이름을 크게 아뢰어 말씀드리시오."라고 하여, 나는 "생원 신 서찬규이옵니다."라고 말했다. 그때 나는 합격증을 앞주머니에 꽂고 있었는데, 임금님께서 합격증을 올리라 명하시고는, 나의 합격증서를 아주 자세히 보셨다. 미천한 나 따위에 관심이 있으신 걸까? 순간 머릿속이 울렁거리고 가슴이 죄어왔다. 코앞에서 임금님의 존안을 보다니! 너무나 긴장한 나는 감히 곁눈질할 생각조차 할 수 없었다.

서찬규는 1845년부터 1861년까지 무려 스물일곱 번이나 과거에 도전한 '근성 가이'였습니다. 처음엔 잘 풀렸습니다. 단 두 차례의 도전으로 생원시(生員試)에 합격했으니까요. 하지만, 생원시에 합격한다고 관직을 제수받는 것은 아니었습니다. 게다가 서찬규에게는 이렇다 할 연줄도 없어서 관직을 얻기 위한 청탁도 넣을 수 없었죠. 그래서 그는 개천에서 뛰어오르는 용을 꿈꾸며 관직을 얻을 수 있는 문과에 37세까지 최소 25회나 도전하지만, 결국 포기합니다.

위의 편지는 생원시에 합격한 서찬규가 임금님을 직접 뵈는 큰 영광을 얻는 장면입니다. 전제군주제 국가였던 조선에서 임금은 아버지와도 같고 또 하늘과도 같은 위치였죠. 과거라는 시스템도 종래에는 왕을 잘 보필하기 위한 신하를 모집하는 '프로듀스 10000'이었으니, 그가 헌종(憲宗)을 만났을 때* 얼마나 떨리고 긴장했는지가 일기에서 잘 드러납니다.

도목안

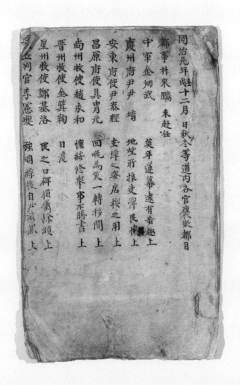

—

세도정치기였던 1862년의 경상도 수령들에 대한 고과평가서입니다. 대부분
다 상(上)인데, 유독 예안 현감만 "열심히 애는 쓰는데 이상하게 결과가 안 좋
다."라는 평가와 함께 하(下)로 되어 있습니다. 수령이 최선을 다하는데도 각
종 문제가 발생하고 있다는 의미죠. 관료제가 제대로 기능하지 못하는 시대의
단면을 보여줍니다.

서찬규의 과거가 좀처럼 풀리지 않았던 데엔 그즈음이 정치판의 타짜들이 횡횡하던 세도정치 시기였다는 이유도 있습니다. 헌종의 길지 않았던 재위 기간은 세도정치의 '리즈 시절'이라고 봐도 과언이 아닌데요. 이 시대의 주요 관직은 서울에 사는 세도정치 집안끼리 나눠 먹는 '고인물 파티'가 되었고, 미관말직이라도 얻으려면 세도정치 집안에 어떻게든 뇌물을 바쳐야만 했습니다. 이때의 과거제도는 그 취지가 완전히 무색해져 절차적 정당성을 확보하기 위한 껍데기만 남은 '쇼'로 변질했는데요. 비주류의 인물이 관직이라도 얻으면 이렇게 수근거렸다고 합니다. "서울의 이름 있는 가문도 아닌데도 관직을 받다니, 정말 놀라운 일이야!"

임금님께 인사드리는 엄숙한 절차가 끝났으니 이제 허리띠를 한껏 풀어헤치고 먹고 마시는 일만 남았네요. 이미 고향에도 합격 소식이 전해졌나 봅니다. 서찬규는 '잔치를 준비해둘 테니 최대한 빨리 내려와라.'라고 하는 부모님의 편지를 받습니다. 바쁘고 급한 일정이지만, 기뻐하고 계실 부모님을 생각하며 서찬규는 곧바로 출발합니다.

—

1846년 3월 9일
『임재일기(臨齋日記)』

짚신을 신고 등나무로 만든 지팡이를 짚으며 고개를 넘었다. 온종일 내린 가랑비에 옷은 이미 젖을 대로 젖어버렸고, 산골짜기에서 을씨년스러운 바람이 휑하니 불어왔다. 거지꼴이면 어떠하고, 날이 추우면 또 어떤가! 그 모든 것이 그저 즐거운 풍경으로만 느껴졌다.

고생스럽고 후줄근한 귀향길이었지만, 보이는 모든 것이 아름답고, 느껴지는 모든 것이 즐겁습니다. 왜냐하면, 그는 과.거.합.격.자.이니까요. 세상의 모든 영광을 손에 짊어진 듯한 벅찬 기쁨에 집으로 가는 길이 꽃길처럼 느껴집니다. 낙방하고 돌아가는 길이었다면 아마도 저승사자의 인솔을 따라 지옥문으로 향하는 것처럼 발걸음이 무거웠겠죠.

고된 여정 끝에 마을에 다다른 서찬규가 강 건너 고향 마을을 바라보는 순간, 그의 눈이 휘둥그레집니다.

—

1846년 3월 12일
『임재일기(臨齋日記)』

작은 배에 올라 신나게 나팔을 불며 강을 건넜다. 강 건너에는 이미 부모님이 말을 메어놓고 나를 기다리고 계신 지 오래였다. 관아에서는 나를 축하하기 위해 음악대를 보냈고, 구경하기 위해 나온 동네 사람들이 온 사방에 옹기종기 모여 있었다.
강에서 내리고 내가 말에 오르자, 기다렸다는 듯이 온갖 악기들이 축하의 행진곡을 펼쳤다. 그 음악에 맞춰 사람들은 소매를 펄럭이며 나비처럼 춤췄다. 사람들 뒤로 도도히 흐르는 비단길 같은 강의 물결,

臨齋日記 丙午三月十二日

登小艇飛雙笛而渡寔親駕臨

已久自宮又送樂四方者如堵

因上馬絲管交奏舞袖翩遷

十里錦江花柳都是是日顏色

抵南山㴱街盈門會人如海

謁重堂纔退門外慈仁倅朴奎

賢來到旴新進趑少頂墨面倒

馬驅去東山塊不能抗顏向人

不知此戲之肪於何時而栗谷

先生之不受墨戲也豈不嚴正

乎哉

김홍도 작,
「응방식(應榜式)」

—

이 그림에는 서찬규의 일기에 묘사된 마을의 풍경이 그대로 담겨 있습니다. 어사화(御賜花)를 쓰고 말 위에 앉은 급제자, 그를 둘러싼 친구들, 앞서서 풍악을 울리는 밴드, 스트리트 댄스를 선보이는 춤꾼들, 행진을 리드하는 관원들, 그리고 구경하는 온 동네 사람들까지, 그야말로 일생에 단 한 번, 선택받은 사람들만 겪을 수 있는 경사이자 온 마을의 축제입니다.

그리고 강을 따라 솟아 있는 버드나무와 온갖 꽃들……. 말 위에서 지켜본 그 광경은 한없이 아름답게만 보였다.

관아의 수령 박규현이 도착하여 신고식을 했다. 아웅다웅하다가 내 얼굴에 먹물을 잔뜩 묻혔다. 또 나는 그들이 시킨 대로 말을 거꾸로 타고 동산으로 말을 몰아가는데, 너무 부끄러워서 얼굴을 들 수 없었다. 이 놀이가 전통이라고는 하지만, 존경하는 율곡 이이 선생께서는 이러한 전통을 거부하셨다고 하니, 하루빨리 없어져야 할 악습이다.

그가 도착하기만을 목 빠지게 기다린 부모님과 마을 사람들, 그리고 관아에서 보낸 밴드가 이미 강 건너에서 자리 잡고 있었습니다. 그가 말에 오르자마자 기다렸다는 듯, 축하 음악과 환호성이 터져 나옵니다. 마을 사람들은 춤을 추면서 그를 축하합니다. 아마 동네 아이들은 덩달아 신나서 서로의 손을 잡고 방방 뛰었겠죠? 세상이 이토록 아름다운 것이었는지, 서찬규는 아마 태어나서 처음 느껴봤을 겁니다.

하지만 이 정도는 시작에 불과합니다. 진짜 축하는 이제부터죠. 곧이어 호신래(呼新來)라는 신고식을 시작합니다. 급제자의 이름을 부르면서 모욕을 주고, 얼굴에 먹칠하며, 옷을 찢기도 하고, 말을 거꾸로 타게 시키는 등 온갖 부끄러운 일을 시킵니다. 그런데 아예 관아의 사또님이 스타트를 끊습니다. 그야말로, 온 마을의 축제랄까요. 사또님이 먼저 시작하시니, 다른 사람들은 더 거리낌이 없었겠죠. 어쩌면 사또님도 장난치고 싶어서 축하 공연단을 보내신 게 아닐까요?

무과에 급제한 노상추도 엄청난 축하 파티, 그리고 신고식을 겪습니다.

—

1780년 4월 1일
『노상추일기(盧尙樞日記)』

옆집 허씨네 논을 빌려서 잔칫상을 마련했다. 아침밥을 다 하기도 전
에, 누군가 나무 아래에 와서 내 이름을 불렀다.

"어이- 신임 급제자 노상추는 이리 오너라-."

누군가 했더니 정 선생이었다. 거기에 김 선생과 사또님도 나를 골리
는 장난에 합류했다.

잔치는 밤 열 시나 되어서야 끝났는데, 축하해주기 위해 오신 손님들
로 모든 방이 꽉 찼다. 나는 잘 곳조차 없었다. 오늘 왔다 간 사람이
대략 오륙천 명 정도 되는 것 같다.

축하 파티 한번 성대합니다. 무려 5~6천 명이나 그를 축하해주기
위해 찾아왔네요. 친척, 지인은 물론이고, 동네의 이름 높은 선비, 온 동
네 아이들, 그리고 공무원들까지 그의 집을 찾아옵니다. 날이면 날마다
생기는 과거 급제자가 아니므로, 면식이 있든 없든 이런 날엔 빠지지 않
고 찾아주는 것이 조선 사람들의 '국룰'이었나 봅니다.

한편, 신고식을 당하는 사람이 아닌, 참여하는 사람의 기분은 어
땠을까요. 이번엔 윤이후(尹爾厚, 1636~1699)의 『지암일기(支菴日記)』를
보겠습니다.

—

1699년 4월 18일
『지암일기(支菴日記)』

아침 식사 후 길을 가다가 쉬던 도중, 새로 급제한 진사(進士) 신연을
만날 수 있었다. 마침 잘됐다 싶었던 나는, 그에게 "이리 오너라~." 하
고 불렀다가, 막상 그가 내게 오면 "아니다. 맘이 바뀌었네? 그냥 물
러가거라~." 하면서 장난을 쳤다. 무료하게 길을 가던 중에 엄청난 재
밋거리를 만나서 너무 즐거웠다.

길을 가면서 그와 얘기를 나눴는데, 그의 선조와 우리 선조가 같은 동
네 살았던 적이 있어 서로 옛날얘기를 하면서 정담을 나눴다. 마을에
이르렀을 때, 한 번 더 장난을 치면서 그를 곯려주었다.

내가 그만두자, 이번엔 영암군수가 나와서 신고식을 꽤 오랫동안 했다.

윤이후는 윤선도(尹善道, 1587~1671)의 손자입니다. 조선의 손꼽
히는 명문가, 해남 윤씨가의 관리자이자 CEO로, 지역에서 인지도가 높
았던 인물이죠. 그런데 명성이 제법 높고, 지역 사회의 중요한 구심점이
던 윤이후조차도 체통 따위는 신경 쓰지 않고 '뉴비 급제자'를 곯려주는
장난에 몰두합니다. 그것도 매우 즐겁게, 진심으로 장난을 치네요. 더 재
밌는 것은, 마치 연극이 끝나고 난 뒤처럼, 장난 후에는 서로 진솔한 대
화를 나눕니다. 즉, 이러한 신고식이 악의가 아닌 선의의 장난이었고, 또
뒤끝 없이 한바탕 웃을 수 있는 놀이 문화였음을 보여줍니다. 물론, 당
하는 사람은 괴롭기 마련이지만요.

과거 급제자는 마냥 웃고 즐길 수만은 없었습니다. 그보다 더 중요한 것은 부모님이나 집안의 어르신들께 인사를 드리는 일이었죠. 노상추가 합격 소식을 외할머니께 전하자, 외할머니는 "우리 손자가 과거에 급제했다니! 그 소식을 듣고 10년 묵은 내 병이 다 나았다. 말할 수 없을 정도로 기쁘네!"라고 말합니다. 자녀가 할 수 있는 최대의 효도, 그 것이 과거급제였습니다.

그러나 길고 길었던 파티 타임도 언젠가 끝이 있는 법, 축하 인사를 받는 것이 약간 지겹다고 느껴질 때, 노상추에게는 새로운 고민이 생겼습니다. 분명 과거 급제는 했는데, 관직은 아직 받지 못해 백수 생활이 이어졌기 때문인데요. 이렇게 임용을 기다리며 보낸 기간이 무려 4년이나 되었죠. 현대의 선생님 임용 절차 때도 적지 않은 시간이 필요하다지만, 4년이나 기다린 경우는 드물 텐데요. 이미 지난 12년간 노력했는데 4년을 또 기다려야 한다니, 노상추의 마음은 어땠을까요?

—

1782년 11월 1일
『노상추일기(盧尙樞日記)』

답답한 마음을 풀기 위해 혜화문(惠化門) 밖에서 말을 타면서 활을 쐈다. 좀 서툴렀지만, 그럭저럭 잘 쏜 거 같다.
요즘 벼슬자리 하나 얻고 싶은 마음이 간절히 과거 합격을 원하던 마음보다 두 배 이상 커졌다. 평소에는 말 타는 게 좀 무서워서 말 위에서 활쏘기를 좀처럼 해보지 않았다. 그런데 오늘은 말을 탈 때 전혀 겁이 나지 않았다. 이게 다, 그놈의 벼슬 욕심 때문이 아닐까. 벼슬 욕심이 겁도 사라지게 하다니, 정말 웃긴다.

마냥 집에만 있을 수 없던 노상추는 돈을 꿔가면서 서울로 올라왔습니다. 과거 급제 명단을 지켜보던 때처럼, 신임 관리 명단이 나올 때마다 이번에는 혹시……? 하는 마음으로 지켜보죠. 그러나 번번이 고배를 마십니다. 이토록 미관말직 하나 나오지 않는다니, 무슨 정치적 음모가 있는 것은 아닐까 하는 의심 또한 뭉게뭉게 피어오릅니다. 그래서 노상추는 서울 안에서 여러 사람과 교유를 맺으며 자신만의 인맥을 넓히기 시작합니다. 인사부에서 어떤 얘기가 오가는지 듣기 위해 최대한 노력하면서요. 그러나 인사 공고 때마다 실망의 순간이 그를 덮치고, 여비가 떨어질 때마다 다시 고향으로 발길을 돌려야만 했습니다.

오랜 기다림 끝에 간신히 관직을 받았다 해도 이것으로 끝이 아니었습니다. 또 다른 고난이 기다리고 있었는데요. '뉴비 급제자' 신고식과는 비교도 안 될 만큼 가혹한, '뉴비 관리' 신고식입니다. 38살, 급제 후 2년간의 기다림 끝에 첫 관직을 얻게 된 김령의 생생한 신고식 현장으로 들어가 볼까요?

1614년 3월 2일
『계암일록(溪巖日錄)』

오늘 아침, 승문원(承文院)*에 첫 출근을 했다. 들어가자마자 윤 대리님이 엄청나게 괴롭히기 시작했다. 나를 대청마루의 현판 밑으로 내보내 시를 짓게 했다. 오 과장님은 끝도 없이 시 짓는 문제를 내어서 나를 괴롭혔다. 그가 너무, 너무 미웠다.

저녁에는 선배들 집을 돌면서 명함을 돌렸다. 열심히 말을 달려 윤 차장님, 오 과장님, 김 대리님, 윤 대리님 댁 등을 포함해 열네 곳이나 명함을 돌렸다. 기진맥진한 상태로 숙소에 돌아오니, 민 부장님이 "오늘 하루 정말 고생 많았지? 내일부터는 허참례(許參禮)를 할 때까지 명함을 그만 돌려도 되네."라고 하셨다.

설레고 떨리는 마음으로 첫 출근을 한 38세의 '뉴비 공무원' 김령. 그러나 그를 기다린 것은 따뜻한 환대와 조언이 아닌, 쉴 틈 없이 몰아붙이는 신고식이었습니다. 업무 시간에는 선배들이 일도 안 하고 온갖 퀴즈를 내며 김령을 괴롭히더니, 이제는 '명함 돌리기'를 시켰습니다.

명함 돌리기 풍습은 많은 곳을 돌아야 했기에 육체적으로 매우 힘든 일이었습니다. 김령도 열네 곳이나 되는 집을 두루 돌아다니며 명함과 함께 인사를 드렸죠. 게다가 꼭 귀신 분장을 한 것처럼 낡고 찢어진 옷을 입어야 했는데, 야간통행금지 시간에 사람들을 단속하는 경찰도 이들을 붙잡지 않았습니다. 게다가, 일부러 창고에 가두고 밤늦게까

김준근 작,
「신은신래」

—

뉴비 관원을 붙잡고 얼굴에 먹물을 칠하는 모습이 담겨 있죠? 주변에서는 아예 BGM까지 깔아주며 제대로 놀리는 모습입니다. 신입생 환영회 때의 추태가 동기들 사이에서 내내 회자되듯, 조선 시대에도 이때 망가지는 모습이 관직 생활 내내 술안주로 쓰였겠죠?

승문원(承文院)과 자천제(自薦制)

승문원은 조선 시대에 외교에 관한 문서를 맡던 관청입니다. 지금의 외교부와 같은 역할을 했습니다. 그런데 자천제(自薦制)라는 독특한 인사 제도가 있었습니다. 일반적으로 조선의 관료 선발 과정은 이렇습니다. 먼저 해당 부처의 높으신 분 명의로 누군가를 선발하면, 감사 권한이 있는 부서에서 결격 사유를 심사한 후, 인사부인 이조(吏曹)에서 임명하는 절차를 따랐죠. 요즘으로 예를 들면, 장관이 별정직 공무원을 임용하고, 인사위원회의 심사를 거치는 절차와 비슷합니다. 그런데 승문원이나 역사를 기록하는 사관(史官) 등의 선발에는 전임자가 후임을 선발하는 관행이 있었습니다. 직무 독립성 보장하기 위함이라는 명분이었죠. 그러나 인사권을 선배 관원이 쥐고 있었기에 이러한 부서 내에는 심각한 위계질서, 이른바 '똥군기'가 만연했습니다.

지 풀어주지 않거나, '촌지'를 요구하는 경우도 있었습니다.

안타까운 것은, 본격적인 신고식은 아직 시작도 안 했다는 점입니다. 이제 허참례(許參禮)가 김령을 기다립니다.

—

1614년 3월 7일
『계암일록(溪巖日錄)』

이른 새벽부터 출근했다. 부장님이 먼저 출근해 계셨고, 곧 다른 선배 분들도 출근하셨다. 허참례가 시작되었다. 선배들이 내는 문제에 맞춰 시 짓기, 앞뒤로 오락가락하기, 종종걸음으로 걷기, 뛰어오르기, 바닥에서 몸을 구르기, 대청마루 아래를 기어 나오기, 기왓장 위에서 책상다리 하기, 활 쏘는 자세로 오래 서 있기 등 온갖 곤욕스러운 일을 빠짐없이 시켰다. 아직 오전이 다 지나지도 않았는데, 서 있을 힘도 없을 만큼 지쳐버렸다. 그래서 오후의 허참례 때는 선배들한테 엎드려서 계속 혼나야만 했다.

선배들이 모두 퇴근한 뒤에야 간신히 숙소에 들어와서 바로 누웠지만, 몸이 너무 피곤하여 잠도 오지 않을 지경이었다.

허참례는 처음 벼슬길에 들어선 '뉴비 관리'가 선배들에게 베풀던 잔치입니다. 처음에는 신임 관원의 오만함을 다스리고 위계를 세우기 위해 시작한 신고식인데, 시대가 흐를수록 사람을 괴롭히는 정도가 심해졌습니다. 허참례가 끝나면, 10일 뒤 면신례(免新禮)를 치러야 했는데요. 이때 온갖 기상천외한 방법으로 사회 초년생인 신임 관리를 괴롭혔습니다. 인격 모독적인 발언뿐 아니라, 때로는 폭력도 행해졌습니다. 그런데 이보다 더 괴로운 것은, 신임 관리가 선배들에게 '한턱' 거하게 쏘고, 때로 금품까지 제공해야 했다는 점입니다. 가난한 집의 자제는 몸이 겪는 괴로움보다 부모님에게 이러한 사정을 고하고 경제적 지원을 요청해야만 하는 것이 더 괴롭고 서글픈 일이었을 것 같습니다.*

'기수 문화' 속에서 벌어지는 가혹 행위는 누군가 결연한 각오로 끊어내지 않으면 사라지기 힘듭니다. 끊어낸다 하더라도, 다음 기수에서 부활하는 일도 종종 있습니다. 그렇다면, 각종 신고식의 피해자였던 김령은 어땠을까요?

「면신첩」

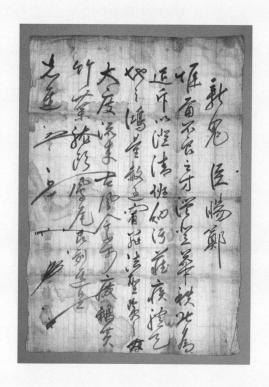

—

신입 관원 정양신이 면신례를 통과했다는 인증샷입니다. 왼쪽에 선배 다섯 명의 사인이 있습니다. 이렇게 인증샷을 받아야만 어엿한 공무원으로 대우받을 수 있었죠. 종종 나이가 많은 관원이 들어와 이러한 관례를 거부하기도 했는데요. 이때엔 바로 '기수 열외'와 같은 불이익이 주어졌다고 합니다.

허참례를 금지하라!

신임 관리들에 대한 신고식은 조선 왕조 내내 문제가 되었습니다. 지나친 가혹 행위도 그렇지만, 나라에서 국법으로 임명한 관리가 신고식을 치르지 않았다 하여 직무를 수행할 수 없게 만드는 기수 열외도 관료제에 균열을 내는 심각한 문제였죠. 심지어 신고식을 치르지 않은 관리를 왕에게 고자질하는 일도 있었습니다. 『중종실록』의 기사를 볼까요?

1514년 11월 15일 - 『중종실록』

최숙생(崔淑生)이 보고했다.

"새로 급제한 사람이 관직을 얻으면 반드시 허참례와 면신례를 해야 하는데, 정응(鄭䝴)은 신고식을 안 했는데도 갑자기 임명되었으니 불편합니다!"

이러한 최숙생의 불편 신고를 중종은 들어주지 않았지만, 기록하던 사관(史官)은 "나쁜 악습을 혁파해야 한다고 말하기는커녕, 오히려 왕에게 이르기나 하고 있으니, 최숙생은 뭣이 중헌지 하나도 모른다."라고 비판합니다. 이렇듯, 관료 집단의 비협조로 인해 신임 관리들에 대한 신고식은 좀처럼 없어지지 않았습니다.

―

1614년 6월 13일~14일

『계암일록(溪巖日錄)』

오늘은 신임 관리를 뽑는 날이었다. 여러 선배, 동료들과 함께 나도 선발 과정에 참여했다. 날씨는 흐리고 후덥지근해서 가만히 있어도 땀이 줄줄 흘렀다. 이날 열세 명의 신임 관리가 선출되었는데, 사람들이 일찌감치 그들을 괴롭히기 시작했다.

다음 날, 저녁에 퇴근해서 신입들을 놀리기 시작했다. 종일 비가 와서 온 땅이 다 진흙탕이었다. 땅에 고인 물이 걸을 때마다 사방으로 튈 지경이었다. 그런 진흙탕 위에서 내가 하는 대로 이리저리 뛰어다니며 발을 구르는 그들의 모습에 폭소가 절로 터졌다.

안타깝게도, 온갖 신고식에 시달렸던 김령 또한 채 반년이 지나기도 전에 짓궂은 장난을 치는 쪽에 슬쩍 합류합니다. '영남의 1티어 선비'라고 불릴 만큼 꼿꼿하고 깨끗했던 선비 김령이 그 악습을 몸소 체감했음에도 단절할 수 없었던 이유가 무엇일까요? 아마도 이러한 신고식은 관료 사회와 엘리트 집단으로 들어서는 중차대한 통과 의례로서, 엘리트 계층의 자부심과 폐쇄성, 나아가 이익을 공유하는 기득권의 인적 네트워크를 상징하는 듯합니다. 통과만 하면, 사회적으로 상당한 권력을 취할 수 있는 '관직'의 상징성이 고된 신고식에서 드러나죠.

어떻게든 '뉴비 공무원'으로 선배들에게 인정을 받은 김령. 그러나 신입 사원의 하루는 끝이 없습니다. 먼 타향에서 홀로 의식주를 해결하면서, 좀처럼 익숙해지지 않는 업무를 처리해나가야 합니다. 천근만근 무거운 몸으로 밤늦게 퇴근한 '미생(未生) 김 사원'의 일기를 보겠습니다.

—

『계암일록(溪巖日錄)』

3월 21일. 요즘 외교 일에 관한 공문서가 책상에 가득 쌓여서 일이 두 배는 많아졌다. 고향으로 돌아가야 하는데, 솔직히 이렇게 일이 많을 때 한 사람이 빠지는 걸 좋아할까. 그래도 그렇지, 윤 대리님이 내 고민을 단칼에 거절해서 너무 우울하다.

4월 18일. 오늘은 몸 상태가 최악이었는데, 어떻게든 억지로 출근했다. 말단 관리의 피곤함은 당연하니 하소연한다고 뭐가 달라질까. 오늘은 출장을 두 번이나 갔고, 높으신 분들과 회의를 계속했으며, 공문서 여러 개를 수정하고, 밤이 되어서야 간신히 결재를 받고 퇴근할 수 있었다. 하, 내일도 출근해야 한다니, 끔찍하다. 내일이 안 왔으면 좋겠다.

첫 직장에 입사한 사회 초년생의 하루는 정신없는 법이죠. 사무실 분위기는 좀처럼 적응하기 어렵고, 분명 어제 배운 업무인데도 막상 하려니 머릿속이 캄캄해지며, 부장님, 차장님, 사장님, 전무님 등 누가 누군지 다 외우는 것만 해도 쉽지 않은 일입니다.

김령도 정신없이 돌아가는 일정과 쏟아지는 문서 업무에 하루가 어떻게 흘러가는지 알 수 없을 만큼 바쁘게 보냅니다. 고향에 돌아가야 하는데, 하필이면 일이 많은 시즌이라서 선배들은 그를 보내주려 하지 않죠. 김령도 '이럴 때 손이 비는 걸 누가 좋아하겠어.'라면서 체념하지만, 그래도 선배가 자신의 사정을 이해조차 해주지 않자 속상해합니다.

말이라도, "김 사원 마음 내가 다 알아. 바쁜 시즌 끝나면 갈 수 있을 테니, 화이팅해서 해보자고. 어려운 거 있으면 나한테 묻고."라고 말해줬다면, 속상한 마음이 조금은 풀어졌을 텐데 말이죠.

이렇게 시달리다 보니, 무수히 많은 별이 박힌 밤하늘을 보며 퇴근하는 일도 잦았습니다. 대부분 불 꺼진 건물들 사이로 밤늦게까지 야근하는 사람들이 남은 빌딩들이 있죠. '구로의 등대'처럼요. 아마도 당시의 승문원은 '궁궐의 등대'가 아니었을까요? 출근길이 지옥길 같던 김령은 '내일 아침이 오지 않았으면' 하는 헛된 희망을 품습니다. 꼭 월요병에 시달리는 우리 시대의 직장인 같네요.

이렇게 서러운 타향살이와 고된 회사 생활 속에서 의지할 수 있는 곳은 결국 동기들뿐입니다. 요즘도 입사 동기가 큰 힘이 되듯, 조선의 과거 급제 동기들도 서로를 끌어주고 밀어주는 중요한 인맥이었습니다. 과거급제는 언제 어느 때라도 어려울 때 도움을 청할 수 있는 '전국적 네트워크'에 가입하는 것이었죠. 연회비는 없는데 혜택은 VIP인 매우 효과적인 '이너 써클'입니다. 서로가 모인 자리에서 입시생 때의 소소한 에피소드도, 더럽고 치사한 부장님의 뒷담화도 나누면서 의기투합했을 것입니다. 노상추의 퇴근 후 회식 자리처럼요.

—

1793년 4월 17일
『노상추일기(盧尙樞日記)』

동료들이 모여들었다. 우리는 정자 위에서 음악을 즐긴 후, 악공들을 앞세워 훈련장으로 갔다. 이윽고 나의 사회로 활쏘기 대회가 열렸다. 정유겸이 일 등이었고, 내가 오 등이었다. 이후에는 각자 한 상씩 받아 미친 듯이 먹고 마셨다.

퇴근 후엔 행진곡을 울리게 하고 계곡으로 가서 이 차를 벌였다. 해가 산 너머로 기울 때쯤엔 모두 거나하게 취해 있었다. 우리는 다시 행진 곡을 울리며 돌아왔다. 동료들은 모두 한 동료의 집으로 들어가 삼 차를 벌이고, 신입 관원들은 다른 곳으로 빠졌다.

우리는 삼 차를 하면서 창문을 열고 길 가는 사람들을 구경하거나, 어린 친구들이 노는 것처럼 놀면서 배가 찢어지듯 웃었다. 오히려 여성들이 부끄러워 견디기 힘들어하므로 내가 다 민망했는데, 그놈의 술이 문제다.

활깨나 쏜다는 조선의 군인들이 모여 성대한 회식을 벌입니다. 먼저 활쏘기 대회 직후에 1차를, 근교의 계곡으로 놀러 가 2차를, 저녁 때는 한 동료의 집에 우르르 몰려가 3차를 즐기죠. 이들은 행진곡을 연습한다는 핑계로 풍악을 울려 거리를 시끌벅적하게 만듭니다. 3차 때는 아예 부끄러운 줄도 모르고 길 가는 사람들을 쳐다보고, 어린 '인싸 친구들'이 하는 술 게임도 따라 하면서 배가 찢어지듯 웃습니다. 이 장면의 백미는, 신입 관원들은 쏙 빠져서 자기들끼리 모여 노는 것에 있습니다. 예나 지금이나 회식 문화는 변하지 않은 것 같죠?

이렇게 정신없이 신입 사원 시기를 몇 년 보내고 나면, 어느새 '신입'이라는 꼬리표도 떼고 업무적으로 능숙한 모습을 보이게 됩니다. 이때부턴 새로운 고민이 들기 시작하죠. 바로 '승진'입니다. 그러나 입사

「희경루방회도(喜慶樓榜會圖)」

—

1546년 과거에서 함께 급제한, 이른바 '46라인' 동기들이 광주에서 모여 잔치를 벌이는 그림입니다. 이직이 많은 요즘은 입사 동기와 오랜 인연을 이어가기가 쉽지 않죠. 하지만, 사법연수원 동기나 행정고시 동기는 서로 간의 인연의 끈을 단단히 이어줄 뿐 아니라, 사회적으로도 막강한 영향력을 행사하는 권력이 되죠. 과거급제 동기는 그것보다 더 막강한 권력을 누렸을 것입니다.
(본 저작물은 '문화재청'에서 2015년 작성하여 공공누리 제1유형으로 개방한 보물제1879호 <희경루방회도>입니다.)

만큼 어려운 것이 승진이죠. 실력도 있어야 하고, 라인도 잘 타야 하며, 운도 따라줘야 하니까요. 5년째 승진을 못 한 9급 공무원 금난수(琴蘭秀, 1530~1604)는 이런 일기를 남깁니다.

—

1584년 4월 29일
『성재일기(惺齋日記)』

처남 조목이 편지를 보냈다.

"매제(妹弟)의 편지는 늘 신세 한탄과 칭얼거림으로 가득하구먼. 그래도 빨리 출셋길이 확 열렸으면 좋겠네."

곧바로 답장을 이렇게 써서 보냈다.

"이미 저는 이 가난한 삶에 익숙해졌습니다. 관직 생활이란 게 얼마나 험한 길인데 쉽게 풀리기를 어떻게 기대할까요. 고향에서 마음 편히 지내시는 형님과 술잔을 나누는 게 그립지만, 한번 들어온 관직이니 어떻게든 버텨보려고 합니다."

금난수의 처남, 조목(趙穆, 1524~1606)은 금난수와 함께 이황을 선생으로 모시고 교육을 받았는데, 조목의 명성이 훨씬 널리 퍼졌습니다. 그런데 조목은 공부가 부족하다는 이유로 참봉직을 비롯한 온갖 관직을 다 거절합니다. 승진하고 싶어도 못 하는 금난수와, 일하기 싫은데 자꾸 일 시키는 조목의 처지가 정반대입니다. 그래서일까요. 금난수는 늘 박봉과 승진 실패를 투덜거리는 편지를 조목에게 보냈습니다. 금난수의 신세 한탄 편지가 살짝 지겨워진 것인지, 조목은 놀리는 듯하면서도 위로의 편지를 보내게 되고, 금난수는 다시 마음을 다잡으며 벼슬살이에 전념합니다.

그러나 버티다 보면 언젠가 역전의 기회도 오는 법, 드디어 금난수는 6년 만에 승진하게 됩니다. 궁궐 내에 종이 등을 공급하는 창고의 관리자를 맡게 된 것인데요. 왕실의 행사나 제사 때마다 수많은 물품을 관리하고 재고조사를 해야 하는 등 바쁜 자리였지만, 9급에서 8급으로의 승진이었습니다. 승진하자마자 금난수는 열심히, 또 성실하게 업무를 처리합니다. 하지만, 빛이 있으면 그림자도 있는 법, 사직서를 써야 할지도 모를 만큼 큰 위기가 금난수에게 닥칩니다.

─

1587년 7월 8일
『성재일기(惺齋日記)』

지난번에 중전마마께 종이를 올렸는데, 마마께서는 짜증을 내시며 "종이가 너무나 질이 안 좋고 거칠지 않습니까. 새로운 것으로 다시 올리세요."라고 하셨다. 그래서 다시, 신중에 신중을 기해 종이를 골랐는데, 하필이면 이번에 들어온 종이들이 하나 같이 상태가 좋지 않았다. 울며 겨자 먹기로 그나마 상태가 제일 괜찮은 종이를 골라 직접 중전마마께 올렸지만, 이번에도 "한번 실수를 만회할 기회를 주었는데도, 또다시 이런 종이를 가져옵니까? 안 되겠군요. 당장 돌아가서 처분을 기다리세요."라고 하시는 게 아닌가?

그 길로 집에 돌아와 결정을 기다린 지 며칠이나 지났다. 매일매일, '이대로 잘리는 건가?' 하는 생각에 초조했다. 사실, 내 잘못도 아닌데 조금 억울했지만, 그래도 사실이 밝혀져 다시 출근할 수 있었다.

직장에서 일하다 보면 본인의 실수가 아닌데도 어쩔 수 없이 욕을 먹어야 하는 상황이 있게 마련이죠. 금난수가 처했던 상황이 딱 그랬습니다. 하필이면 이번에 들어온 종이가 다 상태가 안 좋았고, 하필이면 중전마마의 심기가 불편한 상태였고, 하필이면 두 번째에도 좋은 종이가 없었습니다. 단순히 잘리는 것을 넘어서 잘못하면 곤장도 맞을 수 있는 상황에서 금난수는 초조하게 며칠을 보냅니다. 다행히, 진상이 밝혀져서 금난수는 다시 출근할 수 있었습니다.

한편, 금난수는 계속해서 변변찮은 직책만 맡다가, 임진왜란 때 의병장으로 이름을 드높여 전쟁이 갓 끝났을 때 고을 수령직을 받게 됩니다. 이때 금난수의 나이는 일흔이었습니다. 마지막까지 나라를 위해 최선을 다하기 위해 아프고 늙은 몸을 이끌고 반년 동안 최선을 다해 수령직을 수행합니다. 이것이 공무원으로서 그의 마지막 행보였습니다. 미관말직이든, 전쟁 중이든, 고령의 노인이든 간에 자신의 자리에서 최선을 다해 국가에 부름에 최선을 다해 응답하는 것, 조선의 선비들에게는 그러한 자세가 늘 배어 있었습니다.

한편, 라인 싸움에 밀려서 먼 곳으로 발령 나는 것도 사회생활에선 적잖이 경험하게 되는 일이죠. 군인으로 임관한 노상추도 그런 일을 겪습니다.

—

1787년 6월 22일
『노상추일기(盧尙樞日記)』

출근했더니 발령 공고가 붙어 있었다. 그런데, 내가 저기 멀고도 먼, 최전방 함경도 갑산진(甲山鎭)으로 발령받은 당사자라니! 이럴 수가 있나. 이건 명백한 좌천이다. 나 같이 믿을 만한 사람도 없고, 줄도 없는 사람들이 늘 겪는 일이다. 하지만 비록 최전방이라 해도 관직은 관직이니까, 아예 받지 않는 것보단 나은 일이다. 그래도, 그래도……이 억울하고 분한 마음은 가시질 않는다.

국방부에서 나를 최전방으로 보내버린 것이 상황상 어쩔 수 없었음을 이해는 한다. 또한, 공무원으로서 임무를 다하는 데 자리의 높낮이가 어디 있겠는가. 모두 다 나랏일을 하는 사람들이니, 그저 마음을 너그럽게 가질 수밖에 없다.

　　노상추는 자신이 영남 사람이라는 것에 대한 굉장한 피해의식이 있었습니다. 실제로도 영남 지역은 공공연한 차별을 받았다고 할 수 있는데요. 대표적으로 과거 급제자 수를 적게 뽑거나, 영남 지역에 반감을 가진 관리를 파견하는 식이었습니다. 만인소(萬人疏)[*]는 영남 지역의 차별과 그 차별에 맞서 영남의 사림(士林)이 택한 정치적 해법이었죠. 영남 사람인 것도 모자라, 노상추 가문 역시 정쟁에 정통으로 휘말렸던 가문이었기에 노상추가 느끼는 차별과 피해의식은 나름대로 근거가 있었던 것 같습니다. 본인이 문과를 포기하고 무과에 도전해야만 했던 것

만인소(萬人疏)

원래 붕당은 각자의 학문적, 철학적, 정치적 입장을 공유하면서도 학연 또는 혈연으로 묶인 사람들끼리 '으쌰으쌰' 하자는 취지였습니다. 그런데 조선 중기 이후, 송시열(宋時烈, 1607~1689)로 대표되는 충남 지역의 기호학파(畿湖學派)—서인과 노론이 기호학파의 주를 이뤘습니다—가 학문적, 정치적 주도권을 점차 잡아나가기 시작했습니다. 반면 남인 세력의 영남학파(嶺南學派)는 계속해서 주도권을 상실하게 되지요. 그런데 영조(英祖) 재위 초기 일어난 이인좌의 난에 남인 세력이 대거 연루되면서, 영남 지역에 대한 처벌, 나아가 각종 사회적 차별은 공공연한 것이 되었습니다. 이후 정조가 등극하자, 영남의 유생 1만 57인이 사인한 상소, 즉 '만인소'가 올라옵니다. 정치적으로 배제된 영남 남인들의 '회심의 반격'이었죠. 이러한 만인소는 1881년까지 일곱 차례에 걸쳐 올라왔지만, 한번 기울어진 시소게임은 좀처럼 균형을 찾지 못했습니다.

도 그러한 정치적 배제에서 비롯된 것이니까요.

그러나 지금까지 열거했던 직장생활의 어려움은 사실, 지금 소개할 골칫거리에 비해 비교적 견딜 만한 것일지도 모릅니다. 직장생활을 포함한 모든 일상에서 가장 스트레스를 받는 것이 '인간관계'죠. 노상추는 전방으로 나가서 평안도 삭주 부사까지 승진하는데, 여기서 직장 동료와 심각한 마찰을 빚습니다.

—

1794년 7월 12일
『노상추일기(盧尙樞日記)』

부하 직원에게 창성 수령이 한 말을 전해 들었다. "자네, 어떻게 생각하나? 나에게 수청을 들었던 기생이 있는데, 그 기생이 삭주의 기생이라서 인원 점검을 한다는 핑계로 데려가버렸네. 삭주 부사가 잘했다고 생각하나? 아니면 잘못했다고 생각하나?" 그러자 부하직원은 "잘 모르겠습니다."라고 대답했다고 한다.

그 말을 듣는 순간, 그 인간의 천박한 인간성을 제대로 느꼈다. 올해 1월 10일 창성에 방문했을 때, 그는 "창성과 삭주는 분명히 관직의 서열이 다르고 체통도 다른데, 어째서 삭주 부사는 성안에서 감히 권마성(勸馬聲)*을 시행했는가?"라고 심통을 부린 적이 있다. 황당했던 나는, "무슨 소리 하시는 건지 모르겠습니다. 삭주 부사와 창성 수령은 법적으로 동등한 관계입니다만."이라고 답했지만, 그는 화를 내면서 '급이 다르다.'는 얘기를 구구절절 늘어놓았다.

그 뒤로도 계속해서 나의 업무를 트집 잡으면서 협박을 놓더니, 지난 5월에 그가 삭주에 왔을 때는 전담 비서관을 붙이지 않았다는 이유로, "삭주 수령이 관아에 도착하자마자 그를 체포하라!"라는 말도 안 되는 명령을 내리기도 했다.

나는, "무슨 소리 하시는 겁니까. 전담 비서관을 붙여야 한다니, 그런 전례가 있다는 것을 한 번도 들어본 적이 없습니다."라고 항의했다. 그러자 이번엔, 해당 담당자를 잡아 보내라는 공문을 날려 보냈다. 공문에는 저항할 수가 없어서 일단 담당자를 올려보냈는데, 담당자는 창성 수령에게 차근차근 전례를 말하였고, 창성 수령은 그의 논리정연한 대답에, "지난번에 너희 수령이 예법을 지키지 않은 것은 잘한 일이라고 생각하는가? 죽을 만큼 곤장을 쳐야 하지만, 이번에는 참작해준다."라는 어처구니없는 판결을 내리는 일도 있었다.

옆 동네 수령과 사소하지만 심각한 일로 갈등을 빚는 노상추의 사연이 아주 긴 일기로 적혀 있습니다. 사건의 발단은 1월로 올라갑니다. 노상추의 부하직원이 창성 안에서 권마성(勸馬聲)을 시행하자, 창성 수령은 화가 나서 "자네와 나는 급이 다른데 어째서 권마성을 했는가?"라고 따집니다. 자신이 노상추보다 더 위의 계급이라는 것이죠. 노상추는 법적으로도, 관례적으로도 서로 동등한 관계임을 설명했지만, 창성

권마성(勸馬聲)

사극을 보시면, "물렀거라! 사또님 행차시다~."라며 소리치는 하인의 모습이 나옵니다. 권마성 또한 이와 비슷한데, 멘트는 조금 달랐습니다. 어쨌든 그 지역에서 가장 지위가 높은 사람만이 권마성을 할 수 있는 특권을 가졌죠. 노상추가 창성 수령과 권마성을 두고 갈등을 빚은 것처럼, 변방에서는 이렇게 사소한 의례 행위를 두고 동료 간에 마찰을 빚는 일이 잦았습니다. 일종의 기 싸움이죠. 심지어 한쪽이 처벌을 받기도 하였으니, 조선 사람들에게는 체면이 정말로 중요했나 봅니다.

수령의 화는 가라앉지 않았고 그 이후로도 사사건건 트집을 잡습니다.

　그러던 5월, 이번엔 창성 수령이 삭주를 방문했는데, 전담 비서관을 붙여주지 않았다는 이유로 노상추를 체포하려고 합니다. 두 번째 무리수죠. 노상추가 이번에도 그러한 전례가 없음을 설명하자, 이번엔 아예 공문서를 만들어 담당자를 체포합니다. 만만한 담당자를 털어서 어떻게든 꼬투리를 잡아 부풀리려고 했던 것 같습니다. 이 모든 게 노상추를 벌주기 위한 것이죠.

　그러나 곧장 맞을 위기 앞에서도 침착하게 자신의 논리를 설명한 담당자의 대응 덕분에 그 시도는 실패로 돌아갑니다. 이번엔 또 다른 노상추의 부하직원을 이용해 자신이 총애하던 기생을 노상추가 데려간 일을 끄집어냅니다.

　사실, 이것도 세 번째 무리수였습니다. 조선에는 관아에 직접 소속된 기생들이 있었는데요. 노상추는 그 기생이 인원 점검에도 불참하고 6개월 동안이나 한 번도 돌아오지 않았다는 사유로 그녀를 불러들였습니다. 아마도 창성수령이 그녀를 돌려보내려 하지 않았기 때문에, 그녀도 인원 점검에 불참할 수밖에 없었던 것이겠죠. 오히려 창성 수령이 직권을 남용한 흔적이 보이는 사건입니다. 결국, 이 '자존심 강한 두 천재의 대결'은 노상추의 판정승으로 끝나게 됩니다.

　이 모든 내용이 7월 12일 하루치 일기에 모두 적혀 있는데, 그 분량이 상당합니다. 반년이 넘게 갈등을 빚으면서 정신적으로 지쳤을 뿐 아니라, 실제로 커리어에 대한 위협을 느꼈던 것이죠. 노상추의 일기처럼, 조선 사람들은 법리적으로 다툴 여지가 있는 일을 겪을 땐, 이렇게 기록을 통해 자신의 '알리바이'를 만들었습니다.

이렇게 다사다난한 일들을 겪으면서도, 40세부터 66세까지 노상추는 여러 관직을 두루 수행하면서 커리어를 쌓았습니다. 특히, 정조를 아주 가까운 곳에서 호위하는 영광을 누리기도 했죠. 경쟁자와의 라인 싸움에서는 완전히 밀렸지만, 오직 정조의 총애 덕분에 살아남을 수 있었던 것입니다. 물론 아무리 그래도 본인의 실력이 없었다면 그러한 총애도 얻지 못했겠죠?

조선 사람들의 관직 생활 분투기는 정말로 우리 시대 직장인의 모습과 한 장의 필름에 함께 담을 수 있을 만큼 가깝습니다. 엄청난 경쟁률을 뚫고 입사했지만, 생각과는 완전히 다른 회사 생활이 펼쳐졌죠. 사내 분위기, 업무 숙달, 승진 경쟁, 좌천, 동료와의 갈등 등, 그 모든 장면이 어깨가 축 처진 채 퇴근하는 직장인의 모습을 지하철에서 마주한 듯합니다.

먹고살기 위해 돈을 벌러 나갔는데, 어느새 벌기 위해 먹고살게 되는 것이 직장인의 삶일까요. 그 의미가 전도된 삶 속에서 자신을 단단하게 지켜낼 때, 비로소 바라마지 않던 꿈들을 하나씩 이뤄나갈 수 있을 겁니다. 온갖 어려움 속에서도 커리어를 이어나간 노상추, 왕비 전하의 질책 속에서도 살아남은 금난수, 호된 신고식을 거쳐 그 능력을 입증해 '영남의 일인자'라고 불린 김령의 이야기처럼요. 이 책을 읽고 계신 직장생활자 여러분, 직장생활을 앞둔 분들 모두, 내일 아침은 어제보다 더 잘 풀리기를 기원해봅니다.

이 천하에 둘도 없는 탐관오리 놈아!

전해지는 민담(民譚) 속에서 사또는 크게 두 가지 이미지로 나옵니다. 한쪽에선 고집불통에 욕심이 가득한 전형적인 악역으로 그려지고, 다른 한쪽에선 공명정대하고 선량한 정의의 수호자로 그려지죠. 사실, 어떤 사람의 성향이나 행보를 선과 악의 한 단면으로만 색칠할 수는 없겠죠. 같은 사람을 두고 누군가는 탐관오리라 하고, 다른 누군가는 탁월한 관리자라 하는 엇갈린 평가도 나오는 법이니까요. 요즘도 다르지 않습니다. 우리 시대의 정치 또한 지지자와 반대자가 뚜렷한 극단의 모습으로 펼쳐지잖아요?

그런데 그 평가를 결정하는 가장 중요한 요소는 바로 백성의 시선이었습니다. 시골 백성의 입장에서는 왕이 누구인가보다, 새로 오는 사또가 누구인가가 더 피부에 와닿는 문제였습니다. 사또가 어떤 정치를 펴냐에 따라 조선은 살기 좋은 나라와 망해도 싼 나라를 오갔다고 해도 과언이 아닙니다.

그러나 그러한 백성의 솔직한 이야기를 우리는 쉽게 알 수 없습니다. 다만, 글자를 소유했던 양반들의 기록을 통해서 어깨너머로 확인할 수 있을 뿐이죠. 다행인 것은, 한 명의 사또를 평가할 때, 양반과 백성의 뜻이 일치하는 경우가 꽤 많았다는 점입니다. 양반들은 혹시라도 그들의 폭정이 역사에서 잊히는 일이 없도록 깨알같이 다 적어서 후손들에게 일러바치고 있습니다. 그들의 일기를 토대로 '양반을 중심으로 한 향촌 사회 vs 중앙에서 파견된 사또'의 숨 막히는 밀고 당기기의 현장으로 떠나봅시다.

탐관오리의 유형을 구분해보자면, 폭력을 앞세워 압제를 펼치는

'조폭형', 융통성 없는 세금 징수로 백성의 고혈을 쥐어짜는 '꼰대형', 개인적인 이익을 위해 온갖 술수를 발휘하는 '꼼수형'으로 정리할 수 있는데요. 김령은 민성징(閔聖徵, 1582~1647)을 탐관오리로 기록해놓았습니다.

—

1623년 9월 23일

『계암일록(溪巖日錄)』

경상도 관찰사 민성징은 그야말로 잔혹한 인간이다. 그가 가는 곳마다 형장(刑杖)이 펼쳐져 피가 낭자했고, 사람들이 명령을 수행하기 어렵거나 말거나 전혀 신경 쓰지 않고 밀어붙이기만 했다. 영천의 지방 공무원들은 모두 곤장을 맞고, 혹자는 정강이가 부러졌다. 얼마나 심하면, 수령이 마당에 서서 "관찰사님! 인제 그만 멈춰주십시오! 이러다가 정말로 사람들이 죽겠습니다!"라고 애걸복걸할 지경이었다.

성질은 또 어찌나 급한지, 출장이라도 가는 날엔 꼭 새벽 일찍 출발해서 여러 사람을 괴롭혔다. 애당초 특채로 발탁됐으면서, 실력도 없고 재능도 없는 주제에 자존심만 세우려고 하니 민심을 완전히 잃었다.

민성징은 광해군(光海君)과 인조(仁祖) 시대 모두 중용 받은 독특한 인물입니다. 광해군이 재위하던 시기에도 관직에 있었으나, 인조반정이 일어나자 빠르게 가담한 덕분에 이후로도 승승장구하게 되는데요. 인조 재위 1년 차, 경상도 관찰사라는 상당히 무거운 임무를 받고 경상도에 내려옵니다만, 그는 융통성은 전혀 없고 오직 법에 정해진 원칙대로만 평가하는 '에프엠' 그 이상의 인물이었습니다. 특히, 모든 고을을 돌면서 조금이라도 잘못된 것이 있으면, 바로 압슬형(壓膝刑)과 장형(杖刑)*을 실시하며 말단 공무원을 괴롭혔죠. 이렇게 탐관오리 제1유형, '조폭형'에 합격하셨습니다.

　　그런데 이것만으로는 그가 탐관오리인지 확실하지 않습니다. 인조반정 이후 뒤숭숭한 시국을 단속하기 위해 더 엄격한 정치를 펼친 것일 수도 있으니까요. 과연 그럴까요? 조금 더 살펴보겠습니다.

조선의 형벌

정약용(丁若鏞, 1762~1836)은 『목민심서(牧民心書)』에 조선의 각종 형벌에 대해 자세히 기록해놓았습니다. 죄수의 등짝에 마구 스매싱을 날리는 태배(笞背), 여러 사람이 한 명의 죄수에게 발바닥이나 온몸에 몽둥이 찜질을 하는 난장(亂杖)과 주장당문(朱杖撞問), 뜨거운 쇠꼬챙이로 죄수의 피부를 어루만져주는 낙형(烙刑), 죄수의 무릎 위에 무거운 돌을 얹어 더는 무릎 꿇을 일이 없게 만들어주는 압슬형(壓膝刑) 등이 나옵니다. 1905년, 러일전쟁 취재를 위해 조선을 방문한 스웨덴 기자 아손 그렙스트의 기록은 조선의 형벌을 생생히 묘사하고 있습니다. '다리뼈가 부러져 으깨지는 소리가 들렸다. 아픔을 표현할 소리가 없는 듯 죄수의 처절한 비명이 멎었다. 죄수 눈은 흰자위만 남았고 이마에서는 식은땀이 비 오듯 흘러내리더니 몸이 축 늘어지면서 쓰러졌다.'

김준근 작,
「곤장치고」

—

우리가 익히 아는 곤장형, 즉 곤형(棍刑)은 사람의 생명을 위협할 만큼 가혹하여, 장 100대는 죽음을 각오하는 처벌이었습니다. 관아에서 가장 가벼운 처벌이었던 태형(笞刑) 또한 50대를 초과하는 벌을 내릴 때는 상급 기관에 보고해야 했으며, 곤장은 사람의 목숨이 달려 있기에 회수를 법률로 제한했죠. 하지만 수령들은 알게 모르게 무리한 곤장형을 집행하여, 적잖은 사람의 목숨을 빼앗았습니다.

—

1623년 1월 25일
『계암일록(溪巖日錄)』

권극해라는 인간은 말은 청산유수인데 행동은 하지 않는 실속 없는 인물이다. 그런데 오직 풍수지리를 좀 본다는 이유로 민성징에게 총애를 받았다. 민성징은 권극해가 하는 말이라면 뭔지 "좋네, 좋아. 그렇게 하게."라고 말하면서 금품까지 지원해주었다. 덕분에 권극해는 졸부가 되었다.

민성징 덕분에 권극해가 얻은 물품이 상주에서는 쌀 석 섬과 무명 다섯 필, 예천에서는 쌀 두 섬과 무명 다섯 필, 안동에서는 그것보다 네 배는 얻었고, 이 밖에도 다른 잡물은 셀 수조차 없었다고 한다.

또 민택이라는 자는 민성징의 집안사람인데, 이 사람은 민성징의 힘을 믿고, 경상도 내에서 노비나 재물을 추적하고 압류하는 사람들에게, 노비나 재산을 강압적으로 탈취해서 보내주었다. 그래서 그 사람들은 반드시 노비 몇 명을 민택에게 뇌물로 주었는데, 이렇게 민택이 얻은 노비만 해도 마흔 명 가까이 되었다.

　　폭력을 앞세운 정치를 하면 반드시 끄나풀이 생기게 마련이죠. 입만 열 줄 알고 업무 성과라곤 없었던 권극해라는 인물은 민성징의 총애를 얻은 뒤부터 인생이 역전되었습니다. '백성들에게는 차갑지만, 내 사람에게는 따뜻한 도시 남자' 민성징이 각 고을을 다니면서 공적인 업무를 수행할 때, 그가 따라다니면서 수고비를 받게 된 것입니다. 그런데 그 액수가 상당하여 수고비라는 이름으로 부르기 민망할 지경이에요. 민성징의 자산관리자가 아니었을까, 하는 의심마저 듭니다.

한편, 민성징은 가장 위험하고 지저분한 일을 가장 믿을 만한 사람에게 시킵니다. 바로 집안사람 민택인데요. 도망간 노비, 도난당하거나 분쟁이 걸린 재산 문제 등을 처리하는 브로커들과 일종의 '도급계약'을 맺습니다. 민택이 민성징의 이름을 이용해 강압적으로 일을 처리하면, 브로커들에게 상당한 커미션을 받는 조건이죠. 그렇다면, 이렇게 비선 실세들이 만들어놓은 지하 경제의 콩고물은 어디로 갔을까요? 누군가에게는 흘러갔을 텐데 말이죠. 한편, 김령은 일기에 '민성징은 승진하기 위해 김 상궁에게 은(銀)을 뇌물로 바쳤다.'라고 썼는데요. 실제로 민성징의 물건을 실은 수레가 암행어사에게 딱 걸리는 일도 있었습니다. 모두가 사실인지는 확인할 수 없지만, 아무래도 민성징 님은 탐관오리 제2유형 '꼼수형'에도 합격하신 것 같죠?

세월이 흐른 1629년, 김령은 안동 부사로 일하게 된 민성징이 천재지변으로 고통받는 백성들의 세금을 줄여주고, 백성들에게 곡식을 빌려주는 일을 잘 처리하는 선정(善政)을 베풀었다는 기록을 적기도 했습니다. 그도 마냥 악한 인간은 아니었던지, 다행히도 탐관오리의 제3유형, '꼰대형'이 되기엔 조금 모자란 성적이네요.

백성들에게 부과된 수많은 세금* 중 가장 말도 많고 탈도 많았던 것이 방납(防納)입니다. 온갖 종류의 토산품이나 진상품을 바쳐야 하는데, 수량과 품목이 다양한 만큼 탈법적 요소가 개입할 만한 여지가 상당히 많았습니다. 돈에 눈이 먼 자들에겐 그야말로 '노다지'였지요. 잡히지도 않는 생선을 돈 주고 사서 바치는 불합리한 일이 비일비재하게 일

비비탈

—

조선 사람들의 뮤지컬, 광대놀이에는 비비라는 캐릭터가 등장합니다. 백성들의 강렬한 니즈가 담긴 비비는 가장 인기가 많은 캐릭터였습니다. 비비는 고담 시티의 배트맨처럼, 탐관오리의 옆구리에 호쾌한 이단옆차기를 날리며 정의를 구현하는데요. 수령의 실정(失政)이나 양반의 못된 심보가 백성들에게 얼마나 큰 위협이었는지 상징적으로 드러내주는 인물입니다.

어납니다. 또한, 마침 제철이라 하더라도 토산품을 채취하는 것은 때론 목숨을 바쳐야 하는 일이었습니다. 지겹고 답답한 유배 생활을 글쓰기로 극복한 심노숭(沈魯崇, 1762~1837)은 자신의 일기『남천일록(南遷日錄)』을 통해 지방민들의 고통을 생생하게 기록합니다.

조선의 조세제도

조선 후기의 세금은 먼저, 땅에 부과하는 전세(田稅), 특산물을 납부하는 공납(貢納) 대신 도입된 대동세(大同稅), 군대나 여러 토목 사업에 동원되는 역(役), 그리고 봄에 곡식을 빌려주고 이자와 함께 가을에 다시 받는 환곡(還穀), 마지막으로 온갖 항목에 붙는 잡세(雜稅)가 있습니다. 농사를 나라의 근간을 세우는 일로 여기고, 백성을 중심으로 하는 정치를 지향했던 조선은 원칙상 세금을 낮게 매기려고 했습니다. 그러나 시대가 흐르고 제도와 현실 사이에 모순이 발생하면서 여러 문제점을 낳게 되죠. 특히, 시간이 흐를수록 수령과 양반은 대결하면서도 결탁하는 '한배를 탄 운명'이 되는데요. 이렇게 해서 조세의 공정함을 견제·감독할 세력이 없어집니다. 그 결과 불공정함은 더욱 악화하고, 백성들은 기초적인 의식주 해결도 어려워져요. 예컨대, 1759년, 안동 지역은 조세 부담, 천재지변, 인구 문제 등이 겹치며 1인당 곡물 소비량이 고작 3~4홉에 불과해지는데, 이는 원래 아동의 한 끼 식사량 정도입니다. 농사를 천하의 근본으로 삼던 진짜 미국(米國) 조선에서 먹을 곡식이 부족하다는 것은 IMF급 경제 위기와 비교해도 지나치지 않을 것 같습니다.

1801년 3월 24일
『남천일록(南遷日錄)』

서울에서는 기장의 바둑돌을 최고로 치는데, 요즘 공무원들이 자꾸 와서 제대로 만들고 있는지 확인하고 있다. 그러나 바둑돌을 만드는 기장 사람들의 손톱이 모두 닳아 없어졌다. 바닷가에서 검은 돌과 흰 돌을 채취하여 손으로 하나하나 예쁘게 가는데, 아무리 숙련된 사람이라도 자신의 손까지 갈아버린다. 이렇게 고된 노동으로 만들어지는 바둑돌이 고작 하루 서른 개에 불과한데, 흑돌과 백돌 각각 이백 개씩이 한 묶음이다. 그리고 나라에서는 무려 천 묶음 이상을 징발해간다. 이러니, 동네 사람 스무 명이 하루도 바둑돌을 갈지 않는 날이 없어 손톱이 다 닳아 문드러진다.

귀하신 서울 사람들과 높으신 양반님네들의 고상한 놀이 문화인 바둑. 그러나 그 바둑돌들은 기장 사람들이 자신의 손톱을 갈아가며 만들어내는 것이었습니다. 하루에 30개밖에 못 만드는데, 한 번에 징수해가는 양이 무려 이십만 개에 이릅니다. 돌 대신 사람을 갈아 넣어야 하는 바둑돌 장인들이 얼마나 고된 삶을 살았을지 가늠하기도 어렵습니다.

감당할 수 없는 고통이 가해질 때, 사람은 때때로 헛웃음을 짓기도 합니다. 이렇게 말도 안 되는 엄청난 수탈이 가해지는 상황에서 기장 사람들은 '고급 유머'로 고된 삶을 견뎠습니다.

1801년 4월 3일
『남천일록(南遷日錄)』

오만동이라는 것이 그렇게 남자한테 좋다고들 하는데, 동래와 기장
사이에서 난다고들 한다. 한 잠수부에게 "오만동이라는 게 그렇게 귀
합니까?"라고 물었더니, 그가 "이 동네에서 나긴 하는데 구하기가 하
늘의 별 따기입니다. 특히, 조개에서 나오는 것은 다 귀한 약이라서
오만동을 구하기는 더 어렵죠."라고 했다.

그런데 "우리 집 주인 아내가 오만동을 좋아한다고 하더군요."라는 말
에, 그는 물개박수를 치면서 껄껄 웃었다. 그는 의아한 표정을 짓는
내게 웃으면서 말했다.

"아이고, 역시 그렇습니까. 서울에서 온 양반님네 중에 오만동을 구
하지 않은 사람이 없습니다. 왜일까요~? 우리 바닷가 사람들은 오만
동을 어쩌다가 채취해도 먹을 수 있는 사람이 없습니다. 다 서울로 올
려보내니까요. 그런데 바닷가 사람들은 아들딸 순풍 순풍 잘 낳고 살
죠. 그런데 왜인지, 서울 사람들은 이게 없으면 자녀를 못 낳는 문제
가 있나 봅니다?"라면서 나를 놀리는 것이 아닌가. 또 웃으면서, "작
년에 나라에서 캐다 바치라는 명이 떨어져서, 우리 잠수부들이 며칠
동안 거의 얼어 죽을 뻔했습니다. 간신히 열 개를 구해 관청에 바쳤는
데, 관청도 전부 서울 김 대감님 댁으로 올려보냈지요. 대감님 댁 아
내분은 기뻐 죽으려 하고, 바닷가 여인의 남편은 얼어 죽으려고 하니,
이게 어떻게 된 일일까요?"라면서 또 손뼉을 치며 깔깔대며 웃었다.

南遷日錄 辛酉四月三日

曾聞俗稱五萬同者陽藥如膃

肭臍多産於萊磯之間問之沈

水軍答言是晃此中海産而不

可易得且若非舎在蛤中者不

屬藥得此尤難而獻主女開說五

萬同便拍手阿阿笑言京來兩班

無一人不求此何也吾浦民雖得

自手中尚不食獨然生子生女京人

必待此而生子女耶而已又笑曰生子

女之外亦有不可不食事好矣上午官令

勿食此物不爲彼事耶吾意則

採納冬月十餘輩沈水軍數日幾凍

死得十介納官宮亦不自食而泟

京裏大監宅大監妾歡欲死浦女

大凍欲死此何事也又拍手笑呵呵.

기장 지역에서만 난다는 오만동이란 해산물은 '남자한테 그렇게 좋은데 어떻게 설명할 방법이 없는', 그런 토산품이었던 것 같습니다. 그러나 깊은 바다까지 잠수하여 조개 속에서 캐내는 거라 구하기 너무 어려웠던 품목이죠. 시골의 잠수부는 서울에서 유배 온 순진한 양반 심노숭을 은근히 놀리면서 19금 유머를 구사합니다. 그러나 말에 뼈가 있습니다. 먹으나 안 먹으나 자식 낳는 데는 아무런 문제가 없는데, 누군가는 오만동을 구하기 위해 얼어 죽을 뻔한 냉혹한 현실이 찐득한 유머 속에 담겨 있습니다.

이러한 유머도 고달픔을 잊기 위한 한순간의 유희일 뿐, 세금 독촉은 하루도 늦지 않고 째깍째깍 다가옵니다. 게다가, 계산에 밝지 못한 백성들에게 이중 과세를 하는 일도 빈번하게 일어났습니다. 이문건(李文楗, 1494~1567)『묵재일기(默齋日記)』에 담긴 상황을 보겠습니다.

—

1558년 11월 14일
『묵재일기(默齋日記)』

용산리의 마을 사람이 내게 말했다.

"선생님, 제가 작년에 나라에서 꾼 곡식 두 섬을 선생님 댁 노비 귀손이를 통해 분명히 갚지 않았습니까? 그런데 이번에 담당자와 귀손이가 한통속이 되어 쌀 두 섬을 얼른 바치라고 성화입니다. 이걸 어떻게 해야 하는지 막막하고 억울합니다."

그 얘기를 듣고 나의 일기를 펴 보았다. 작년 11월 24일에 이런 내용이 있었다.

'1554년에 나라에서 빌린 쌀 두 섬을 납부했다. 담당자가 받았다는 확인을 전해주었다.'

역시 납부한 것이 분명했다. 곧바로 담당자에게 편지를 썼더니, 그날 창고에 들인 것이 확실하다고 했다.

용산리에 사는 마을 사람은 사정이 어려울 때 빌렸다가 추수 이후에 갚는 환곡제도를 이용합니다. 그 후, 마을 창고에 갚아야 하는 쌀 두 섬을 이문건네 노비 귀손이를 통해 갚습니다. 다시 말해, 마을 사람은 나라에 직접 갚은 것이 아니라, 글을 아는 이문건을 중간에 거쳐서 갚게 된 것이죠. 이문건이라는 양반이 일종의 공증인이 된 것입니다.

그런데 담당자와 노비 귀손이가 서로 짜고서 마을 사람에게 아직 그 쌀을 안 갚았으니 갚으라고 합니다. 곧바로 마을 사람은 이문건에게 반쯤은 하소연, 반쯤은 항의를 하고, 이문건은 자신의 일기를 뒤져 사실 관계를 바로잡습니다. 이래서 공증인이 필요한 것이겠죠?

이렇게 일이 잘 풀릴 수 있었던 것은 이문건이 꼬박꼬박, 보고 듣고 경험한 모든 것을 일기에 기록한 덕분입니다. 양반은 역사의 관찰자, 사건의 체험자, 시대의 증언자로서 일기를 써 내려갔고, 이렇게 문제가 생겼을 때 일을 처리할 수 있는 근거가 되어주었지요.

각양각색의 명목을 붙인 무거운 세금도 문제였지만, 거기에 각종 토목공사 및 프로젝트에 노동력이 강제 동원되는 일도 백성들에겐 큰 부담이었습니다. 그 어려움을 이기지 못한 일부 백성들은 풍요로운 땅을 버리고 척박한 산골로 숨어들게 됩니다. 조선 성리학의 거두, 남명

노비치부책

—

5년 동안 노비 연학, 최석, 일봉 등에게 받은 공납금을 꼼꼼히 기록한 양반의 회계장부입니다. 이문건의 사례는 무언가를 기록하고 근거를 남길 수 있는 것이 사회적으로 얼마나 큰 권력이었는지 체감하게 합니다. 문자 권력을 독점하는 것은, 본인에게 닥친 부조리를 고치는 근거로 쓰일 수도 있지만, 반대로 타인을 향한 부조리의 근거를 마음대로 만들 수 있었죠. 그래서 동네에서는 글을 좀 아는 양반이라면, 그 양반이 아무리 무능해도 나름의 대우를 받았습니다.

조식(曺植, 1501~1572)은 한가로이 관광을 즐기다가, 숨겨진 백성들의 모습을 발견하게 됩니다.

—

1558년 4월 22일
『유두류록(遊頭流錄)』

두류산의 푸른 산봉우리가 하늘을 찌르고 흰 구름이 문턱에 걸려 있다. 이렇게 깊숙한 산골이지만, 오히려 이런 곳까지 관청의 부역이 벌어지고 있었다. 오히려 이곳에 살던 주민들은 부역에 시달리다 못해 고향을 떠나 어딘가로 숨었다. 절에 사는 승려조차도 내게 부탁하길, "선생님. 염치없는 부탁입니다만, 이 고을 목사에게 우리 절의 부역을 조금만 줄여달라는 편지를 써 주실 수는 없겠습니까?"라고 간곡히 부탁했다. 어디서도 하소연할 데 없는 그 심정이 안타까워 편지를 써 줬다. 승려의 형편도 이런데, 산골에 사는 백성들의 형편은 더 엉망일 것이다. 해야 할 나랏일은 많고, 백성들의 부역은 과중하다. 결국, 백성들은 고향을 떠나 아버지와 자식이 서로를 돕지 못하고 있다. 조정에서는 이를 염려하고 있는데, 우리는 그 백성들 등 뒤에서 그저 한가롭게 관광을 즐길 뿐이다. 우리는 과연 마냥 즐거워할 수 있는가?

조선 선비들의 워너비, 조식은 예순이 가까운 나이에 지리산을 두루 유람합니다. 그런데 지리산의 척박하고 험준한 산골에서도 나라에서 진행하는 토목공사가 벌어집니다. 이미 그 동네 사람들은 다 고향을 떠나서, 먼 곳에 사는 백성들이 도시락을 싸고 부역하러 와야만 했지요. 이 모든 상황을 지켜보던 조식은, 지금이 놀고 있을 때가 맞는지 스스로 반성합니다. 제자들을 키워내는 유학자로서 한편의 회의, 또 한편의 성찰을 느낀 것이 당연합니다. 시대를 이끌어야 하는 지식으로서의 반성, 그 감정이 조식이 남긴 시에 잘 드러납니다.

高談與神宇 신응사(神凝寺)에서 우리가 나눴던 그 치열한 토론에서
所得果如何 우리가 얻은 것은 과연 무엇인가.

한편, 수령의 매니지먼트 스킬이 지역 민심과 충돌하게 되면, 적극적으로 수령에 반대하는 자들이 나오기 마련입니다. 이때 양반은 발 벗고 나서서 수령과 대립각을 세우는 것을 두려워하지 않았습니다. 때로 거칠고 험한 말도 오갔던 모양입니다. 괄괄한 성품을 지녔던 김휴(金烋, 1597~1638)의 '돌직구'를 김령의 일기에서 살펴볼까요.

—

1633년 8월 18일
『계암일록(溪巖日錄)』

김휴가 예안 현감의 무리와 함께 술을 마셨다는 소식을 들었다. 술이 몇 잔 돌더니, 김휴가 예안 현감에게 "현감님. 어떻게 정사는 제대로 안 돌보고 동네 양아치들과 활쏘기만 하러 다니십니까? 그 양아치들이 동네에 온갖 패악질을 하고 다니는데, 특히 그 양아치 두목 박용보

란 놈이 제일 문제입니다. 그런데 현감님은 그런 인간이랑 친하게 지내시다니, 동네 사람들이 다 흉보고 있는 걸 아십니까?"

그 얘기를 들은 예안 현감은 부끄러움에 볼이 빨개지면서도, 화를 내면서 말했다.

"아니, 활쏘기 또한 예로부터 군자(君子)들이 당연히 해왔던 일인데, 왜 말을 그따위로 한단 말입니까!"

김휴는 지지 않고 다시, "아하, 그러니까 현감님께서는 양아치 박용보를 옛날 군자님들처럼 여기신다는 것이군요. 암요, 어련하십니까. 현감님 말씀이 맞지요. 아무렴요."

그 말에 그 자리에 있던 양반들은 물론, 함께 있던 노비들까지도 속이 뻥 뚫리는 기분이었다고 한다.

시골의 선비들은 새로 현감이 부임하면, 환영회를 개최하면서도 현감의 능력이 출중한지, 앞으로 어떤 정사를 펼칠지 매의 눈으로 살펴보았습니다. 그런데 현감이 영 시원치 않은 정사를 펼치면, 양반들은 '돌직구'를 날리는 것을 주저하지 않았죠.

위의 일기처럼, 김휴는 현감의 면전에서 대놓고 현감의 행실을 비웃고 꾸짖습니다. 김휴는 과거, 지역 선비들의 구심점인 도산서원의 방명록에서 한 예안 현감의 이름을 "이딴 인간의 이름이 여기 남아 있는 것은 우리 마을의 수치다!"라면서 지워버리는 패기를 보였던 바 있습니다. 지역 사회에서 매우 센세이션했던 사건이었죠.

김휴의 '돌직구'를 들은 현감은 우물쭈물했지만, 관아로 돌아가 엄한 곳 여기저기에 화를 냅니다. 종로에서 뺨 맞고 한강에서 화풀이한 셈이지요. 아마도 명성이 자자한 김휴를 감히 터치할 수 없었을 것입니다.

하지만, 일반 백성이나 하급 공무원들은 양반처럼 대놓고 항의할 수 없었습니다. 부민고소금지법(部民告訴禁止法)*이 있었기 때문인데요. 그래서 많은 백성은 그저 얼른 시간이 흘러서 수령이 바뀌길 기대하

부민고소금지법(部民告訴禁止法)

중앙집권화를 꾀하던 세종(世宗)은 조선의 운명을 가르는 또 하나의 결정을 합니다. 지방의 백성 또는 공무원들이 발령받은 수령의 고소를 금지하는 법안인데요. 왼손으로는 인사평가나 암행어사제도, 그리고 고향에 부임할 수 없게 하는 상피(相避)제도 등으로 수령의 넥타이를 잡아매고, 오른손으로는 부민고소금지법이라는 무기를 수령에게 쥐어준 것이죠. 백성들이 불합리한 일을 당해도 수령을 고발할 수 없다니, 악법 같죠? 그런데 이 법이 폐지되었던 시기에 발생했던 부작용에 대한 성종(成宗)의 언급이 있습니다.

1479년 10월 25일 - 『성종실록』

"부민고소금지법이 없어지자, 이제 지역 사람들이 수령의 실수들을 몰래 다 기록하였다가, 수령을 공갈·협박해도 수령이 어떻게 할 수 없는 일이 생겼다. 게다가 심지어 이런 전문 고발꾼들에게 뇌물을 줘서 각종 토목 사업 동원에서 빠지는 백성도 있다."
수령에 대한 고발 루트가 생기자, 오히려 수령을 고발하는 브로커들이 생겼던 것이죠. 법이 있을 땐 수령의 부패 또는 폭정이 문제가 되고, 법이 없을 땐 중앙집권화가 위협을 받는 이러지도 저러지도 못하는 상황이었습니다.

거나, 지역 양반들에게 하소연하여 나서주기를 기대하는 것이 고작이었습니다.

그렇지만, 가끔은 아주 창의적이고 신선한 방법으로 수령을 궁지에 몰아넣는 일도 있었나 봅니다.

—

1624년 7월 30일
『계암일록(溪巖日錄)』

안동에서 있었던 놀라운 일을 들었다. 지난밤, 안동에서 어떤 사람들이 횃불을 들고 향교(鄕校)의 뒷산에 올라가 이렇게 소리쳤다는 것이다.
"야! 이 천하의 탐관오리 안동 부사 놈아!"
"양심이 있으면 당장 물러나라!"
"그러고도 네놈이 양반이냐!"
안동 부사의 욕을 어찌나 찰지고 신나게 해댔던지 온 고을이 소란스러웠다는 것이다. 이것은 일을 시끄럽게 키워서 경상도 관찰사의 귀에 들어가게 하려는 것이 분명하다.

안동 부사에게 저항하기 위해 익명의 백성들은 놀랍고도 대담한 방법을 택합니다. 짙은 어둠이 내리깔린 여름밤, 선비의 미래 세대를 키워내는 향교의 뒷산에 올라가 안동 부사에 대한 욕을 퍼붓습니다. 동네 사람들은 아닌 밤중에 홍두깨를 맞은 것처럼, "이게 무슨 일이고?" 하며 하나둘 문을 열고 나왔을 것입니다. 저 멀리 산 위에서 횃불들이 춤추고, 안동 부사를 욕하는 함성은 계속되죠. 눈치 빠른 어른들은 눈을 비비며 구경을 나온 아이들을 얼른 방으로 돌려보내고 문을 잠갔을 것입니다. 그 광경이 눈에 그려지시나요?

흔히 보기 힘든 이 '서프라이즈'의 목적을 김령은 단숨에 짚어냅니다. 일을 시끄럽게 키워서 관찰사의 귀에 들어가게 하면, 관찰사는 직무에 따라 이 일을 조사하면서 관련된 안동 부사의 혐의도 함께 조사할 수밖에 없죠. 이 소동을 일으킨 용의자들은 자신들이 검거될 위험을 감수하면서까지 안동 부사를 내쫓고 싶었던 것입니다. 놀라우면서도 대담한 작전이 아닐 수 없습니다.

이렇듯, 향촌 사회와 수령 간의 크고 작은 갈등은 각종 사건 사고를 만들어냈죠. 그런데 향촌 사회의 양반들과 고을 수령 간의 갈등은 때로는 목숨을 잃는 사람이 나올 정도로 심각했습니다. 김령의 일기에 기록된 '영해 부사 가족 살인 사건'처럼요.

—

1638년 7월 8일
『계암일록(溪巖日錄)』

퇴직한 영해 수령 류대화가 가족을 이끌고 충주를 지나다가 밤에 도적을 만났다고 한다. 류대화 본인은 간신히 죽음을 모면했지만, 그의 두 아들은 모두 살해당했다고 한다. 그런데 너무나 끔찍하게도, 도적들은 그의 두 아들의 시신을 절단하여 울타리에 걸쳐 놓았다는 것이다. 어떻게 이런 일이 있을 수가 있을까. 더 걱정인 것은, 누가 봐도 영해 고을 사람들이 원한을 가지고 저지른 짓으로 의심하기 딱 좋다는 것이다.

류대화(柳大華, 1576~1646)는 영해 수령으로 부임한 지 몇 개월 되지도 않아 사직서를 던지게 됩니다. 그런데 서울로 가던 도중, 도적들을 만나죠. 본인은 간신히 살아남았지만, 그의 두 아들이 참혹하게 죽임을 당한 것도 모자라, 사지 훼손까지 당합니다. 누가 봐도 원한 관계에 의한 보복 살인으로 볼 여지가 충분했습니다. 그런데 왜 김령은 영해 고을 사람들을 걱정하고 있는 것일까요?

사건은 그해 4월로 거슬러 올라갑니다.

—

1638년 4월 28일
『계암일록(溪巖日錄)』

영해에서 일어난 난리는 놀라운 일이다. 신임 영해 부사 류대화가 마을 사람들과 대판 싸웠는데, 결국 참다못한 공무원들 일부가 도망을 가버렸다는 소식이었다. 정말로 전례가 없는 괴상한 소식이다. 마을 사람들은 "부사가 나쁜 놈입니다. 아주 최악이에요."라고 말하고, 부사는 "이 동네 사람들은 정말 고약하구나. 감히 이럴 수가 있는가."라면서 서로의 탓만 한다.

김령의 일기에 따르면, 류대화는 부임한 지 얼마 되지도 않아 지역 사회와 큰 갈등을 빚기 시작합니다. 그런데 매우 용감하게도, 지역의 공무원들은 "배 째!"를 선언하며 아예 탈주합니다. 그러면서 마을 사람들은 부사를 욕하고, 부사는 마을 사람들을 욕하는 혼란한 상황이 계속됩니다.

그런데 상황은 간단하지 않았습니다. 도망친 사람들은 조용히 간 것이 아니라, 오히려 총을 쏘면서 "같이 가지 않는 사람들을 가만히 두지 않겠다!"라고 선동했어요. 나아가 무장한 상태로 마을을 돌아가는 도로를 점거하면서 마을 사람들의 복귀를 막기까지 했습니다. 또 류대화는 류대화대로, "이건 역모나 다름없다. 주동자들은 절대로 가만두지 않겠다!"라고 하면서 벼르고 있었습니다. 역모죄로 다스리면 최소 사망, 아니, 가족들까지도 모두 목숨의 위협을 받는다는 점을 노린 것이죠.

이러한 대치 상황 속에서 류대화는 "더러워서 못 해 먹겠다!"라며 사직을 하는데, 하필이면 돌아가는 길에 가족들이 끔찍하게 살해당했으니, 용의자는 영해 고을 사람들로 특정 짓기 딱 좋습니다. 다행히도 이 일은 적당히 마무리됐지만, 수령과 향촌 사회의 갈등이 얼마나 심각해질 수 있었는지 잘 보여주는 사례라 할 수 있습니다.

이런 최악의 상황을 피하고자 수령들은 때때로 묘수를 두면서 향촌 사회와의 갈등을 관리했습니다. 논란이 예상되는 껄끄러운 사업을 추진할 때, 지역의 유지를 담당자로 임명하는 것이 대표적인 한 수입니다.

1634년 11월 21일-22일
『매원일기(梅園日記)』

예안 현감이 이번에도 "이번 토지조사 사업 담당자는 역시 고을의 평판 있는 선비를 골라서 임명해야겠구먼."이란 말을 하고 다녔다. 말이야 그럴싸하지만, 이건 대놓고 내 친척인 김확을 임명하겠다는 말이나 다름이 없다. 현감은 결국, 자신의 권력을 이용해 온 마을을 통제하고 싶을 뿐이다.

그놈의 토지 조사 사업 때문에 온 마을이 들쑤신 것처럼 난리가 났다. 예안은 원래 토질이 척박한 곳이어서 조금이라도 낮은 등급을 받길 원했지만, 불행하게도 인간 같지 않은 인간을 수령으로 만나는 바람에 힘은 힘대로 들이고 혜택은 전혀 못 받게 되었다. 정말 한숨만 나온다.

　　양전(量田)* 사업은 농업 국가인 조선의 지역 사회에서 매우 중요한 이벤트였습니다. 세금 문제와 직결되었기 때문이죠. 따라서 실무자는 일을 아무리 열심히 해도, 지역민들의 욕을 바가지로 먹을 수밖에 없는 '총알받이' 역이었습니다. 그런데 예안 현감은 이 일을 김광계의 친척인 김확에게 맡기려 합니다. 왜일까요?

　　사실, 김광계 가문은 계속해서 예안 현감과 충돌하고 있었습니다. 특히, 김광계의 넷째 동생이 술에 잔뜩 취한 채로 관아에 들어가 현감에게 말로 깨방정을 떠는 바람에 현감과의 관계가 완전히 틀어졌죠.

양안(量案)

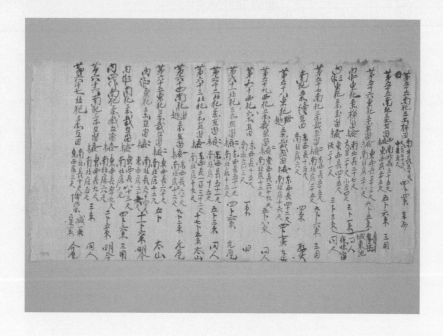

—

양안은 양전 사업 이후에 마련된 토지대장입니다. 논밭의 소재, 위치, 등급, 모양, 소유주를 적어두었고, 논과 밭, 대나무, 소나무, 과수원 등까지 포함합니다. 또한, 군 단위, 면 단위, 마을 단위 양안, 개인 단위 양안을 따로 만들었는데요. 비록 전근대지만, 데이터베이스를 구축하고자 했던 노력만큼은 현대에 뒤지지 않았습니다.

양전(量田)

'리얼 미국(米國)' 조선에서 토지조사는 굉장히 중요한 사업이었죠. 토지의 양을 산출하고, 누락된 토지를 조사하여 탈세를 막으며, 토지의 질과 수확량을 조사하여 조세 산출의 근거를 마련하는 양전 사업은 백성의 삶의 질과 매우 밀접한 관련이 있었습니다. 그러나 그 비용과 인력의 소모가 극심했고, 토지 소유자 간에 이해관계가 첨예한 경우 말도 말고 탈도 많았죠. 위 일기가 기록된 해인 1634년의 실록을 보면, 양전 사업으로 촉발된 여러 사건이 등장하는데요. 양전에 불만을 가진 지역 사람들이 무장하여 관아를 포위하거나, 양전 담당자가 살해당하는 충격적인 일도 벌어졌습니다. 또 양전 실시 중에는 징계 대상자가 된 수령을 파직시키지 않는다는 결정도 내려집니다. 이 정도면 양전이 조선 팔도를 들었다 놨다 했다고 볼 수 있겠죠?

그래서 현감은 이참에, 지역에서 명망이 높은 김광계 가문을 이용하여 자신에게 돌아오는 화살을 돌리려고 한 겁니다. 현감 처지에서 이는, 지역 내 인망이 높아 쉽게 통제할 수 없는 김씨 가문의 콧대를 꺾으면서도, 반드시 해야 하는 껄끄러운 프로젝트를 완수하는 일거양득의 묘수였습니다. 왕으로부터 받은 임명장에서 나온 권위 덕분에 수령의 힘이 조금 더 셀 수밖에 없었으니까요.

결국, 지역의 양반 커뮤니티가 수령을 이길 수 없을 때는 상소(上疏)라는 가장 정당성 있는 수단을 택했습니다. 지역의 양반들이 모여 사안에 대한 토의와 토론을 벌이고, 그로써 결정된 의견을 조정에 직접 올리는 공론화 작업은 이들에게 매우 중요한 일이었죠. 상소는 지역의 이름 없는 김씨 양반도 국가의 의사 결정 시스템 속 일원이 될 수 있는, 양반의 실존적 · 계급적 근거를 지탱해주는 중요한 수단이었습니다.

그러나 상소는 무수히 많은 왕의 거절 통보를 각오해야 했습니다. 특히, 가장 위험한 적은 항상 내부에 있고, 사공이 많은 배는 항상 산으로 가는 법이죠. 권상일의 일기를 통해 상소 실패 사례를 보겠습니다.

—

1721년 3월 9일
『청대일기(淸臺日記)』

임금님께 상소를 올리기 위해 서울로 향한 선비들이 오늘 문경새재에 머무르면서 상소문을 고쳐 쓴다고 한다. 상소를 올리겠다고 나선 이들이 고작 경상도의 열 개 고을에서 이십여 명 정도밖에 되지 않는다. 특히, 우리 고을에서는 두 명 빼고는 모두 관아의 보복이 두려워 핑계만 대면서 슬쩍 뒤로 빠졌다. 부끄럽다.
이것은 다 서인(西人) 세력들이 우리 도의 향교와 서원을 뺏어서 상소하러 가는 경비를 지원해주지 않기 때문이다.

복합상소(伏閤上疏)란, 수십~수백 명에 이르는 유생들이 대궐 앞에 엎드려 왕에게 상소를 올리는 일종의 집회였습니다. 한때는 국왕도, 조정의 높은 신하들도 복합상소에 신경을 곤두세웠던 적이 있었죠. 또한, 선비의 명예로운 행위라 여겨져 '총대를 메는' 유생들은 처벌을 받을지라도 훗날 높은 평가를 받았습니다. 그런데 18세기부터 정치세력 간 힘의 균형이 서서히 무너지고, 한쪽 세력이 반대 세력의 구심점마저 장악해나가자 복합상소의 힘이 빠지게 됩니다. 이제는 이름깨나 알려진 선비들도 구차한 핑계를 대면서 발을 뺄 뿐이었죠.

이 악조건에서 상경한 '20인의 상소 특공대'는 과연 목적을 달성했을까요?

—

1721년 4월 15일
『청대일기(淸臺日記)』

상소를 올리기 위해 서울로 갔던 선비 중 한 명이 돌아왔다. 열흘 동안이나 선비들이 궐 앞에 엎드려 "전하, 통촉하여 주시옵소서."라며 상소를 올리기 위해 노력했지만, 상소가 올려질 기미는 전혀 없었다. 하급 공무원들에게 아무리 호통을 쳐도, 오히려 그들은 자리를 피한 채 모르쇠로 일관할 뿐이었다. 결국, 양식과 경비가 떨어졌다는 핑계로 하나둘 고향으로 돌아오기 시작했다고 한다. 이 무슨 굴욕적인 일이란 말인가.

이들의 상소는 임금님의 답을 받기는커녕, 아예 임금님 손 근처로도 가지 못합니다. 조정의 높은 관료들과 하급 공무원들 그 누구도 놀라울 만큼 관심을 두지 않았던 탓입니다. '내가 다치는 한이 있어도 기필코 임금님께 우리의 목소리를 들려드리겠다.'라는 굳은 각오로 상경

상소

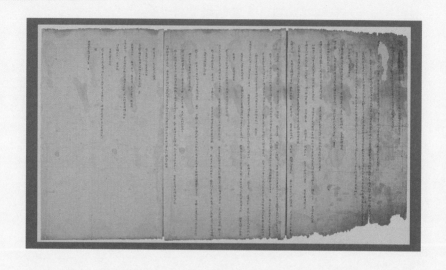

—

상소문은 일정한 형식을 갖추고 있었습니다. 먼저, 독자인 왕의 지혜와 덕을 칭송합니다. 전제군주 국가에서 당연한 형식처럼 보이지만, "당신은 지혜로우니 내가 하는 얘기를 잘 알아들을 거야."라는 뉘앙스도 품고 있어요. 다음은, 작자인 자신을 깎아내리면서 입장을 서술합니다. 주로, "내가 이렇게 바보 같지만, 충직한 신하니까 할 말은 해야겠다."라는 의미죠. 이어서 상소의 핵심 주장을 밝히고, 사회적 통념이나 예시, 혹은 과거의 텍스트나 역사책에 기록된 것들을 근거로 뒷받침합니다. 이러한 형식을 갖추면서도 논리정연한 글로 작성해야만, 임금에게 받아들여질 수 있었습니다. 말만 많고 근거가 부족하면, "상소문이 번잡하다. 치워라!"라는 호통만 듣게 되었죠.

했지만, 기약 없는 기다림과 얇아지는 지갑 사정 때문에 결국, 하나둘 고향으로 조용히 돌아옵니다. 아마도 이들의 행위는 서울 사람들에게 '저 촌 양반들 또 헛수고하시네.'라며 비웃음만 사는 일이었을 것입니다. 이렇게, 오랜 기간 여러 고을의 사람들이 고심하고 힘을 모았던 상소문은 한낱 종이 쪼가리가 되었습니다. 훗날에 벌어진 만인소는 "이래도 안 읽어? 이래도?"라는 항의 또한 담겨 있는 것이죠.

이렇게 수령과 양반 사이에서 벌어진 끊임없는 투쟁의 기록을 살펴보았습니다. 일부는 선비의 기개를 지켰고, 일부는 선비답지 않은 모습도 있었죠. 그러나 안타까운 것은, 양반들은 어디까지나 실정(失政)으로 인해 고통받는 평민의 고통보다, 자신이 중요하게 생각하는 철학적 신념, 혹은 양반 계급을 유지하기 위한 여러 사회적 장치를 지키는 것에 더욱 예민했다는 점입니다. 무엇보다, 양반의 이익과 공익이 충돌할 때, 주저 없이 양반의 이익을 우선하는 것이 '옳다'라고 믿는 의식 또한 굳건했습니다. 이러한 사실은 우리 정치에서도 반성할 만한 하나의 통찰을 제공합니다. 정치의 기본은 의견을 모으는 데 있습니다. 무늬만 지킨 절차적 정당성이 아닌, 의사 결정 시스템이 도입된 취지에 입각한 정당한 의견수렴이 소통을 위한 첫걸음이라고 합니다. 과연, 우리의 정치에선 그러한 덕목이 지켜지고 있을까요? 정치가 우리 삶에 깊숙하게 들어온 오늘날, 우리 시대의 정치는 가장 어둡고 낮은 곳에서 울리는 목소리까지 귀 기울여 듣고 있는지, 정치 참여자인 시민 모두가 되돌아봐야 할 것 같습니다.

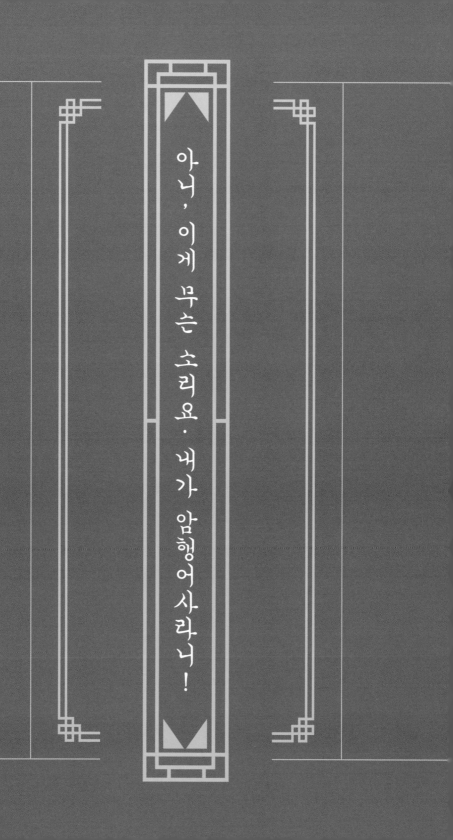

아니, 이게 무슨 소리요. 내가 암행어사라니!

백성에게는 가혹한 정치가 호랑이보다 무섭고, 수령에게는 암행어사가 호랑이보다 무섭다고 합니다. 수령과 양반이 대결하는 동안, 수령에게 찍소리조차 할 수 없는 백성들은 아무리 불합리한 일을 당해도 '인생의 좋은 경험이다, 하고 그러려니 하는' 수밖에 없었습니다. 두 세력이 아웅다웅하긴 했지만, 미운 정이 더 깊은 법이라 서로 결탁하여 경제적 권력을 독점해나갔기 때문이죠. 그들이 짜놓은 촘촘한 그물, 그리고 책상머리에서 고안한 각종 제도와 규제로 인해 백성들의 솔직하고 간절한 비명은 묵살되고 갇혀버렸습니다. 그 '자유의 소리'를 듣기 위해 고안된 조선의 와일드카드가 바로 암행어사였죠.

이번 장에서는 백성, 수령, 양반 등 각양각색의 목소리를 듣고 낱낱이 기록한 두 건의 암행어사 일기를 소개합니다. 개인의 일상사를 중심으로 적어나간 다른 일기보다, 훨씬 더 생생하고 치열한 조선 사람들의 삶이 기록되어 있는 소중한 자료들이죠. 임금님께 올려야 할 공식 보고서나 관아에 들를 때마다 처리해야 하는 수많은 문서 작업 가운데 꾸준히 개인 일기를 작성해둔 선조들 덕분에, 우리는 이 소중한 '리얼 다큐'를 볼 수 있습니다. 그런데 어쩐지 위엄 있는 어사님의 이야기라고 보기엔 도통 이상한 것도 있습니다. 정통 수사극과 코믹 영화를 넘나드는 신출귀몰한 암행어사들의 꽁무니를 쫓아가보겠습니다.

공무원들에게 암행어사 임명은 정말 큰 영예였습니다. 임금님의 비밀명령을 직접 받는 게 쉬운 일도 아니거니와, 백성의 목소리를 구중궁궐의 깊은 곳에만 계시는 임금님께 전달하는 중요한 임무였기에 더욱 엄격한 마음으로 임했습니다. 그렇다면, 어사 박래겸(朴來謙,

1780~1842)의 출발은 어땠을까요? 임금님의 밀명을 받은 그는 혹시 감격의 눈물을 흘리진 않았을까요?

—

1822년 3월 16일
『서수일기(西繡日記)』

오늘 업무를 마치고 퇴근을 하려던 차, 비서실에서 내게 퇴근하지 말고 대기하여 임금님의 명을 기다리라고 했다. '혹시 안 좋은 일은 아닐까.' 고민하다가 임금님을 뵈었는데, 직접 서류를 주시며 "지방으로 내려가 잘 하다가 올라오라."고만 말씀하셨다. 무슨 말씀이실까. 갑자기 지방이라니.

대문 밖을 나서서 문서를 펴보고 그만 눈앞이 깜깜해졌다. 곧바로 평안남도 암행어사를 수행하라는 명령이었기 때문이다. 나는 그만 탄식하고 말았다.

"아니, 이게 무슨 소리요. 내가 암행어사라니!"

깜냥이 안 되는 걸 알고 있는 터, 근심과 걱정이 꼬리를 물고 피어올랐다. 게다가 가족들과 작별 인사도 못 하고 급하게 떠나야 한다니! 말할 수 없이 우울했다.

지금도 지방 발령을 싫어하는 분들이 많다지요? 조선도 그랬습니다. 조선을 방문한 외국인들은 "조선 사람들은 서울을 떠나면 죽는 줄로만 안다."라고 적었는데요. 그만큼 수도 서울에 모든 인프라가 집중되

마패

뒷면

앞면

—

마패는 암행어사의 전유물이 아닌, 지방 출장을 가는 공무원들에게 지급되는 출장비 법인카드였습니다. 다만, 암행어사의 경우 일반적으로 말 세 마리가 그려진 마패를 썼습니다. 그래서 말 세 마리가 열심히 뛰어다니는 그림을 보면, 다들 암행어사인 걸 눈치채고 뒤로 벌러덩 넘어졌죠. 암행어사는 왕의 비밀 편지, 업무일지, 표준 도량형, 그리고 약간의 출장비를 들고 몇 명의 관원과 함께 수사팀을 꾸려 길을 떠났습니다.

어 있었기 때문입니다. 특히, 교통과 치안이 발달하지 않은 지방으로의 여행길은 그 자체가 고난의 연속이었습니다. 그래서 임금님을 직접 만나 명령을 받은 큰 명예에도 불구하고 박래겸은 가족들과 인사도 못 나누고 먼 길을 떠나야 하는 처지를 안타까워하는 것이지요. 그의 마음은 착잡함과 황당함으로 가득합니다. 룰루랄라 신나게 '칼퇴'하다가 갑자기 암행어사라니요. 아마도 마른하늘에 날벼락을 맞은 기분이 아니었을까요?

그러나 지엄한 임금님의 명을 어길 수는 없죠. 박래겸은 가족들과 인사도 못 한 채, 수하들을 꾸려 평안남도로 떠납니다. 떠난 지 얼마 되지 않아, 19세기 당시 암행어사제도의 취지가 얼마나 무색해졌는지 알 수 있는 체험을 기록합니다.

—

1822년 3월 24일
『서수일기(西繡日記)』

가게 주인인 노인이 우리를 맞이해 마을에 흉년이 든 일을 자세하게 말해주었다. 또, 전임 수령이 얼마나 나쁜 놈이었는지, 간사한 아전들이 얼마나 나쁜 짓을 했는지도 일러바치며 이렇게 말했다.

"초봄에 암행어사가 반드시 온다 하여 다들 수군수군했는데, 지금까지도 어사가 오지 않아 다들 이상하게 여기고 있죠. 저 같은 시골뜨기 노인이야 뭘 알겠냐만, 아마 저 못된 관가와 아전 놈들은 서울과 연락을 주고받아 암행어사가 언제, 어떻게, 어디로 오는지 이미 다 알아 못된 짓을 계속할 겁니다."

암행어사제도의 목적은, '지역의 관리들 모르게 파견되어, 백성의 고충을 직접 듣고 그들을 평가하라.'에 있습니다. 이 일기에서 우리는, 19세기까지도 암행어사가 백성의 고충을 직접 듣는 것 자체는 잘 유지되었으나, 적지 않은 지역에서 이미 암행어사와 관리가 서로 손발이 척척 맞는 오스카급 명연기를 했음을 유추할 수 있습니다. 게다가 꼭 짜고 치는 것이 아니더라도, 이미 중앙 조정에서 벌어지는 온갖 소식을 꿰차고 있는 세도정치로 인해 암행어사가 떴다는 소식이 바로 돌았고, 수령들은 누가 암행어사인지 밝히려고 시도했습니다.

그래서 암행어사는 신분을 숨기는 데 최선을 다했습니다. 거지 중에 상거지 꼴로도 변장하고, 사투리도 제대로 못 쓰면서 충청도 출신의 '지나가는 선비' 흉내를 내는 등, 각종 꾀를 쓰게 됩니다. 즉, 암행어사가 누구인지 알아내려는 수령과 절대로 들키지 않으려는 암행어사 사이에서 속고 속이는 심리전이 끊이지 않은 거죠. 그런데 이 박래겸이라는 양반은 좀 다릅니다. 아무래도 자신이 암행어사임을 알아주기를 은근히 바라는 '관종형' 어사였던 것 같습니다. 이런 기록이 있습니다.

—

1822년 3월 29일
『서수일기(西繡日記)』

길가에 눈이 먼 사람이 한 명 앉아 있기에 점을 쳐달라고 했다.

"보인다. 보여. 보아하니, 손님은 자석을 차고 있으니 지관(地官)이시겠구먼? 흠흠, 내가 점괘를 보니, 반드시 이 지방에서 이름을 크게 알

123

리게 될 게야."

지관이라니, 그 얘기를 듣자마자 속으로 '풉' 하고 웃었다. 그는 내가 마패를 차고 있음을 알고 지관으로 오해한 것이다.

밤에는 이 고을 수령의 숙소로 찾아가, 나의 가명인 '공주 박 서방' 명함을 넣으며 수령과 만나기를 원했다. 수령과는 어릴 때부터 친했고, 또 고을을 잘 다스린다는 평판이 자자해서 굳이 내가 할 일이 별로 없었다. 덕분에 거리낌 없이 놀았는데, 관아의 사람들은 아무도 내 정체를 짐작하지 못했다. 다만 나이 든 기생 한 명만이 "손님, 인기 많죠? 아무래도 보통 분 아닌 거 같은데?"라고 할 뿐이었다. 정말 웃긴 밤이다.

박래겸은 여기저기를 다니며 온갖 종류의 사람을 만났습니다. 그런데 그럴 때마다 자기가 암행어사인 줄 알아보는지 은근히 시험해봤던 것 같습니다. 조선 시대의 적잖은 시각 장애인들은 점치는 일로 생계를 꾸려갔는데요. 길가에서 만난 눈먼 사람에게 점을 치면서, 허리춤에 찬 마패가 흔들리는 소리가 들리도록 몸을 움직였나 봅니다. 소경은 짐짓, "점괘를 봤는데 당신은 허리춤에 자석을 찼으니, 지관일 것이다."라고 했지만, 사실은 마패였던 것이죠.

그러더니 그날 밤, 어릴 때부터 친했던 수령을 '공주 박 서방'으로 위장하고 찾아가 신나게 놉니다. 그런데 관아 사람들은 웬 추례한 사내가 자신들의 엄격한 수령과 신나게 노는 걸 목격하게 된 것이죠. 제법 황당해했겠죠? 그렇지만, 아무도 감히 암행어사일 줄은 생각하지 못합니다. 다만, 박래겸의 '스웨그(swag)'를 눈치챈 기생 한 명이 박래겸의 '인싸력'을 의심했을 뿐이었죠. 어리둥절한 그들의 리액션을 바라보며 속으로 낄낄 웃는 어사, 그것이 바로 박래겸의 캐릭터였습니다.

박래겸의 '관종' 어사일기는 다음 에피소드에서 절정을 맞이합니다.

—

1822년 4월 22일
『서수일기(西繡日記)』

내가 암행어사로 평안남도에 온 뒤, "내가 말이야, 암행어사와 아주 가까운 사람이야."라고 사칭하는 사기꾼들이 나타나 아전과 백성들을 협박하여 돈을 뜯어내는 일들이 있었다. 그래서 여러 고을에 공문서를 보내 사기꾼들을 붙잡을 것을 명령했다. 그런데 내가 이 땅에 들어서자, 관아의 사람들이 나를 의심하며 은밀하게 미행하기 시작했다. 아무래도 나를 사기꾼으로 의심한 게 틀림없었다.

어느 고개에 당도한 나는 일행을 먼저 떠나보내고 혼자 나무 아래에서 쉬고 있었다. 예상대로 녀석들은 내게 다가와 불심검문을 하기 시작했다.

"거기 선생님, 잠시 검문 좀 하겠습니다. 요즘 암행어사가 우리 지역에 왔다는 거 아십니까?"

"알고 있죠."

"그러면, 암행어사를 사칭하는 가짜어사가 있다는 것도 아시겠네요?"

"그것도 알다마다요."

내가 이처럼 대답을 척척 하는데도 그들은 내가 수상쩍다는 말을 계속하더니, 결국 허리춤을 살짝 걷은 채 포승줄을 보여주며 이렇게 말했다.

"그러면, 선생님은 이 물건이 무엇인지도 당연히 아시겠네요?"

일이 이 지경까지 됐으니, 내 대답 여하에 따라 그들은 당장이라도 나를 체포할 기세였다.

나는 그들의 물음에 대답하지 않고, 조용히 미소를 지은 채 도포 자락을 살짝 들어 보이며, 나긋하게 말했다.

"그러면, 선생님들은 이 물건이 무엇인지 아십니까?"

조금 전까지 의기양양하던 그들은 내 허리춤에 달린 마패를 보자, 눈알이 휘둥그레지고, 얼굴은 흙빛으로 변하며, 말문이 막혀버리더니, 누가 먼저랄 것도 없이 언덕을 뛰어 내려가면서 도망쳤다. 그 와중에 한 사람이 넘어지더니, 뒤따라 도망치던 이들도 발이 엉켜 모두 데굴데굴 한참을 구르다가 저 아래 이르러서야 멈췄다.

나는 마패를 정돈하고 천천히 그들에게 다가가, 그들을 일으켜 세우며 "자네들이나 나나 모두 나랏일 하는 사람들이지 않은가. 허허. 쫄지 마시게. 그냥 맡은 바 위치에서 자기 일 열심히 하면 되는 거야."라고 위로한 뒤, 유유히 고개를 떠났다. 정말이지, 포복절도할 일이었다.

이 장면은 정말로 코믹 사극에서나 나올 법한 꿀잼 에피소드입니다. 암행어사가 돌아다닌다는 소식이 이미 파다한 평안남도. 그에 따라 어사와 친하다고 사칭하는 사람이 나타나고, 심지어 가짜 암행어사도 나타납니다. 자연히 행동거지가 수상한 자들에 대한 불심검문이 강화되죠.

그런데 다름 아닌 진짜 어사가 이 불심검문에 당하고 맙니다. 이

정읍 군수 보고서

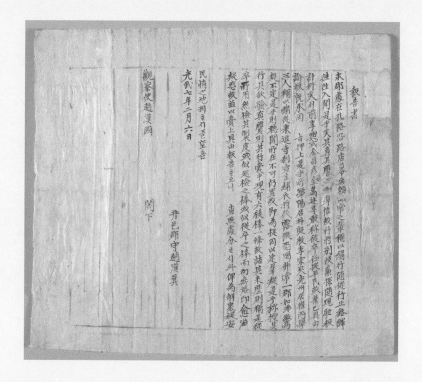

—

1903년 정읍 군수 조한기가 관찰사에게 올린 보고서입니다. 박은돈, 이종협, 최병학 세 명이 자신을 암행어사를 수행하는 군졸이라고 거짓 행세를 하기에 체포하였다는 기록이 적혀 있습니다. 어사 사칭보다는 군졸 사칭이 덜 부담스럽긴 하죠. 암행어사의 등장은 온갖 종류의 '코스플레이어'가 넘쳐나는 코스프레 페스티벌이었나 봅니다.

런저런 유도 신문에도 박래겸은 넘어가지 않았지만, 그들의 심증은 굳어져 체포를 운운하는 수준까지 나아갑니다. 이에 박래겸이 조용히 마패를 보여주자, 충격과 공포에 휩싸인 그들은 삼십육계 줄행랑을 치죠. 그러다가 자기들끼리 스텝이 꼬여 언덕길을 데굴데굴 굴러가는 모습은, 잘 짜인 한편의 콩트 같습니다.

이처럼 박래겸은 거리에서 많은 백성을 만나며 이야기를 들었는데, 겸사겸사 노는 일도 게을리하지 않았습니다. 특히, 유명한 명승지를 유람하는 일과 고을 기생들을 만나 함께 어울려 노는 데엔 절대 빠지지 않았습니다. 그런데 유독 기녀들에게만큼 쉽게 정체를 들킨 것을 보면, 그는 기녀 앞에서 더욱 허세 덩어리가 되었던 것 같습니다. 원래 일과 사랑 두 마리 토끼를 다 잡는 것은 어려운 법이죠.

그렇지만, 어사의 일을 수행할 때는 본분을 잊지 않았습니다. 특히, 백성의 안타까운 상황을 몰래 지켜볼 땐 '정의로운 어사'가 지켜야 할 태도를 보여주었습니다. 환곡제도를 악용하는 꼼수의 현장을 '직관'한 박래겸의 일기입니다.

—

1822년 4월 28일
『서수일기(西繡日記)』

읍에서 백성에게 곡식을 나누어준다는 소식을 듣고 백성들 틈에 섞여서 창고 마당으로 뛰어들었다. 그런데 몇몇 사람들이 "아니, 이봐 김 선생, 쌀이 대체 이게 뭔가? 이런 나쁜 쌀을 어떻게 먹으라는 거야.

사또는 어딨어. 당장 사또 나오라고 해! 암행어사가 내려온다고 소문이 파다한데, 어떻게 이런 간사한 짓을 한단 말인가. 우리보고 이런 질 나쁜 곡식을 먹고 버티라는 말인가!"라고 항의했다. 그런데 한 아전이 씩 웃으며 말하길, "선생님들, 진정하시고. 이 곡식들 전부, 지난 가을에 선생님들이 납부한 거잖아요. 그러니까 질 나쁜 곡식을 납부한 건 다름 아닌 선생님들이라니까요. 그런데 받을 때는 질 좋은 곡식으로 받으려 한다니, 양심이 너무 없으신 거 아닌가요? 저희는 다 절차대로 하고 있는데, 민원을 넣으신다고 하면 참 곤란합니다. 또, 만약에라도 지금 암행어사가 이 마당에 들어와 있다면 그 뒷감당은 어떻게 하시려고 이렇게 진상을 부리 십니까."

결국, 사람들은 더는 항의하지 못한 채 주는 대로 받아 흩어졌다. 심하다! 백성들이 하소연할 데가 없는 이 일이.

고을 곡식 창고를 담당하는 관리들은, 위에서 내려온 명령을 받아 창고의 곡식을 빌려주는데, 모두 나쁜 쌀을 내줍니다. 백성들이 거세게 항의하자, 아전들은 "그거 다 자네들이 낸 곡식인데 왜 나한테 항의함?"이라며 대꾸합니다. 결국, 수령에게 고발하려던 백성들은 포기해버리고 그저 주는 대로 받아갈 수밖에 없었습니다.

백성들은 바보가 아니었습니다. 수령에게 고발해봤자 자신들이 지난가을에 어떤 곡식을 납부했는지 증명할 길이 전혀 없다는 것쯤 잘 알고 있었습니다. 이미 그들은 서류 조작을 통해 나쁜 쌀을 받았다고 기록해두었을 테니까요. 좋은 쌀은 어디로 갔냐고요? 아마 나쁜 쌀과 바꿔 이익을 남겼겠죠. 그 이익은 모두 관리들의 뒷주머니로 들어갔을 것입니다. 박래겸은 이러한 부조리를 눈앞에서 생생히 보았고, 따로 작성하는 공식 보고서를 통해 조정에 보고하거나, 부조리가 심한 고을은 어사 출두를 통해 직접 조치하기도 합니다.*

환곡의 대안 모색, 그러나······.

박래겸의 일기가 쓰인 시대인 순조(純祖) 재위기, 실록에서는 끊임없이 환곡의 폐단을 지적하는 보고서가 올라옵니다. 1805년, 당시 우의정 이경일이 지방의 지주들이 운영 책임을 지는 사창(社倉)을 도입하자며 순조에게 올린 글을 볼까요.

"환곡의 폐단을 고칠 방법이 있다면, 제가 왜 사창제 도입을 주장하며 괜히 일을 벌이겠습니까? 환곡의 폐단이 생긴 지 도대체 몇 년 전인지 셀 수조차 없습니다. 그런데도 전혀 고치지 못하니, 결국 뾰족한 수가 없는 것입니다. 사창제만이 백성들이 억울하게 납부하고, 관리자들이 돈을 떼먹는 습관을 막을 유일한 방법입니다. 사창 또한 새로운 폐단이 생기지 않는다고는 말할 수 없습니다. 그러나 아예 해보지도 못할 방법이라는 주장에는 반대합니다"

당시 지식인들이 사창의 도입을 주장한 까닭은, 환곡보다 훨씬 더 낮은 이율을 법으로 강제했기 때문입니다. 동시에 운영 책임을 지주에게 주어 '뜻밖의 노블리스 오블리주'를 실현하게 하려는 시도였죠. 그러나 이미 환곡은 수령+공무원+지주들이 한마음 한뜻으로 열심히 돈을 캐내던 노다지였습니다. 오히려 사창을 주장하던 이들은 "폐단이 많은 제도를 주장하다니 저의가 의심스럽다."면서 공격을 받죠. 이 돈은 결국 세도정치가로 흘러 들어가, 머리가 꼬리가 되고 꼬리가 머리가 되어 강력한 기득권으로 변모한 것입니다. 결국, 조정에서 이 논의를 풀지 못하자, 참다못한 농민들은 죽창을 들고 농민 봉기를 일으키기 시작합니다.

이번엔 다른 암행어사의 일기를 훔쳐볼까요? 시곗바늘을 120년 정도 뒤로 돌린 1696년, 65일간 암행어사 직을 수행한 박만정(朴萬鼎, 1648~1717)의 이야기입니다. 일과 사랑 둘 다 가지려 했던 박래겸과 달리, 박만정은 매우 엄격한 자세로 암행어사 직을 수행했는데요. 기생과 어울려 놀았다는 기록도, 명승지를 유람했다는 기록도 없습니다. 오직 묵묵하고 꼼꼼하고 깐깐하게 암행어사의 일만 수행했을 뿐입니다. 덕분에 백성을 향한 따스한 시선이 더욱 잘 드러납니다.

암행어사의 가장 큰 고충 거리가 무엇이었을까요? 바로 의식주였습니다. 암행어사를 견제하는 무리의 시선을 피해 신분을 숨기면서 바쁘게 이동해야 하니, 의식주를 해결하기가 쉽지 않았습니다. 그때그때 임기응변을 발휘하며 본인과 수행단의 식사를 책임져야 하는 어사님의 '말잇못' 속사정을 들어볼까요.

—

1696년 3월 14일
『해서암행일기(海西暗行日記)』

새벽에 출발해 해주 읍내를 벗어났다. 해주 서쪽 십 리 밖에 있는 어떤 정자에 도착했을 무렵, 아침을 얻어먹기 위해 정자 지기에게 슬쩍 말을 걸었다.

"엣헴!"

"누구십니까?"

"나는 자네 상전과 친한 사이라네. 자네 상전은 내가 이곳에 도착할 때마다, 이 정자에서 쉬면서 말에게 먹이를 먹일 수 있도록 허락했었지. 내가 여기에 왔으니, 자네도 내게 밥이나 한 끼 지어주거라."

물론 거짓말이었다. 정자 주인이 누군지도 몰랐다. 다만, 동네의 민심이 흉흉해 밥 얻어먹는 것을 거절당한 일이 너무도 많아 짜낸 꼼수였다. 그런데 내 얘기를 들은 정자 지기가 한바탕 배를 잡고 웃더니, 이렇게 말했다.

"아니, 하하하, 저기 선생님. 우리 상전께서는 벌써 3년 전에 돌아가셨어요. 그런데 어떻게 그런 말씀을 하셨겠어요? 아이고 웃겨 죽겠네. 어디 사시는 양반님인 줄 모르겠지만, 정말 웃기는 말씀을 하시네."

그 말을 듣고 가슴이 뜨끔했다. 그렇지만 여기서 물러서면, 오늘도 꼬박 굶고 다녀야만 한다. 나는 절대 물러설 수 없었다. 오히려 한술 더 떠, "아니, 그게 무슨 말이야. 상전께서 돌아가셨다고? 아이고, 이게 무슨 안타까운 소식인가! 나는 자네 상전과는 절친한 사이인데, 만나 본 지 몇 년이 지나버려 소식을 전혀 못 들었어. 자네 상전이 자기 동네에 꼭 한번 들르라고 해서 와 봤더니, 이게 무슨 일이람! 어쨌든, 일이 그렇게 된 것이니, 아침밥이나 어서 빨리 지어 오게."

밥을 얻어먹기 위해 거짓말을 하고, 거짓말이 들통나자 더 큰 거짓말을 하는 이자가 암행어사인지 사기꾼인지 알 수가 없습니다. 그만큼 암행어사는 신분을 철저히 숨겨야 했으며, 서울 생활에서는 겪어보지 못할 쓴맛 매운맛 다 겪어보는 자연인의 삶을 살게 되는 것이었죠.

물론, 박만정도 처음부터 거짓말을 했던 것은 아닙니다. 조선은 길 가는 나그네를 기쁘게 받아들여 먹여주고 재워주는 풍속이 있는 나라였지만, 마침 전국적으로 큰 흉년이 들어 민심이 흉흉했습니다.[*] 어지간하면 기쁘게 손님을 맞이했던 황해도의 백성들마저도 하루하루 일용할 양식을 얻기 어려웠던 상황이었습니다.

거지 코스프레를 하랬더니 진짜 거지가 되어버린 암행어사. 어사님의 위엄과 풍모는 다 어디로 가버린 것일까요? 이는 애초부터 나라에서 지급하는 출장비가 턱도 없는 수준이어서 발생한 문제입니다. 어떻게 보면 당연한 조치죠. 가뜩이나 수행단과 함께 다니는 어사는 눈에 튀기 마련인데, 넉넉한 공금으로 지방에서 시원시원하게 지갑을 열면 "나 어사인데?"라고 말하고 다니는 것이나 다름없죠.

이러다 보니, 순전히 그때그때 잔머리를 굴리고 임기응변을 발휘해 의식주를 해결해야 했습니다. 현지에서 알아서, 슬기롭게, 잘, 본인과 수행단의 의식주를 해결하는 것이 암행어사에게 주어진 또 다른 미션이었던 셈이죠. 이는 엄살이 아니라 생사를 좌우하는 중대한 문제였는지, 박만정이 적은 일기의 상당 부분은 '무엇을 어떻게 해서 먹었고, 어디서 간신히 잤다."라는 내용으로 가득 채워져 있습니다. 결국, 이 악조건을 극복하지 못한 일부 어사는 하라는 감찰을 안 하고 오히려 수령들의 풍족한 대우를 받는 '효도 관광'을 다녀오기도 합니다.

밥을 해 먹는 것도 어려운 일이었지만, 그나마 마을 사람들에게 부탁하면 어떻게든 가능했습니다. 그런데 밥해 먹을 식량을 마련하는 것은 더욱 어려운 일이었습니다. 길 가는 사람을 부여잡고 딜(deal)을 시도하며 그때그때 식량을 얻어야 했죠. 그러나 전국적인 흉년 탓으로 당시 물가는 턱없이 높아진 상황이었습니다.

자연재해 어벤져스 총집합의 결과, 대기근

박만정이 암행어사를 나갔던 1696년 즈음, 을병대기근이 터집니다. 이상 저온 현상으로 인해 가뭄, 우박, 때아닌 서리, 폭우, 장마, 폭설, 해충 등 자연재해의 '어벤져스'가 총출동해 조선의 농사를 모조리 망쳐놨죠. 이렇게 한 해의 보리와 쌀농사를 모두 망쳤으니, 그다음 해부터 도적들이 난무하고, 굶어 죽는 사람과 전염병으로 죽는 사람이 속출합니다. 당시의 참담한 상황을 목격한 윤이후는 『지암일기(支菴日記)』에서 이렇게 적습니다.

"농부들이 굶주림에 시달려 농사를 짓지 못해 논밭마다 잡초가 무성하다. 여기에 도적들까지 속출하니 어떻게 해야 할지 천장만 쳐다볼 뿐 할 말을 모르겠다. 곡식의 물가는 천정부지로 치솟았는데, 집집이 비축해둔 곡식이 다 바닥나서 구하지도 못한다.

서울에서 봄부터 전염병이 크게 일어났다. 몇 년 전부터 악재가 겹쳐 굶어 죽은 시체가 즐비하고 전염병까지 겹쳤다. 하늘이 인간들을 없애버리는 방법이 이토록 다양하니, 인간의 싹을 아예 없애버린 이후 그만둘 것인가."

이러한 전 지구적 재앙 앞에서 인간은 참으로 무력해집니다. 할 수 있는 일이라곤 그저 "지구야 아프지 마ㅠㅠ"라고 기도하는 것밖에 없죠. 왕은 기우제를 비롯한 온갖 제사를 지내지만, 좀처럼 재앙은 잦아들지 않아 5년 동안 약 400만 명이 사망하게 됩니다. '하늘이 정녕 인간을 저버리는 것인가.'라고 탄식하며 천정만 바라보는 윤이후의 일기에서 그 무력함과 절망감을 읽어낼 수 있습니다.

노비 엇남의 토지매매 명문

—

을병대기근이 벌어졌던 1696년, 김 진사 댁 노비 엇남이 김선봉에게 70냥을 주고 땅을 산 매매문서입니다. 김선봉은 '큰 흉년을 만나 땅을 팔아 급한 데 쓰려고 한다.'라고 땅을 파는 이유를 적었습니다. 산 사람은 엇남이지만, 사실 실소유주는 김 진사입니다. 백성들은 흉년을 만나면 애지중지 아껴 온 땅을 헐값에 내놓아야 했고, 그렇게 지주의 권력은 점점 더 강해졌습니다.

1696년 3월 16일
『해서암행일기(海西暗行日記)』

식량이 다 떨어져 무명을 팔아 구하려 했는데, 무명 한 필 값이 겨우 한 냥 팔 전이었고, 한 냥으로 얻을 수 있는 곡식도 질 나쁜 쌀 여덟 되 밖에 되지 않았다. 더 바꿀 것이 없나 하고 보따리를 훌훌 털어 물건을 모조리 꺼내봤지만, 전 재산이라곤 쥐꼬리만 한 돈과 무명 한 필이 전부였다.

이거라도 팔아서 양식을 구해야 하는데, 마을 사람들은 우리 사정이 궁핍한 것을 알고, 가격만 자꾸 올릴 뿐 당최 팔려고 하지 않았다. 결국, 나는 직접 마을 노인을 붙잡고 사정했다.

"아니, 어르신. 올해는 쌀이 귀해서 한 냥에 여덟 되인데, 이것도 보통 해와 비교하면 거래 이익이 두 배나 됩니다. 이 정도면 거래할 만한데, 어떻게 된 게 이 가격에도 만족하지 못하고 값을 더 부르십니까. 욕심이 너무 크시네."

그러나 마을 사람들은 내 알 바 아니라는 듯, 크게 비웃고 제 갈 길을 가버릴 뿐이었다.

이 광경을 보고 과연 그 누가 박만정을 임금님 곁에서 일하던 관료라고 생각하겠습니까? 한 푼이라도 더 후려쳐서 받아내려는 마을 사람들에게 인심으로 호소해도 결국 제값에 거래하는 것에 실패하고, 빈손으로 털레털레 길을 떠나는 모습입니다. 얼마나 야박한 인심에 시달렸는지, 박만정은 한 수령을 만나 "이 동네 인심이 너무 고약한데, 수령이 직접 백성들을 타일러야 할 것 같습니다."라고 이야기합니다. 그런데, 수령은 "어디서 그런 일을 당하셨습니까? 알려주시면 제가 단단히 조치해놓겠습니다."라며 문제의 본질을 해결할 생각 대신, 백성들에게 벌을 주어 대충 때울 생각만 합니다. 흉년과 기근으로 인한 절망과 고통으로 가득한 이때, 어떻게든 그들을 구제하여 생활을 안정시킬 생각을 포기했거나, 아예 없었던 것이죠. 이렇게 문제를 해결하는 대신, 문제를 일으킨 '사람'을 없애버리거나, 혹은 그 부서를 '고심 끝에 해체'해버리는 '국방부식 문제 해결법'에, 박만정은 어이없어하며 "어사가 곤욕을 당하는 것은 당연한 일"이라며 다시 수령을 타이르죠.

이렇게 혹독한 악조건 속에서도 박만정은 맡은 바 임무를 충실히 해나갔습니다. 일기와 함께 남아 있는 그의 공식 보고서를 보면 그가 얼마나 열심히, 또 공정하게 직무를 처리했는지 알 수 있습니다. 엄격, 진지, 근엄에 깐깐, 성실, 공정한 박만정 어사님이 관아에 출두하면, 수령들은 낯이 하얗게 질린 채 그저 무사히 지나가기를 바랄 뿐이었죠.

앞에서 공무원들의 공작으로 파직된 수령에 관한 일기를 소개한 바 있는데요. 박만정 또한 암행어사 시즌을 이용한 아전들의 하극상 시도를 경험하게 됩니다.

1696년 4월 27일
『해서암행일기(海西暗行日記)』

새벽에 출발해 오 킬로미터 정도를 갔다. 길이 골짜기 사이로 좁게 나 있었는데, 길가에 익명의 사람이 쓴 고발문이 있었다. 그런데 흔히 볼 수 있는 한글 고발문이 아니라, 해서(楷書)인 데다가 문체까지 갖춘 한문 고발문이었다. 풍천 부사의 죄상을 고발한 내용으로 보아, 분명 그 동네 아전들의 공작이 틀림없었다.

나는 잠깐 말에서 내려 노상 방뇨하며 잠깐 고개를 들었는데, 저 멀리, 한 사람이 바위 위에 올라 있었다. 그들은 우리에게 큰 소리로 "나는 어사께서 오신다는 얘기를 듣고 어사를 먼저 뵈려 합니다! 나를 방해하지 마시오!"라고 소리쳤다. 그는 우리가 어사 일행인 것을 알고 있는 게 분명했다. 나는 역졸들을 조용히 불러 "우리가 나뉘어 앞뒤에서 저놈을 추격한다면 분명 잡을 수 있을 것일세. 잡아!"라고 지시한 후, 그 사람에게 큰 소리로 "그러면 나랑 자세히 얘기 좀 합시다. 이리로 좀 내려오시오!"라고 외치며 그를 꾀어내려 했다. 그와 내가 멀리서 대화하는 사이, 역졸들은 슬금슬금 그를 포위했다. 이윽고 역졸들이 동시에 뛰쳐나가 그를 잡기 위해 산에 오르자, 그는 눈치를 채고 재빨리 도망쳐버렸다. 결국, 그를 잡지 못했다.

어사가 당도한다는 소문을 들은 아전들은 선수를 쳐서 공작을 시도합니다. 암행어사에게 수령의 죄를 먼저 전하고, 어사가 그 고발문을

암행어사에게 제출된 청원서

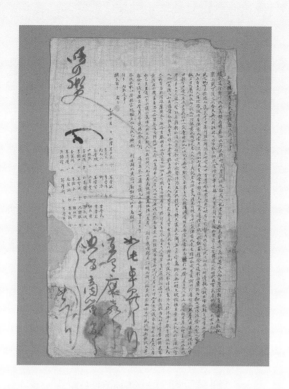

—

어사에게는 계략과 더불어 청원도 빗발쳤습니다. 이 문서는 이상덕이라는 사람의 효행이 타의 모범이 되므로, 조정에 표창을 건의해달라고 암행어사에게 청원하고 있습니다. 어사는 "읽어보고 검토해보겠다."라는 답을 주면서, 도장 대신 마패를 찍었죠. 이렇듯, 어느 시점부터 암행어사는 암행이 불가능할 정도로 '셀럽'이 되었습니다.

근거로 수령을 파직하기를 원했던 것이죠. 그런데 박만정은 고발문이 한글이 아닌, 제법 유려한 한문으로 작성된 것을 보고 바로 아전들의 농간임을 간파합니다. 그런데 때마침(그러니까, 흠흠, 노상 방뇨 중에), 저 멀리 자신들을 지켜보던 아전을 발견하게 되죠. 사태의 진실을 가리기 위해 그를 잡으려고 했지만, 재빠른 역졸들의 움직임을 피해 그는 도망치고 맙니다.

아전이 이러한 공작을 펼 수 있다는 것은, 수령에게는 어사가 저 승사자나 다름없었다는 뜻이겠지요. 당연히 수령들은 지옥으로 끌려가지 않기 위해 어사를 '풀코스'로 모시려 노력했고, 백성을 더 쥐어짜 그 비용을 마련했습니다. 그런데 어느 시골집에서 묵던 박만정이 그 소식을 생중계로 듣게 됩니다.

—

1696년 4월 10일
『해서암행일기(海西暗行日記)』

저녁 식사 후 주인과 수다를 떨고 있는데, 마을 사람 한 명이 후다닥 방문을 열고 들어오며 집주인에게 말했다.

"이보게 김씨. 어제 관청에서 나온 공문 못 봤어? 오늘이나 내일, 어사가 이 고을로 올 것이니 큰 쏘가리를 빨리 잡으라고 성화더라고."

"글쎄, 나는 처음 들었는데? 그런데 그런 일이라면 담당 공무원들이 처리해야 하는 일 아닌가?"

마을 사람이 간 뒤, 나는 집주인에게 물었다.

"주인 양반. 이런 산골 마을에서 어떻게 물고기를 잡을 수 있다는 것입니까?"

"들어오실 때 마을 앞의 쪼끄마한 시냇물 보셨죠? 옛날에는 시냇물이 제법 깊어서 고기가 꽤 잡혔어요. 그런데 요즘엔 가뭄이 너무 심해서 물고기는커녕 물도 없단 말이죠. 마을 하나가 온통 메말라 죽게 생겼는데, 이 와중에 무슨 고기를 잡으라는 건지 답답해 미칠 노릇입니다."

"으흠, 그러한 공역(貢役)을 없앤다면 사람들 살림살이가 좀 나아질까요?"

"아이고, 말도 못 하죠. 다들 한시름 놨다고 좋아할걸요?"

나는 관아에 들어가 담당 공무원을 불러 당장 공역을 그만두게 지시했다.

가뭄으로 물고기가 없는데, 어사 접대를 위해 물고기를 잡아 오라는 명령을 받은 한 마을. 백성들은 "그놈의 어사는 왜 온다고 난리야. 먹고살기도 힘들어 죽겠는데 더 힘들게 하네."라고 푸념했을 겁니다. 그 얘기를 들은 박만정은 바로 시정조치를 내리죠. 물론 늦게나마 잘못된 관행을 고치는 것도 '케이스 바이 케이스'였을 겁니다. 이 기록들은 어사 개인의 기록이니, 모른 척 접대를 받고 기록에 남기지 않아도 그만이었죠. 그렇지만, 대체로 어사는 수령보다 더욱 청렴함을 유지해야 했습니다. 똑같이 뇌물을 받아 적발되더라도, 수령보다 어사가 받는 죄가 훨씬 더 무거웠으니까요.

암행어사의 하이라이트는 바로, "암행어사 출두야!"이겠지요? 그런데 요즘 검찰의 압수수색 스타일이 검사의 취향 따라 때로는 밤샘 수사, 때로는 초고속 수사가 되듯, 이 어사 출두도 어사의 스타일, 취향에 따라 조금씩 달라졌나 봅니다. 먼저, 박래겸의 왁자지껄한 어사 출두입니다.

—

1822년 5월 13일
『서수일기(西繡日記)』

해 질 무렵, 역졸들을 이끌고 순안현 관문 밖에 도착했다. 마침 수령은 부재중이라 나머지 관원들이 부랴부랴 우리를 맞이할 준비를 했다. 내 신호가 떨어지자, 역졸들은 입을 모아 "암행어사 출두야!"를 외치며 달려 들어가니, 사람들이 두려워 피하는 것이 꼭 폭풍 부는 날 우박이 이리저리 쏟아지는 것 같았다. 나는 사람들 반응이 어떤가 궁금해 문루(門樓)에 올라 성을 돌아봤다. 성안의 등불은 모두 켜져 있지만, 거리엔 개미 새끼 한 마리 얼씬하지 않았다.

나는 뒷짐을 지고 느긋한 걸음걸이로, 그러나 어사의 위엄을 한껏 세운 채, 천천히 관아로 들어갔다. 그런데 웬걸, 관아에는 쥐새끼 한 마리 보이지 않았다. 나름대로 신경 써서 준비한 어사 출두였는데 머쓱하기 짝이 없었다.

한참 지나서야 담당자들이 모여 내 집무실을 만들어주었는데, 그제야 머쓱했던 내 마음이 조금 풀렸다. 밤이 깊어지자, 그들은 나를 위해 한 상 떡 벌어지게 차려주었다. 나름대로 흡족했던 밤이었달까.

박래겸은 확실히 '관종'입니다. 자신을 바라보는 사람들의 시선

1822년 5월 13일
『서수일기(西繡日記)』

西繡日記　壬午　五月十三日

午後一齊治發黃氏曰直抵順安縣

宮門外主倅李文容適作山寺之遊

未及歸宮屬爲迎候齊會於宮門

外驛卒輩譁一呼人衆辟易如風

飛電散試登門樓望之滿城燈火

皆滅外戶盡閉連聲呌終無人

跡從人輩遍入各廳虛無人矣

余亦難於久立緩步入衙軒亦空

舘也繡衣風稜果若是耶良久

絢絢來集屏帳鋪陳燈燭几案

漸成威儀夜深供一大卓而遞

患滯池不得不箸一飽食亦有

數耶可笑.

을 즐기면서, 그 기대에 부응하기 위해 어사 연기를 충실히 수행하죠. 그런데 담당자들이 모조리 사라지는 바람에 뜻밖의 무관심을 받게 되자 꽤 머쓱해합니다. 그 와중에 차려주는 맛집 스타일 밥상은 사양도 하지 않고 넙죽 받아먹습니다. 아무래도, 그는 어사 직과는 잘 안 맞는, 너무나 풍류형의 인간이었습니다. 그가 어사 임명장을 받자마자 "내가 어사라니! 나는 깜냥이 안 되는데!"라고 머리를 쥐어 잡았던 이유가 바로 이것 때문이 아니었을까요?

그렇다면, 도덕 교과서를 뚫고 나온 남자, 박만정의 출두 스타일은 어떨까요?

—

1696년 4월 6일
『해서암행일기(海西暗行日記)』

새벽에 신계현(新溪縣)으로 역졸들과 함께 "암행어사 출두야!"를 외치며 들이닥쳤다. 그 외침을 들은 아전들은 안절부절, 전전긍긍했고, 황급히 관아에 나타난 현령의 얼굴빛은 귀신이라도 본 듯 창백하게 파리했다. 지금까지의 탐문 과정에서 현령은 백성들의 욕을 엄청나게 먹고 있었는데, 그 진실 여부를 확인하기 위해 각종 관아 문서를 모조리 가져오게 하여 꼼꼼히 살펴보았다. 결국, 현령이 불법을 자행한 사실을 알 수 있는 문서가 몇 장 나타나 그를 파면하려는 조치를 실행했다.

박만정의 일기는 심심하게 느껴질 정도로 깔끔합니다. 공명정대한 공직자의 자세 그 자체라고 할 수 있죠. 물론, 시대적인 상황도 고려해야 합니다. 박만정의 시대는 박래겸의 시대보다 자신의 감정을 거리낌 없이 글로 드러내기 어려운 시대였습니다. 그 점을 고려한다 해도 박만정의 꼼꼼하고 엄격한 성품이 일기에 그대로 드러난다는 데엔 이견이 없을 겁니다. 사실, 박만정은 훗날 지방 수령으로 나갔다가, 무슨 일 때문인지 도장을 집어 던지고 서울로 올라와버리는 바람에 유배를 가기도 했을 만큼, 한 성격 하는 사내였습니다.

그런데 신계 현령이 무슨 죄를 저질렀기에 박만정이 나타나자 관아의 분위기가 갑자기 싸해진 것일까요? 박만정이 따로 남긴 공식 보고서에 그의 죄목이 낱낱이 기록되어 있습니다.

신계 현령 심능은 부임 이후 단 하나도 잘한 일이 없습니다. 특히, 이번에 국방세를 걸을 때, 이미 중앙에서 국방세를 감면하라는 지시가 있었는데도 불구하고, 정해진 것보다 훨씬 더 많이 세금을 걷었습니다. 요즘 같은 흉년에 세금을 과하게 걷어 백성들의 원망이 자자합니다.
그런데 그렇게 더 거둬들인 쌀이 어디로 갔는지 장부에 나와 있지 않아 꼼꼼히 조사해보니, 여러 창고의 쌀들을 이리저리 옮기면서 상인들에게 팔아넘긴 것이 드러났습니다.

백성들을 쥐어짜 자신의 뒷주머니를 채우는 전형적인 탐관오리였군요. 실록에 의하면, 박만정의 보고에 따라 신계 현령 심릉이 체포당하는 것까지 나옵니다. 그 뒤 승정원일기와 실록 모두에서 찾아볼 수 없

서계별단

—

1874년, 충청남도로 파견된 암행어사 김명진(金明鎭)의 보고서입니다. 지방관들의 인사평가를 서계에, 백성들이 겪는 고통은 별단에 따로 적어서 왕에게 제출했습니다. 이렇게 공식 보고서를 올려서 결재를 받아야만, 암행어사의 임무가 마무리되었죠. 한양으로 돌아온 어사들은 며칠 동안 꼼꼼히 보고서 작성에 심혈을 기울였고, 대부분의 보고서가 실록을 포함한 여러 문서에 기록되었습니다.

습니다. 아마도 그대로 정계 은퇴하여 은거했을 듯하네요. 사실, 창피해서 그럴 수밖에 없었을 겁니다.

안타깝게도, 어사가 항상 캡틴 아메리카나 배트맨처럼 정의의 수호자일 수는 없었습니다. 왕은 주로 싹수가 보이는 젊은 문신을 어사로 임명했는데, 중앙의 능구렁이 같은 권세가들과 연줄로 맺어진 수령을 고발하는 일은 쉽지 않았죠. 또한, 맨땅에 삽질하듯 악조건에서 분투하다 보니 일 처리를 제대로 못 하기도 했습니다. 우리가 이 장에서 보았던 것처럼, 이미 어사의 소문이 파다해 수령들이 다 대비하는 일도 있었죠.

그런데 우리에게 전해지는 '어사 박문수'에 관한 설화는 무려 97건이나 됩니다. 그 수치에서 불합리와 부조리에 짓눌려도 말 한마디 감히 내지 못했던 백성들의 정의로움에 대한 열망과 가망을 느낄 수 있습니다. 그러나 설화는 설화일 뿐, 어사가 자신의 정의를 관철해나가며 속이 후련한 '참교육'을 보여주는 일은 거의 없었습니다. 어사 혼자 해결하기에는 너무나 거대한, 너무나 단단한 구조적인 장애물이 차츰차츰 쌓여가고 있었으니까요.

생성된 모든 것들은 소멸합니다. 나라 역시도 그렇습니다. 500년을 이었던 조선이 결국에 소멸했듯, 우리의 시대 또한 언젠가 소멸해 역사책에서 배우게 될 것입니다. 박래겸이 활동하던 시대에는 그 장애물을 해소할 골든타임이 사라져가던 시점입니다. 우리 시대의 정의로움은 어떤 시간을 지나고 있을까요. 아직, 우리에게도 시간이 남아 있을까요?

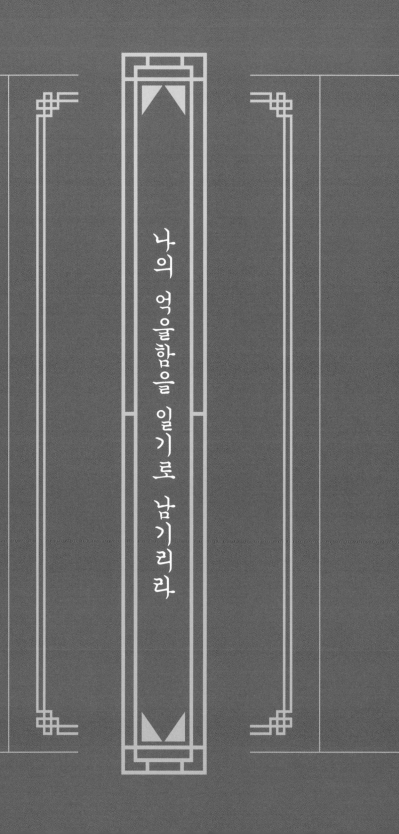

나의 억울함을 일기로 남기리라

살면서 억울한 일이 생기면 우리는 어떻게 그 억울함을 해소할까요. 최근에는 SNS나 커뮤니티, 그리고 청와대 국민청원 게시판 등이 개인적인 억울함을 토로하고 정의로운 결과를 만들어달라는 호소의 장이 되었죠. 나의 정의와 타인의 정의가 충돌할 때, 누구의 정의가 더 큰지 판별하는 기준은 때때로 불타오르는 여론의 향배에 달려 있기도 합니다.

조선 사람에게도 이렇게 억울함을 토로할 수 있는 창구가 없지는 않았습니다. 그렇지만, 재판이나 징계에 필요한 절차적 정당성이 충분히 갖춰지고 왕의 결재 도장까지 꾹 찍혔다면, 그 선택을 되돌리는 것은 불가능에 가까웠죠. 다만 때가 오기를 기다리면서 '영차영차' 버티는 수밖에 없었습니다.

그러나 두 손 놓고 있을 수만은 없습니다. 이대로 한 사람의 존재가 시대에서, 역사에서 사라진다면, 나의 원통함은 그 누구도 알 수 없게 됩니다. 오명은 나에게서 끝나는 것이 아니라, 나의 후손과 집안 전체까지 영향을 미칩니다. 그 억울함을 기록한 최후의 수단, 그것이 일기였습니다. 이번 장에서는 양반들의 '짠내 나는' 투옥 및 유배 일기를 살펴보겠습니다.

앞 장에서 '흥부자' 암행어사와 '꼰대' 암행어사의 대활약을 지켜봤는데요. 암행어사의 레이더에 걸려버린 수령의 심정은 어땠을까요? 모종의 이유로 어사에게 찍혀버린 수령, 윤이후의 『지암일기(支菴日記)』부터 시작합니다.

1692년 1월 25일~27일
『지암일기(支菴日記)』

암행어사가 왔다. 그런데 소문으로 들으니, 어사가 우리 동네에 들어오자 한 어린아이가 어사의 손에 편지를 쥐여주고 도망갔다고 한다. 이 동네 인심이 도대체 왜 이 모양인 걸까. 이게 다 이지송 그자가 사고를 쳤기 때문이다. 나 또한 그에게 혹하여 같이 어울리면서 이러한 곤경에 처해버렸으니, 옛 어른들이 "소인을 멀리하라."라고 하신 까닭을 이제야 알겠다. 하지만 후회한들 무슨 소용이 있나 싶다.

한편으론, "어사가 사또는 벌주지 않을 것이지만, 거리에서 들은 풍문을 바탕으로 부하직원들은 징계한다고 합니다."라는 얘기를 들었는데, 그 풍문이라고 하는 것이 이미 못된 마음을 먹은 사람들에게서 나온 것이니, 결과가 뻔하다. 또 나는 무사할 거라고 하지만, 어사의 속마음을 누가 알까?

어사가 오자 함평 시골 동네의 민심이 요동칩니다. 암행어사 이인엽(李寅燁, 1656~1710)이 고을에 들어서자마자, 길가에서 구경하던 한 어린아이가 갑자기 길로 나와 어사에게 편지를 바치고 도망갑니다. 그 소문을 들은 윤이후는 불안해하죠. 아마도, 현 수령과 그 부하 공무원들에게 불만이 많은 어떤 사람이 아이에게 사탕을 주는 대신 편지를 바치고 오라고 시킨 것이 아닐까요? 50대의 '짬밥 있는' 정치인 윤이후 또한 그 소문을 듣자마자 바로 사태의 맥락을 눈치채면서, 이지송이라는 사람과 가까이 지낸 자신을 후회합니다. 한편으로, 근거도 없는 풍문만을 믿고 수사하는 어사에 대한 걱정과 반감이 뒤섞여 마음이 복잡해집니다. 어사의 거친 생각과, 윤이후의 불안한 눈빛, 그리고 그걸 지켜보는 부하직원들의 눈치 싸움이 이어지는데, 결국 부하직원들은 끌려가 처벌을 받고 수감됩니다.

그런데 암행어사 이인엽은 사실 더 큰 그림을 그리고 있었습니다. 그리고 그 큰 그림은 조정에서 메가톤급 정쟁으로 번지게 되죠.

—

1692년 4월 10일
『지암일기(支菴日記)』

암행어사가 보고서를 올리기도 전에 전라도 관찰사 이현기가 이인엽이 어사 직을 제대로 수행하지 않았다고 일러바쳤다. 거기에 맞서 이인엽 또한 이현기가 지방 수령들로부터 뇌물을 받고 인사평가를 수행한 것을 고발했다. 이현기는 다시 상소를 올려 반박했다. 일이 어떻게 돌아가는 걸까. 죄다 엉망진창이다. 어느 쪽이 이겨도 좋을 게 하나도 없다. 결말이 어떻게 날 것인가.

어사 이인엽의 최종 목표는 사실 전라도 관찰사 이현기(李玄紀, 1647~1714)였습니다. 그가 보고서를 통해 이현기의 뇌물수수 혐의를 고발하기 직전, 지역의 자기 사람 통해 그 소식을 들은 이현기는 선수를 칩니다. "전하! 이인엽은 어사 직을 날로 먹은 자입니다! 그런 그의 말은 다 거짓부렁이라니까요."라는 '선빵'을 때리게 되죠. 게다가, 자신의 사직까지 운운하며 벼랑 끝 전술을 구사합니다. 이렇게 서인(西人) 이인 엽과 vs 남인(南人) 간의 데스매치가 벌어지고, 남인이었던 윤이후 또한 정신을 차리고 보니 정쟁에 말려 들어가고 말았습니다. 이때, 윤이후는 자식들에게 이런 시를 남깁니다. "너희들은 사람들과 굳이 아웅다웅하 지 말고, 세상에 조금도 정을 두지 말렴." 당시 그의 심정이 잘 드러나는 글이지요?

이 사건은 어떻게 처리됐을까요? 이현기의 말을 믿은 숙종은 이 인엽을 체포하지만, 양심 있는 관리들의 상소로 이현기 또한 처벌받게 되었습니다. 그러나 두 사람 다 다시 복직합니다. 뇌물을 줬던 수령들만 다시 등용될 수 없었습니다. 게다가 이인엽이 올린 보고서는 실록과 승 정원일기 모두에서 찾아볼 수 없습니다. 아마도 '어떤 세력'에 의해 실 록에 포함되지 않은 것 같습니다. 국회의원의 보좌관, CEO의 수행 비서 만 처벌받고 다시는 재기하지 못하는, 나아가 그러한 사건이 있었는지 도 잊히는 21세기 '어떤 나라'의 모습이 떠오르네요.

한편, 윤지후도 파직되는데요. 기왕 이렇게 된 바, 더러운 정치판 에 다시는 끼어들지 않겠다고 선언하며 고향으로 돌아갑니다. 그렇게 하면 적어도 나와 내 가족이 평안할 수 있을 줄 알았겠죠. 그러나 이번 엔 더 큰 시련이 찾아옵니다. 어느 날 밤, 서울에서 온 노비가 급하게 윤 이후의 방문을 두드립니다.

1693년 9월 19일
『지암일기(支菴日記)』

19일, 노비 서옥이가 서울에서 밤을 무릅쓰고 들어와 내게 편지를 전했다.

"아버지, 큰일 났습니다! 몇 년 전 함평에서 벌어진 대동미(大同米)*
유용 사건 때문에 아버지를 서울로 잡아 오라는 명이 떨어졌습니다."

이게 어떻게 된 일일까요. 파직 기념 정계 은퇴를 선택한 윤이후
였지만, 한 해 만에 검찰청으로 호송되는 처지가 됩니다. 사건에 대한
검찰청의 브리핑을 듣기 전에, 먼저 그의 '호송 일기'를 따라가볼까요?

대동미(大同米)

지방의 특산품을 바치던 공납의 폐단이 심해지자, 조정에서는 현물 내
신 토지세로 전환한 대동법(大同法)을 오랜 논의 끝에 시행합니다. 또한,
백성 대신 토지가 많았던 지주들에게 부담을 지움으로써 분배적인 의
미도 갖추고 있었죠. 또한, 중앙재정도 확충되어, 기획재정부였던 호조
(戶曹)의 예산이 10만 석이었던 반면, 대동법을 담당하는 선혜청(宣惠廳)
의 예산은 25만 석까지 증대됩니다. 덕분에 이후에 벌어졌던 대기근에
서 백성들을 구휼할 때 큰 역할을 담당합니다.

대동법 시행 기념비

—

평택에 소재한 이 비에는 대동법 도입에 자신의 정치 인생을 모두 바친 김육 (金堉, 1580~1658)의 공을 잊지 않겠다는 내용이 담겨 있습니다. 당시의 백성들에게 매우 실효적인 조치였음을 상징하는 비입니다.

—

『지암일기(支菴日記)』

20일, 깊은 밤, 드디어 체포 담당자 박오룡이 우리 집에 들이닥쳤다. 23일, 영암 수령 박수강이 나를 위로하며 식량과 노자를 주었다. 박오룡 이놈은 어떻게 된 게 매번 건방지게 나의 앞에서 걷는 것인가. 조정에서 이놈에게 엄히 명을 주었고, 관례대로 노자를 달라는 요청을 들어줬기에 망정이지, 그렇지 않다면 내게 온갖 치욕을 주었을 것이다.

24일, 나주 목사 이만저는 합동 훈련 때마다 만나고, 나랑 동갑이라 서로 낯이 익은 사이인데도 내게 노자 한 푼을 안 내놓는다. 치사한 놈 같으니.

체포 담당자의 인솔로 그의 호송길이 시작됩니다. 다행인 것은, 역모죄처럼 매우 심각한 죄는 아니었기에 비교적 호송길이 편안했다는 점입니다. 가는 길에 아는 사람을 만나서 수다도 떨고, 노자도 받고, 아는 사람 집에 묵어가기도 합니다. 그 와중에 담당자인 박오룡이 하는 짓이 마음에 안 든다는 뒷담화나, 관례대로 노자를 지불했다*는 기록도 깨알같이 써 놓았습니다. 호송에 따른 비용은 죄수의 몫이었기 때문에, 중간중간 아는 사람을 만나 위로와 함께 노자를 받고, 또 호송 담당자에게 노자를 지급하는 관례가 생기게 된 것이죠.

20여 일간의 여정 끝에, 드디어 윤이후는 검찰청 조사에 응하게

체포에서 유배까지, 멀고도 먼 그 길

조사를 받으러 가는 시점부터 유배까지, 그 내용은 죄의 무거움과 신분의 정도, 그리고 재산의 정도에 따라 천차만별이었습니다. 다만, 원칙적으로 모든 비용은 본인이 부담해야 했으며, 그래서 가산을 다 팔아서 유배 비용을 해결하는 사람이 많았죠. 대신, 권력과 명망을 갖춘 사람은 길을 가면서 온갖 선물과 위로금을 받는데, 아예 말에 실을 수 없을 정도로 많은 선물을 받았습니다. 유배지를 결정할 때, 조선은 중국의 법전에 기록된 거리를 토대로 결정하는데, 대륙의 기상과 한반도는 스케일 차이가 좀 났기 때문에 빙글빙글 돌아서 그 거리를 채웠죠. 하루에 40킬로미터씩 수십 일간 가야 하는 강행군이라 중간에 목숨을 잃는 사람도 있었습니다.

됩니다. 도대체 윤이후의 혐의는 어떤 것이었을까요.

—

1693년 10월 11일
『지암일기(支菴日記)』

11일, 오늘 조사에서 첫 조서를 쓸 때는 혐의마다 분명히 변론했다. 그런데 조사관이 말하길, "선생님, 선생님이 이렇게 말을 번잡하게 하시면 나중에 꼭 다시 출석하셔야 합니다. 그런데 이 추운 겨울에 다시 와서 고생하시게 될까 봐 걱정됩니다."라고 했다.

그래서 조서를 다음과 같이 다소 간략하게 고쳐 썼다.

"기근 때문에 굶주린 백성은 관아에 즐비한데, 곡식을 보관하는 창고는 텅텅 비어서 손을 쓸 수가 없었습니다. 그때, '오래된 쌀을 새로운 쌀로 바꾸는 것을 특별히 허가하는 대신, 땅을 가진 자와 못 가진 자를 각별하게 신경 써서 지급하라.'는 지침이 내려왔습니다. 저는 이 지시가, '한편으로는 백성을 구하고, 한편으로는 쌀을 바꾸라는 것'이라고 해석하였고, 고을 내의 쌀들을 정리하여 일부는 조정에 올려보내고, 일부는 백성들에게 풀었습니다. 따라서, 제 무단으로 조치한 것은 아닙니다. 그러나 규정에 어긋난 점은 인정합니다."

추운 겨울, 삐그덕 거리는 50대의 몸으로 감방에 들어가니, 이미 비슷한 사건으로 잡혀 들어온 '감방 동기'들이 있었습니다. 윤이후는 그들과 사건에 대한 이런저런 얘기를 나누면서 차례를 기다리죠. 드디어 조사가 시작되고, 이틀에 걸친 조사 끝에 첫 조서에 사인합니다. 윤이후의 혐의를 간단히 말하면 이렇습니다. "조정의 허가도 없이 멋대로 곡식을 정리하다니, 그거 네가 꿀꺽한 것 아니냐?" 이러한 혐의에 대해 윤이후는 "저는 다만 백성을 구하기 위해 내려온 지침을 근거로 정리한 것뿐입니다. 규정을 어긴 것은 맞지만, 결단코 사적 유용은 없었습니다."라고 항변하죠. 윤이후 말대로, 곡식을 옮기는 일은 매우 조심스럽고 신중하게 진행해야 했습니다. 쌀을 옮기다가 슬쩍 하거나, 다른 쌀로 바꿔서 이윤을 남기는 행위가 발생하기 쉬웠기 때문이죠. 어쨌든, 이렇게 일단 조사는 마무리됩니다.

열심히 반론하기는 했는데, 그 반론이 받아들여질지는 미지수입

「형정도(刑政圖)」 중 감금

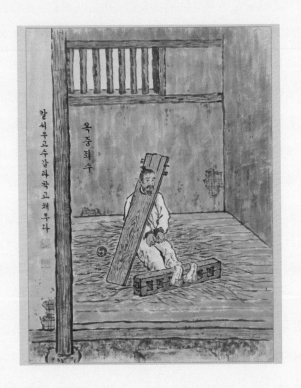

—

옥칼을 쓰고 손과 발이 구속당한 죄인이 감옥에 갇혀 있는 모습입니다. 체포와 조사, 유배와 마찬가지로 옥중에서 머무는 비용도 오롯이 죄수의 몫이었습니다. 호송관이나 유배 호송관에게 일종의 '팁'을 줘야 했던 것처럼, 간수들에게도 팁은 필수적이었죠. 감옥 안에서 범털들은 훨씬 편한 대우를 받고, 개털들은 때로는 생명의 위협까지 각오해야 했습니다. 나라에서 먹여주고 입혀주는 지금의 교도소조차도 범털과 개털이 명징하게 나뉘는데, 조선은 더 심했겠죠? (본 저작물은 공공누리 제1유형에 따라 국립민속박물관의 「형정도(刑政圖)」- 감금을 이용하였습니다)

니다. 어쨌든 규정을 어긴 것도, 지침을 자의적으로 해석한 것도 사실이니까요. 정계 은퇴까지 했는데도 어려움을 만난 그의 마음은 어떠했을지, 또 어떻게 자신을 다스렸는지 읽어볼까요.

—

1693년 10월 14일
『지암일기(支菴日記)』

나와 같은 감방에 갇힌 청송 부사 송광벽과 온종일 수다를 떨면서 지내게 되었으니, 그럭저럭 지낼 만했다. 그가 말하기를, "제가 처음 청송에 부임했을 때 한 꿈을 꿨습니다. 누가 저를 체포하더니 곧 놓아주고, 다시 다른 사람을 체포하더니 놓아주는 꿈이었죠. 그러고는 고기가 가득한 밥상을 내놓았는데, 그 사람은 끝내 고기를 먹지 않았습니다."
놀라운 꿈이다. 그가 먼저 체포되어 취조를 받았고 내가 다음이었다. 또 고기를 권해도 먹지 않은 것은 내가 어머니의 상을 당해 고기를 먹지 못하는 지금과 꼭 들어맞는다. 어떻게 이렇게 신기한 꿈이 있을 수 있을까. 아무래도 사람의 인생은 미리 정해지지 않은 것이 없음을 여기서 다시 느꼈다. 인간의 힘으로 어떻게 피할 수 있겠는가. 다만 흘러가는 대로, 내가 겪는 일이 그저 운명이니 하고 편한 마음을 가질 수밖에.

조선 사람들은 꿈을 정말, 정말로 많이 꿨습니다. 일기, 편지, 기타 모든 기록에 꿈 얘기가 수없이 등장합니다. 게다가 예지몽처럼 보이는 꿈도 있죠. 아마도 그들에게는, 꿈이 곧 〈무한도전〉이었고, 〈뮤직뱅크〉였으며, 〈사랑의 불시착〉이면서 트위치나 유튜브였던 것 같습니다. 어쨌든, 꿈과 현실이 교차하는 흥미로운 '리얼 버라이어티'가 너무도 많아 프로이트가 조선 땅을 밟았다면 그의 이론이 어떻게 달라졌을지 상상해보기도 합니다.

어쨌든, 윤이후는 비슷한 처지의 감방 동기와 꿈 얘기를 하면서 숙명론에 몸을 맡깁니다. 도저히 감당할 수 없는, 그리고 대처할 수 없는 인생의 무게를 만났을 때, 숙명론은 자신의 마음을 세워두는 단단한 주춧돌이 되어줍니다. 억울하고 분한 마음을 먹어도 상황은 달라지지 않죠. 오히려 본인의 건강을 해치거나, '불순한' 표정을 싫어하시는 높으신 분들의 '찍힘'만 받을지 모를 일입니다. 그러나 완전히 숙명론에 몸을 맡길 수는 없는 법, 그는 당당히 조사에 임하고, 위로 온 사람들을 맞이하는 일에 최선을 다합니다. 진인사대천명(盡人事待天命)이란 말은, 옛사람들의 가슴 깊숙이 새겨진 최후의 항우울제였던 것 같네요.

그렇지만, 윤이후는 고향에 돌아갈 수 없었습니다. 한 달 넘게 서울에 머물며 처분을 기다려야 했죠. 이 답답하고 초조한 시간이 흘러가는 동안, 윤이후가 택한 행보는 '글쓰기'였습니다. 감방 동료, 담당자, 문안 온 사람들, 들려오는 조정 소식 등을 단 하나도 빼놓지 않고 기록합니다. 석방되는 날의 일기입니다.

―

1693년 10월 25일 등
『지암일기(支菴日記)』

석방되는 날, 이헌, 정규상, 원상하, 이백, 이정만, 김태정, 이정집, 이형징, 이형, 노사제, 이우인, 이문준, 윤석후 등이 와서 문안했다. 딸은 옥바라지를 위해 괴산에서 올라왔고, 다른 가족들도 며칠씩 머무르며 나를 위로했다.

감방에 함께 갇힌 이는 이영, 이하정, 이병, 민순, 류준, 송광벽, 나, 이만영, 이돈오, 조정세였다. 조사 및 감옥 담당관은 류명현, 유하개, 정유악, 목임일, 박경승, 노사제, 이존도, 정행만, 심정구, 권성중, 이정석, 나머지는 잘 모르겠다. 체포 담당자는 박오룡이다.

감옥에 갇혀 있던 기간 동안, 그를 위로하기 위해 찾아온 사람들의 명단이 백 명을 가뿐히 넘습니다. 게다가 담당 검사나 감옥 담당자까지 꼼꼼히 적어놨습니다. 이 지독한 기록의 습관은 대체 어떤 이유로 굳어진 걸까요.

자신에게 문안을 오거나 노자를 준 사람들의 면면을 낱낱이 기록한 것은 그 은혜를 기억하기 위함이었을 것입니다. 언젠가 그들이 안 좋은 일을 겪으면, 윤이후와 윤이후의 일기를 읽은 후손들이 어떻게든 보답하면 좋겠다, 하는 마음으로요. 반면, 사건을 담당한 사람들의 이름을 기록해둔 것은, 사건이 그의 바람과는 다른 방향으로 진행되었을 때 펼쳐 볼 '사건 일지'였을 것입니다. 비록 사소해 보이는 기록이 언젠가 '스모킹 건'이 되는 경우가 종종 있죠. 예를 들면, 어떤 사람이 윤이후의 조서를 날조하였을 때, 윤이후는 자신의 일기를 뒤져 "그런 사람은 조사에 참여하지 않았다."라고 주장할 수 있을 것입니다. 더 좋은 사람이 되기 위한 가감 없는 '은혜 장부'이면서 더 나쁜 상황을 막기 위한 최소한의 안전장치, 조선인들에게 기록이 갖는 의미란 바로 그런 것이었습니다.

윤이후의 감방 생활은 완전한 무죄는 아니지만, 적당히 혼 나는 선에서 끝났습니다. 비록 규정은 어겼으나, 백성을 위한 조치였고 사적인 유용도 하지 않은 죄였으니까요.

그러나 그 소식이 들릴 때마다 조정과 팔도가 격한 알레르기 증세를 일으키는 범죄, 역모죄라면 사정이 다릅니다. 역모죄에 휘말리게 된 이문건의 『묵재일기(默齋日記)』로 카메라를 돌려봅니다.

—

1545년 9월 6일
『묵재일기(默齋日記)』

조카가 저물녘에 체포당해 옥에 갇혔다. 심문관이 조카에게 혐의를 추궁하자 조카는 "나는 모르는 말입니다!"라고 항변했다. 그러나 심문관은 조카에게 두 차례 고문을 가했고, 조카는 다음과 같이 자백했다고 한다.

"사람들이 '병세가 위중한 임금님께서 후사가 없으시니, 까딱 잘못하다가 저쪽 세력이 임금님을 세우면 우리 집안은 싹 다 망합니다.'라고 걱정하는 말을 하자, 저는 '우리가 먼저 현명한 분을 왕으로 모시면 되지 않겠습니까?'라고 말했습니다."

그놈의 입이, 조심하지 않고 내뱉은 말이 화를 불러오고 말았다. 나는 곧바로 사직서를 제출했다.

을사사화(乙巳士禍)*는 당시 조선을 휘몰아치며 잘나가는 조정의 관료들을 벌벌 떨게 했습니다. 그리고 이문건은 그 태풍을 정통으로 맞는데요. 이문건의 조카, 이휘(李輝)가 역모의 주모자로 찍힌 탓입니다.

새로운 왕이 즉위하고 시작된 기강 잡기는 좀처럼 사정을 봐주지 않았습니다. 이문건은 조카 이휘가 강도 높은 고문 속에서 극한의 고통을 참으면서도 가장 중요한 혐의를 인정하지 않으려 했다고 쓰고 있습니다. 바로, "괜찮은 사람을 임금으로 세우자."라는 말인데요. 이것이 을

을사사화(乙巳士禍)

중종(中宗)의 부인, 장경왕후(章敬王后)는 인종(仁宗)을 낳고, 역시 중종의 부인이었던 문정왕후(文定王后)는 명종(明宗)을 낳았습니다. 장경왕후는 윤임(尹任)의 동생이었고, 문정왕후는 윤원형(尹元衡)이 누나였죠. 이렇게 인종+장경왕후+윤임 세력을 '대윤파', 명종+문정왕후+윤원형 파를 '소윤파'라 불렀습니다. 을사사화는 인종이 1년 만에 사망하고 명종이 즉위하면서, 소윤이 대윤을 진공청소기로 빨아들이듯, 정치적으로 청소해버린 사건입니다. 이문건의 일기에서 보이듯, 명분과 증거는 날조해버리면 그만이었죠. 조선의 말도 많고 탈도 많았던 붕당정치는 사실, 외척 세력의 추잡했던 혈투를 반성하며 나타난 정치적 개혁안이었습니다.

사사화의 핵심이었고, 이휘는 그러한 아이디어를 최초로 꺼낸 사람으로 지목받게 되죠.

그런데 이휘는 쉽사리 자복하지 않았습니다. 자복하면 최소 사망일뿐 아니라, 자신의 사랑하는 가족들 또한 죽음의 위기를 겪게 되니까요. 이문건은 조심스레 말을 골라, 이휘의 투쟁을 기록합니다.

—

1545년 9월 10일
『묵재일기(默齋日記)』

"선생님, 당신이 역모를 꾸미고 있었다는 확실한 정보가 이미 우리에게 들어와 있어요. 또다시 고문을 당하고 싶지 않다면, 이제라도 솔직하게 말하는 것이 서로서로 좋겠지요?"

조카는 회유에 넘어가지 않으려고 했지만, 고문을 당한 뒤 정신이 흐릿해졌을 때, 자백서에 서명했다고 한다. 결국, 조카는 극형을 당하고 말 것이다.

조카며느리가 나를 찾아왔다. 밤에 담당자가 우리 집에 찾아와 죄인의 부모, 친척, 가족의 수를 기록하고 돌아갔다. 조카의 가산은 모두 몰수되었고, 조카며느리를 비롯한 가족들은 노비가 된다고 한다. 나 또한 유배를 가게 되었다.

실록에서 이 장면은 다소 순화되어 있습니다. 1545년 9월 10일 기사는, 이휘는 "내가 그런 말을 하긴 했지만, 다른 의도가 있는 말은 아

「금오당랑계첩(金吾堂郎契帖)」

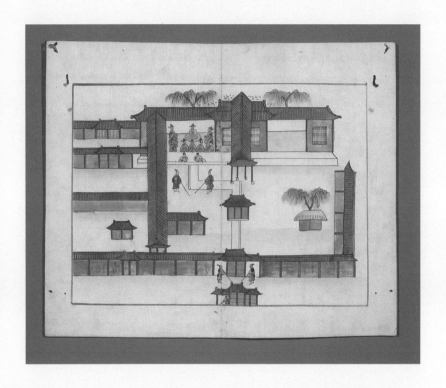

—

의령 남씨 집안에서 전해져 내려오는 유물입니다. 의금부는 지금의 경찰청이나 국정원의 역할을 하던 기구인데요. 의금부에 소속된 공무원들이 의금부에서 회의하는 모습이 담겨 있습니다. 방안에서 회의하는 공무원들과 함께, 문앞에서 대기하는 집행관들의 모습이 인상적입니다. 저 마당 안에서 얼마나 많은 사람이 피를 흘렸을까요? "똑똑똑, 의금부에서 나왔습니다."라는 말이 무엇보다 무서웠을 것입니다.

니었다."라고 주장하는데, 조사관이 "일이 이미 이렇게 된 이상 변명해 봤자 소용없다."라고 반박하자, 이휘가 결국 수긍하여 서명했다고 서술하고 있습니다. 자발적인 서명이었다는 뉘앙스를 남겼는데요. 하지만 일기에는 '고문을 당해 정신을 잃었을 때 서명했다.'라고 쓰여 있습니다. 우리는 이 말이 '서명당했다'를 돌려쓴 것임을 알 수 있죠. 민주화 운동 시기, 수많은 운동가가 남영동 대공분실의 어두컴컴한 취조실에서 수없이 당했던 수법이니까요. 이후, 휘의 시신은 전국 팔도의 수령들에게 보내져 '조리돌림'을 당하게 됩니다.

한편, '조카의 아내가 찾아왔다.'는 짤막한 문장도 있습니다. 또한, 담당자가 이휘의 가족 명단을 모두 조사하는데요. 하루아침에 남편을 잃게 된 이휘의 아내에게 이문건은 어떤 말을 해줬을까요. 정치판에서 잔뼈가 굵은 50대의 정치인 이문건은 그녀에게, '이미 휘가 빠져나갈 구멍이 보이지 않는다. 너를 비롯한 휘의 가족들은 노비가 되어 공신에게 주어질 것이다. 나 또한 유배를 가게 될 것이다. 마음을 단단히 먹어야 한다.'라고 이야기했을 것입니다.

죽음의 향기가 코끝까지 다가왔다가 사라진 후, 이문건은 남은 삶을 가족을 지키는 가장(家長)의 의무에 헌신하는 데 바칩니다. 어려운 유배 생활 속에서도 자신의 가족과 친족을 지키고 부양하기 위해 최선을 다하죠. 죽은 조카 이휘의 아내, 그리고 그들의 아들 또한 끝까지 보살핍니다. '살아는 있으니, 그걸로 됐다.'라는 말은 이럴 때 쓰는 걸까요.

그렇다면, 유배당한 사람의 일상사는 어땠을까요? 이번엔 조금 더 풍부하고 진솔한 기록이 많이 담긴 19세기의 유배 일기, 심노숭의 『남천일록(南遷日錄)』을 통해 유배길을 따라가보겠습니다.

남양주 사릉(思陵)

—

사릉은 단종(端宗)의 아내였던 정순왕후(定順王后) 송씨의 능입니다. 남편이나 남자 가족이 역모죄에 걸리면, 여성은 노비가 되었습니다. 하지만, 실제로 극악무도한 역모죄가 아니라, 단지 정치적으로 휘말린 것이라면 공식적인 처분은 그렇게 하더라도 조금은 처벌을 줄여주었던 것 같습니다. 예컨대, 정순왕후 또한 노비 신세가 되지만, 실제로 노비처럼 살지는 않았죠. 또, 단종의 누나였던 경혜공주(敬惠公主)도 관아의 노비 신세가 되었는데, 수령이 일을 시키려고 하자 곧장 관아에 들어가 앉으며, "나는 왕의 딸이다. 내 비록 죄가 있어 유배를 왔지만, 감히 수령 따위가 내게 관비의 일을 시키느냐!"라고 호통치며 업무를 거부했다는 기록이 『월정만필(月汀漫筆)』에 남아 있습니다. 이처럼, 휘의 아내도 정쟁으로 억울하게 희생됐다는 공감대 덕분에 진짜 노비의 삶을 살지는 않았습니다. 그러나 힘도 없고 빽도 없는데 진짜 역모를 꿈꾼 양반의 여성 가족들은 진정 노비의 신세로 여생을 보내야 했을 것입니다.

1801년 2월 28일
『남천일록(南遷日錄)』

40일이나 기다린 끝에 드디어 임금님의 처분을 받았다. 그럭저럭 유
배지도 나쁘지 않아서 집안사람들이 "그나마 다행입니다. 선생님!"이
라고 축하해주는 덕분에, 슬픈 건지 기쁜 건지 헷갈릴 정도였다. 그러
나 어머니께서 너무 크게 슬퍼하셨고, 사랑하는 딸아이는 거의 눈물
로 세수를 할 정도로 펑펑 울었다. 그 덕에 평소엔 목석같은 나도 두
사람을 차마 쳐다볼 수 없었다. 마지막 밤, 어머니 곁에서 잤다.

    1801년, 정조가 사망하고 순조가 등극하면서 세상이 바뀌고 '기
강 잡기'가 시작됩니다. 시파(時派)와 벽파(僻派)의 대립* 속에서 심노
숭은 맛있는 먹잇감이 되어 기장으로 유배를 떠나게 되죠. 그런데 유배
지가 고립된 섬도 아니고, 춥디추운 압록강 인근도 아닌, 남쪽의 따뜻한
바닷가 고을입니다. 그나마 최악은 면했다고 사람들이 축하해주는데,
어머니와 딸은 눈물만 흘립니다. 무뚝뚝한 아들이자 아버지였던 심노숭
은 그날만큼은 코끝이 찡해지는 것을 참을 수 없습니다.
    마지막 밤을 어머니 곁에서 보낸 그는 다음 날 먼 길을 떠나게 됩
니다. 12일 동안 400킬로미터가 넘는 길을 강행군으로 주파하면서 몸과
마음이 지칠 대로 지쳤지만, 유배지에 도착해서도 거주지를 찾지 못하
자 발을 동동 굴립니다.

시파(時派)와 벽파(僻派)의 대립

정조와 순조 시대에 발생한 시파 vs 벽파의 원인은, '의문의 뒤주 히키코모리'로 생을 마감한 사도세자의 죽음에서 발생합니다. "사도세자의 죽음은 영조의 결정이니 뒤집을 수 없다."라며 영조와의 '으리으리'를 강조한 벽파, 그리고 "사도세자에 대한 처분은 바꿀 수 있다."라며 정조를 지지한 시파 간에 생각 차이였죠. 이것은 기존에 벌어진 붕당 대결보다, 어떠한 정치적 견해를 갖고 있냐에 따라 파가 나뉘었습니다. 그런데 정조가 갑작스레 사망하면서 벽파가 정권을 잡자, 시파를 '천주교를 믿는 자들, 역모를 꿈꾼 자들'이라고 몰아서 대거 강퇴합니다. 심노숭은 아버지가 초강경 시파였기에 그 책임을 묻게 되었고, 그 유명한 정약용도 쫓겨나게 되죠. 그런데 두 사람 다 역사에 남을 멋진 문집을 우리에게 남겨주었는데, 만약 시파가 아니라 벽파가 쫓겨났다면, 또 잘 안 알려진 인물의 멋진 작품이 나왔을 것입니다. 그랬다면, 우리 시대의 위인전이 바뀌었을지도 모를 일이네요.

1801년 3월 25일
『남천일록(南遷日錄)』

유배지에 도착한 지가 벌써 15일이 넘었는데, 아직도 거처가 정해지지 않아 몸을 붙일 자리는 없고, 마음은 매달린 깃발처럼 나풀거린다. 수령은 제 알 바 아니라는 듯 모르쇠로 일관하고, 담당 공무원들은 게으르고 거만하여 자존심을 버리고 구걸을 해도 모조리 거절당했다.

나라의 죄인인데 어째서 공무원들은 모른 척하기만 했을까요. 유배객은 지역의 집주인과 계약을 맺고 유배 생활을 하게 되는데, 이에 따르는 각종 관리 책임 또한 집주인이 지게 되었기 때문입니다. 때때로 쓸데없는 짓을 했다고 혼도 나는 부담스럽고 껄끄러운 임대 계약이었습니다.

간신히 거처를 구했어도 여전히 '뉴비 유배객' 심노숭의 삶은 고달픔의 연속입니다. 그가 특히 괴로워한 것은 관아의 인원 점검이었습니다. 새벽 일찍 일어나 옷매무새를 점검하여 긴장한 자세로 점검을 받는 모습이 꼭 훈련소 같습니다. 하지만 이 양반, 유머를 잃지 않는 사람이었습니다. 그가 묘사하는 인원 점검 에피소드를 읽어보죠.

—

1801년 4월 1일
『남천일록(南遷日錄)』

새벽부터 일어나 관아의 점검 호출을 기다리기 위해 노비 득노에게 대기하라고 했다. 새벽인 데다가 비까지 와서 바깥은 캄캄하고, 닭 우는 소리는 가득하다. 세수를 해도 정신은 여전히 멍했다. 그때, 바깥에서 득노와 걸노가 수다를 떠는 소리가 들렸다.

"아니, 꼭두새벽부터 이게 웬 난리야. 못 살겠네. 정말."

"그러게 말이야. 이 짓거리가 다 뭐야. 과거 보러 나가는 거냐, 아니면 조정에 출근하는 거냐."

그 대화를 듣자 나도 모르게 웃음이 터졌다. 어머니께서 "유배 가서 점검 나가는 것을 나태하지 말렴. 잘못하다가 더 벌이 커진다."라고 하셔서 나도 기합 넣고 긴장하며 점검에 나갔는데, 득노가 말한 대로 과거시험 보러 가는 길이나 조정에 출근하는 것보다 더 긴장하고 있었다.

인원 점검은 양반들에게 큰 굴욕이었습니다. 흙바닥에 나란히 서서 자신보다 낮은 신분이었던 공무원의 통제를 받아야 하고, 까딱하면 수령에게 욕을 먹기도 했죠. 그러나 가볍게 생각하면 형기가 더 늘어날 수도 있어서, 심노숭은 어머니의 말씀을 따라 '각을 잡고' 점검에 임합니다.

그런데 여기서 '주인 잘못 만난' 노비들의 투덜거림이 나옵니다. "과거를 보러 가는 건지, 조정에 출근하는 건지, 인원 점검을 나가는 건지 도통 모르겠다."라는 그들의 대화에는 왜 이렇게 유난을 떨어야 하는지도 모르겠고, 왜 자신들까지 덩달아 괴로워야 하는 건지 모르겠다는 푸념이 들어 있습니다.

그런데 심노숭은 그들을 혼내기는커녕, 오히려 혼자 낄낄대며 웃습니다. 게다가 관아에서 발견한 자신의 죄목을 보고 분노나 원망의 감정 대신 실소를 택하죠. 가족들과 눈물로 작별하고, 거지꼴이나 다름없이 먼 길을 걸어와, 소개팅 백전백패의 남자처럼 수없이 거절을 당하는 괴로움 속에서도 그의 웃음은 사라지지 않았습니다. 그 아무리 괴로운 상황일지라도, 그는 '웃픈' 상황으로 만들어버렸죠. 그는 "나는 성욕이 너무 많다. 젊은 시절엔 거의 미친놈처럼 성욕에 집착해서 패가망신할 지경이었다."라는 자기반성을 쓸 만큼, 당시로서는 파격적인 자유로운

南遷日錄　辛酉四月一日

雨霧終日夕雨注終夜曉起將待

點于衙門使得奴出見雲而暗真

是風雨如晦雞鳴不已望籬坐待

明小燭破牕意昷忽忽得奴在戶

外語杰奴曰此赴試耶越朝耶聞來

還不覺一笑來時慈闈敎俟點必

遂早無少息卿念戒語昷不敢自

也。

安誠有過於得奴所謂試圍朝班

사고와 글쓰기를 했던 인물입니다. 그의 유머러스함은 바로 그 판에 박히지 않은 사고에서 비롯된 것이었죠.

이렇듯, 심노숭은 최대한 열심히 인원 점검을 나갔습니다. 사실 한 명이 불참했을 때, 수령이 '극대노'한 모습을 보았기에 더욱 긴장한 훈련병의 자세가 될 수밖에 없었죠. 그러나 훈련소에서도 환자는 빼주듯, 그 역시 환자가 되자 인원 점검을 빠지려고 합니다.

—

1805년 11월 15일
『남천일록(南遷日錄)』

머리가 아파 새벽에 일어났다. 감기 기운은 찬 바람을 쐬면 더욱 심해지니, 인원 점검에 나갈 수 없을 것 같았다. 그래서 공무원에게 문서를 통해 불참해도 되는지 아닌지를 물었는데, 담당 공무원의 보고를 듣자 수령은 "아파서 못 나오신다고? 그러면 원하시는 대로 하셔야 하겠네?"라고 대답했다고 한다. 이게 무슨 말인가. 빠져도 된다는 말인가, 아니면 빠지면 각오하라는 말인가. 무슨 꿍꿍이가 있는 건지 알 수가 없다. 오 년 동안 단 하루도 점검에 빠지지 않았는데, 아파서 이렇게 하소연해야만 하니 자존심이 상한다.

5년 동안이나 개근을 했던 심노숭이었지만, 지독한 감기는 이기지 못했습니다. 어쩔 수 없이 문서를 보내 결석 허가를 받으려 했지만, 담당 선생님인 수령은 "늬예 늬예~마음대로 하세요~"라는 투로 영 시원치 않은 대답을 합니다. 아프다니까 억지로 나와야 한다는 말은 차마 못 하겠지만, 만약 나중에 잘못되더라도 그 책임은 심노숭 본인에게 있다는 투의 말이죠. 심노숭도 한 번도 빠지지 않았는데, 이렇게 구질구질한 일을 겪자 자존심에 스크래치가 납니다.

이렇게 더럽고 치사한 일을 계속해서 겪는 사람의 마음은 어떨까요? 유배 초기, 그의 마음은 이글거리는 분노와 미움으로 가득합니다.

—

1801년 6월 13일 / 1802년 10월 21일
『남천일록(南遷日錄)』

분노로 머리카락이 쭈뼛 서고, 슬픔으로 애간장이 살살 녹고, 미움으로 뭐든 주먹으로 쳐서 때려 부수려고 한다.
양반이 되어서 아침마다 '오늘은 또 어떻게 생계를 해결하나.'라는 걱정만 하니, 이게 무슨 양반의 모습인가. 머리털을 숭숭 기른 스님이자, 수염이 숭숭 난 전업주부지.

그러나 화가 난다고 살림살이를 때려 부수고 가까운 사람에게 분풀이해도 달라지는 것은 없습니다. 일용할 양식을 구하는 문제가 해결되지도 않고, 고향에서 자신이 돌아오기만을 기다리는 어머니와 딸을 만나볼 수도 없죠. 게다가 무엇이든 본인이 알아서 해결해야 하니, 집안의 재산을 야금야금 까먹는 문제도 있었습니다. 결국, 어떻게든 그곳에 적응해서 야무지고 노련한 유배 생활을 해나가는 수밖에 없습니다.

그래서 심노숭은 다양한 활동을 하며 '멘탈 관리'를 시도합니다. 동네의 이름난 관광지를 찾아다니고, 글자깨나 읽는다는 지역 사람들과 시를 나누며, 훈장 선생님이 되어서 아이들을 가르치기도 하죠. 특히, 심노숭처럼 학식이 깊고 서울 사정을 잘 아는 유배객은 시골 사람들로선 좀처럼 만나기 어려웠습니다. 이 기회를 놓치지 않았던 학부모들의 성원 덕분에 'S대 출신 심노숭 학원'은 꽤 성행합니다. 심노숭 또한 학생들과 즐겁게 농담을 나눌 줄 아는 '핵인싸' 선생님이었죠.

—

1803년 5월 7일
『남천일록(南遷日錄)』

공부방의 창문은 밝고 집은 고요해서 꼭 절간 같았다. 나는 공부하는 아이들에게 웃으며, "공부방이 꼭 절간 같지 않니? 나는 꼭 노스님 같고. 그러니 너희들도 서로서로 스님이라고 부르는 게 어떠니?"라는 농담을 했다. 그러자 제자들은, "그거 좋네요, 선생님! 저희도 평소에 매번 머리 감고 관리하는 거 정말 귀찮았는데, 이참에 머리 밀어버리면 더는 귀찮아지지 않겠네요?"라며 농담을 받았다.
그래서 나는, "세상에는 종종 머리 기른 스님들도 있던데?"라고 하자, 아이들이 모두 까르르 웃었다.

제대로 된 교육 기회가 없었던 지역 학생들에게 서울의 따끈따끈한 소식과 기출 문제를 전해주는 '심노숭 학원'은 이렇게 웃음이 넘치는 곳이었습니다. 자연히 수강생들의 만족도도 높았죠. 덕분에 심노숭의 생계에도 큰 도움이 되었는데, 그에게는 고독한 유배 생활에 한 줄기 바람이 되어준 수강생들과의 정이 더욱 소중한 것이었겠죠?

그렇지만, 모두가 떠나고 홀로 남은 방, 밤마다 찾아오는 깊은 고독감과 절망감은 좀처럼 사라지지 않습니다. 억울하게 당한 유배를 생각하면, 여전히 끓어오르는 분노와 미움의 감정을 다스리기 어려웠습니다. '왜 내가 이런 시련을 겪어야 하나?' 하늘을 향해 주먹질하고 싶은 마음도 있었을 것입니다.

이러한 마음을 컨트롤 하기 위해 심노숭은 종교에 귀의합니다. 심노숭이 밝히는 '멘탈 관리' 방법을 읽어볼까요.

—

1801년 9월 4일
『남천일록(南遷日錄)』

유배된 몸으로 혼자 생일을 맞이하니, 가족을 향한 그리움이 다른 날보다 두 배는 커진다. 요즘은 가족들의 편지를 읽거나 일기를 쓰면서 스스로를 위로한다. 밤에는 도통 어지러워서 할 일 없이 앉았다가 누웠다가를 반복하지만, 좀처럼 마음이 안정되지 않는다.

그러다 문득 생각이 들었다. '이 모든 것이 다 내가 지은 업보(業報) 때문이 아닌가. 지금같이 나쁜 업보를 받아 그동안 자신을 미워하고 운명을 저주하기만 했으니, 차라리 부처님의 자비심에 기대 마음을 달래는 것은 어떨까?' 그래서 내일 절에 가서 불공을 드릴 것을 계획했다.

1900년 대구의 서당

—

1900년 대구의 서당 사진입니다. 딱 봐도 깐깐하게 생기신 훈장 선생님이 담배를 피고 있고, 아이들은 눈치를 보면서 카메라를 바라봅니다. 한편, 오른쪽 아래, 공부를 못해서 창고에 갇힌 아이가 보는 이의 시선을 강탈합니다. 그 아이를 위로하고 있는 아이의 모습도 재밌네요.

실존적 위기에 부닥치면 종교를 통해 이를 극복하려고 노력하는 것이 인지상정인가 봅니다. 심노숭은 유배라는 제한적 상황에서도 시간이 날 때마다 절에 갔습니다. 분노와 미움으로 가득한 자신의 내면을 무한한 자비심으로 채우기 위해서죠.

그러나 심노숭은 알았을 것입니다. 자비심은 사찰에 앉아 있는 불상에 기도를 드린다고 갑자기 솟아나는 것이 아니라는 것을. 꿈은 크지만, 현실은 시궁창이었던 '양.반.남.성.' 심노숭은 자신의 실존적 위기를 '방콕'에서 벗어나는 것으로부터 시작했습니다. 예전이라면 거들떠보지도 않았을 시골의 아저씨들과, 서울에서는 학당 근처에도 못 올 동네 꼬마들과, 산중 깊숙한 절간의 스님들과, 밥을 해주는 시골의 여성들과, 은근히 자신의 뒷담화를 하는 노비들과, 마음을 터놓고 이야기하며 정을 나눌 때 '그곳에 원래 있었던 자비심'을 발견해나갔습니다. 그것을 발견하고 기록으로 적어나갈 때, 비로소 그는 끊임없는 생계의 위기, 기약 없는 집으로의 귀환, 솟아나는 미움의 감정 속에서 평화를 찾을 수 있었을 것입니다.

이번 장에서는 각양각색의 사연으로 '철컹철컹' 당한 양반들의 이야기를 다뤘습니다. 많고 많은 이야기 중에서 감옥과 유배 생활 일기를 하나의 장으로 엮은 것은, 물론 앞선 장에서 엮어 온 흐름을 이어가고 싶었기 때문입니다. 그러나 그보다 더 주목한 것은, 감당할 수 없는 위기 속에서 그들이 평화를 찾기 위해 택했던 방법이었습니다.

윤이후는 감방 속에서 감방 동기들과 이야기를 나누면서 위로를 받았고, 나아가 자신을 찾아준 사람들의 이름을 한 명도 빼놓지 않고 기록했습니다. 이문건은 역모죄라는 살벌한 위기에서 간신히 벗어나자, 자신의 가족을 지키기 위해 남은 생애를 바쳤습니다. 심노숭은 분노와 미움으로 가득한 마음을 시골 사람들과의 교유를 통해 웃음과 사랑의 감정으로 조금씩 바꿔나갈 수 있었습니다. 그리고 그들 모두는, 자신을 위한 통찰, 그리고 언젠가 자신의 일기를 읽을 누군가의 통찰을 위해 묵묵히 써 내려갔습니다.

우리의 삶도 그렇습니다. 인생의 위기, 그 느닷없는 불청객의 꽁무니를 보았을 때, 그 불청객을 쫓기 위해 할 수 있는 것을 모두 다 해도 억울함과 미움이 사라지지 않을 때, 우리의 실존성은 존재자 간의 연대, 내재된 존재성의 재발견을 통해 바야흐로 회복될 수 있을 것입니다. 이러한 다소 기막힌 '정신 승리'가 삶의 평화를 다시 가져온다는 새삼스러운 사실이 그들의 일기에 이렇게 녹아 있습니다.

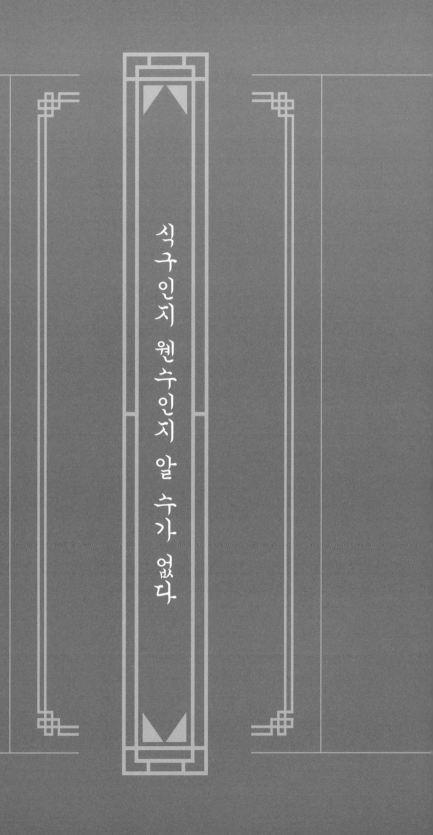

식구인지 원수인지 알 수가 없다

한 사람의 인생에 있어 가족이라는 울타리의 영향은 가늠하기 어려울 정도로 큽니다. 과거와 미래의 모습을 보여주는 마법 거울이 있다면, 나의 미래를 비출 땐 아버지와 어머니가, 나의 과거를 비출 땐 딸과 아들의 모습이 나올 것입니다. 가족은 시간과 공간을 공유하면서, 각자의 삶이 서로 동아줄처럼 꼬여 단단한 매듭이 됩니다. 강한 비바람에도 쉽게 풀리지 않는 매듭이죠.

그러나 항상 매듭이 편안한 것은 아닙니다. 때로는 너무 조인 나머지 생채기가 날 때도 있고, 그래서 그 매듭에서 벗어나고 싶을 때도 있죠. 정말 별일도 아닌 일 가지고 싸우고, 혹은 아무 일도 없었다는 듯 지나가고, 그러다 맛있는 식사 한 끼를 즐기고, 재밌는 예능 프로그램을 함께 보며 웃는 것이 우리 시대 '보통 사람들'의 가족상일 것입니다.

너무나 당연하게도, 조선의 가족상도 그리 다르진 않았습니다. 물론, 부모님에 대한 효도가 더욱 각별했고, 남성의 권력이 훨씬 막강했으며, 구성원 모두가 지금보다 더 많은 가족에 대한 의무를 짊어졌었죠. 하지만, 때로는 토끼 같은 자식들 덕분에 웃고, 때로는 웬수 같은 자식들 때문에 우는 그 모습은 다르지 않았습니다.

그 모습을 따라가기 위해, 먼저 양반이었고, 선비였으며, 한때는 잘 나갔던 유배객이면서, 깐깐한 '할애비'였던 이문건의 육아일기 『양아록(養兒錄)』의 페이지를 열어봅니다.

1551년 1월 5일
『묵재일기(默齋日記)』·『양아록(養兒錄)』

며느리가 아침부터 배가 아프고 점점 산통이 심해지더니, 오전 8시경
드디어 사내아이를 낳았다. 나이 든 아내와 여종 돌금이가 아이 낳는
것을 도와줬다. 마음씨가 착한 돌금이는 나의 맏손녀 숙희를 정성스
레 잘 돌봐주어서, 손자의 보모도 맡겼다. 갓 태어난 손자를 보니 너
무나 기쁘다. 자라나는 모습을 빼놓지 않고 챙겨볼 것이다. 쓸쓸하던
귀양살이 중 기쁜 일이 생겨, 늙은 할애비는 스스로 술을 따라 마시며
축하해본다.

고생 끝에도 낙이 있는 법, 역모죄에 휘말려 귀양 온 이문건에게
도 좋은 일이 생겼습니다. 바로 아들 온(溫)과 김씨 부인 부부가 드디어
아들을 낳게 된 것인데요. 사실 이문건은 자식 복이 지지리도 없었습니
다. 여섯 명의 아이 중에서 아들 한 명 딸 한 명만 살아남았는데, 딸은 스
무 살쯤 사망하고 아들 온도 병치레가 잦았죠. 이문건은 이미 사랑스러
운 손녀딸을 얻었지만, 소위 '대를 이을' 아들을 바라마지 않았습니다.
이문건은 어렵게 태어난 손자, 숙길(淑吉)을 건강하게 잘 키우는 데에
여생을 '올인'합니다. 얼마나 손자를 사랑했는지, 본인이 적던 일기 외
에 따로 육아일기까지 썼을 정도입니다.
하지만, 영아 사망률이 너무나 높았던 시대, 아이의 병치레는 끊
이질 않고 그때마다 이문건의 마음은 까맣게 타들어갑니다.

이윤탁 한글 영비

—

이문건의 가족 사랑은 돌아가신 부모님을 대하는 자세에서도 느껴집니다. 이문건은 아버지인 이윤탁의 묘를 이장하면서, 묘를 보호하기 위해 경계에 비석을 세웁니다. 그런데 한문을 모르는 사람들이 읽을 수 있도록 한글로 "신령한 비다. 넘어뜨리는 사람은 재난을 당할 것이다. 이를 한문을 모르는 사람들에게 알린다."라는 글을 써서 비를 세웁니다. 일종의 경고문이죠. 한편, 한문으로도 경고문을 적었습니다. "부모를 위하여 이 비석을 세운다. 세상에 부모님 없는 이가 있는가? 있다면 비석을 훼손해 보라." 글 모르는 사람에게는 '신령함'을, 글을 아는 사람에게는 '부모에 대한 마음'을 강조하는 대비가 인상적입니다.

1551년 9월 25일
『양아록(養兒錄)』

아침에 손자를 꼭 안아 무릎 위에 앉혔다. 그런데 방긋방긋 웃으며 아장아장 걷던 아이가 한 방울 설사했다. '별일 아니겠지.'라고 여겼는데, 이것이 설사병으로 커졌다. 설사병은 점점 심해지고, 아이는 변을 보지 못해 괴로워하며 보채는데 그 모습이 너무 가여웠다. 뉘 집 아들이라고 이런 병을 앓지 않으련만, 괜스레 우리 집 아이들만 더 힘든 것 같아 두렵다. 부를 의사도 없어 아쉬운 대로 무당을 불러 굿을 했더니, 무당은 "신령님께서 보살펴주신다고 합니다. 아이는 꼭 차도가 있을 것입니다."라고 한다. 이 얼마나 허망한 말인지 잘 알고 있지만, 할애비의 정은 끝이 없기에 귀를 기울인다. 잠시도 불안한 마음이 가라앉지 않아 안절부절못하며 자주 손자의 상태를 살펴본다. 도대체 언제쯤 손자는 건강하게 자라날까.

유학자가 되어서 감히 무당을 불러들이다뇨. 이 일이 알려지면 동네 선비들에게 깨나 손가락질을 당할 수도 있었습니다. 그렇지만, 갓난아이가 아픈데 아무런 손도 쓰지 못하자, 그는 머릿속 가득 입력된 성현의 말씀은 집어 던지고, 아들과 함께 두 손을 모아 천지 신령님께 기도합니다. 무당은 "다 잘 될 겁니다."라는 말을 하고, 이문건은 그 말이 허망함을 알면서 지푸라기라도 잡는 심정으로 믿어보죠.

이렇게 손자가 병치레를 자주 하자, 이문건은 돌아가신 어머니께서 어릴 적 자신에게 해주셨던 말씀을 떠올리기도 합니다. "네가 전염병을 앓으며 생사를 헤맸던 한 달 동안, 엄마가 너 대신 아프길 간절히 바랐어. 다행히 네가 살아나서, 엄마가 얼마나 가슴을 쓸어내렸는지 모른다. 그 심정은 정말이지 말로 다 못 해." 그 말처럼, 손자에게는 이런 글을 남깁니다. "손자야! 너도 나중에 네 아이 키워보면, 가슴 졸이는 할애비의 마음을 저절로 알게 될 것이야." 정말, 우리 시대의 부모님이 '등짝 스매싱'을 날리며 하시던 멘트와 다를 게 하나도 없죠?

　물론 아이 키우는 일이 항상 괴롭고 가슴 졸이기만 하는 것은 아닙니다. 아이의 성장세와 사소한 행동 하나하나를 지켜보며 행복에 겨운 글을 쓰기도 했습니다.

—

1551년 12월 28일
『양아록(養兒錄)』

손자가 손을 들어 창문을 붙잡고 살금살금 걸음마 연습을 한다. 한 발자국씩 떼기는 하지만 계속 넘어지고, 다시 일어난다. 그렇게 쉴새 없이 뒹굴더니, 드디어 여러 걸음을 옮겼다! 나는 손자의 등을 어루만지며 뺨을 쓰다듬고, 다시 아이를 꼭 끌어안으며, "아이고 우리 숙길이! 신통하다, 신통해!"라고 외쳤다.
천택이가 독서하는 보습을 보자, 손자가 책을 집어 들고 끄덕끄덕하면서 소리를 내는데, 꼭 책 읽는 모습을 흉내 내는 것 같다. 이건 분명, 손자가 장차 공부를 열심히 할 징조다. 비록 내 생활이 어렵지만,

손자에게는 모든 것을 알려줘야겠다.

활달했던 손자는 금세 집안의 재롱 덩어리가 됩니다. 이문건은
귀염미 뿜뿜 터지는 손자의 걸음마를 입이 귀에 걸리는 표정으로 지켜
보죠. 드디어 손자가 걸음마에 성공하고 할아버지를 바라보자, 사랑스
러움에 푹 빠져버린 이문건은 아이를 꼭 끌어안고 신통방통한 손자를
칭찬합니다.

이 팔불출 '손자 바보' 할아버지는, 책을 갖고 장난치는 손자의
행동을 보며 '책을 가지고 논다고? 어머 이건 글공부를 시켜야 해.'라는
생각에 빠져들기도 합니다. 손자가 돌잡이 때 붓과 먹을 집는 걸 보면서
기대감은 확신으로 바뀌지요. 사실, 아무런 의미가 없는 행동인데도 '답
정너'에 가까운 할아버지의 해석은 손자 교육에 대한 헌신으로 폭풍 변
신합니다. 과연, 숙길은 할아버지의 바람대로 열심히 공부했을까요?

—

1556년 9월 5일
『양아록(養兒錄)』

손자에게 글자를 쓰고 읽게 해봤지만, 산만해서 금방 잊어버리고 만
다. 손자의 재능은 보통 수준, 내가 너무 많은 기대를 해서 미리 실망
해버렸다. 하지만, 가르쳐줄 때는 엄하게 대하지 않을 수 없다. 다만,
상세하고 천천히 타일러야지, 화부터 낸다고 공부가 될 리가 있나. 나
는 왜 같은 실수를 반복하고 같은 후회를 할까.

안타깝게도 숙길은 공부에 재능이 없었습니다. 이때부터 이문건의 육아일기는, '어떻게든 가르치려는 할아버지'와, '어떻게든 놀러 나가려는 손자'의 전쟁 같은 하루로 가득합니다. 하지만, 아이의 재능이 보통 수준인 것을 확인하면서도 좀처럼 욕심을 거둘 수 없었나 봅니다. 결국, 다 쓰러져가는 가문을 일으켜 달라는 할아버지의 바람은 체벌로 이어지고 맙니다.

—

1563년 10월 17일
『양아록(養兒錄)』

손자가 아직 어리석어 절제라는 것을 모른다. 이번에 단단히 그 버릇을 고쳐 놓기 위해, 손자가 술이 깰 때를 기다렸다. 아침부터 손자에게 바짓자락을 걷어 올리게 한 뒤, 누나 두 명에게 열 대씩 때리게 하고, 어머니와 할머니에게 열 대씩 때리게 했으며, 마지막으로 내가 스무 대를 때려 내 마음의 화를 풀어버리려 했다. 하나밖에 없는 손자라고 오냐오냐하기만 했더니, 뭐든지 제멋대로 하려고만 한다. 책은 멀리하고 놀려고만 들고, 거짓말도 많이 한다. 이 완고한 고집불통을 그대로 두면 언젠가 분명 큰코다칠 것이다. 그것을 막기 위해, 이제부터는 엄격하게 교육해야겠다.

어느 날, 숙길은 '술이 떡이 되어서' 귀가하는 사고를 칩니다. 화가 머리끝까지 치솟은 할아버지는 그동안의 인자함을 내던지고 회초리를 듭니다. 누나, 어머니, 할머니, 할아버지가 모두 돌아가며 숙길의 종아리를 때리죠.

이문건이 손자인 숙길을 바라보는 심정은 매우 복잡했습니다. 사랑하는 손자가 글공부에 파묻히는 '너드(nerd)형'이 되어 망한 가문을 언젠가 다시 일으켜주길 바랐지만, 숙길의 성향은 사람들과 어울리면서 술 마시고 노는 것을 좋아하는 '인싸형'이었죠. 아쉽게도 공부에는 재능도 흥미도 별로 없었던 것 같습니다. 또한, 자기주장도 강한 스타일이었습니다. 심지어 문장 하나의 해석을 두고, 나름대로 한가락 하는 학자였던 할아버지에게 대드는 일도 있었습니다.

그때마다 할아버지는 매섭게 회초리를 휘둘렀고,* 손자는 울기

효과적인 체벌을 위한 율곡 이이의 고민

아이 교육에 있어 체벌이 지양되어야 한다는 문화가 생긴 지 그리 오래되지 않았습니다. 때리는 사람과 맞는 아이 모두 상당한 스트레스를 받는다는 건 자명한 사실인데요. 부모는 아무리 매를 때려도 다음 날이면 말짱 도루묵 되는 아이를 볼 때마다 '세상에 이런 노답은 없다.'는 철벽 진리를 마주하게 됩니다. 그래서 이이(李珥, 1537~1584)는 『학교모범(學校模範)』이라는 책에서, 처벌하더라도 단계적으로 하는 것이 중요하다고 강조합니다. 1단계에는 벗들이 서로 깨우쳐주고, 2단계에는 여러 사람 앞에서 혼을 내며, 3단계에는 모임에서 쫓아내고 '블랙리스트'에 올려 행동을 관찰해야 한다는 것이죠. 이 또한 요즘 기준에 비추면 문제가 있어 보이지만, 이에 비하면 이문건은 너무 무턱대고 때린 것이 아닌가 생각이 드네요.

도 하고, 다시는 안 그러겠다고 싹싹 빌기도 했지만, 금세 평소대로 돌아왔습니다. 숙길이 10대 후반이 될 때까지 이러한 상황은 바뀌지 않았죠. 이문건 또한 '지나치게 심한 체벌을 했다.'고 반성하면서도, 회초리를 드는 것을 주저하지 않습니다. 다만 의아한 것은, '어릴 때부터 너무 오냐오냐 키웠다.'라는 얘기를 많이 썼는데, 숙길에게 물어보면 얘기가 좀 다를 수 있습니다. 숙길은 어릴 때부터 맞을 만큼 맞았기 때문이죠.

이문건은 손자와의 전쟁을 반복할 때마다, 속을 무던히도 썩였던 그의 아들이자 숙길의 아버지, 이온(李熅, 1518~1557)을 떠올렸을 것입니다.

—

1535년 11월 23일 ~ 12월 13일
『묵재일기(默齋日記)』

11월 23일, 아침에 온이가 글을 전혀 해석하지 못한 것에 울화통이 터져서 긴 막대기로 후려 팼더니, 막대기가 부러졌다.

12월 9일, 아들이 다시 수음(手淫)을 했다. 옷까지 벗겨 매질을 했는데, 지나고 보니 좀 지나쳤다. 얼굴과 손에서 피가 흐를 때까지 때렸으니, 나의 불같은 노여움이 이렇게 만들어버렸다.

12월 13일, 밤에 이불 안에서 아들이 다시 수음하는 것을 알아채고, 그 자리에서 이불을 걷은 채 심하게 혼냈다. 내가 "대체 누구를 마음속으로 생각하며 이런 짓을 하는 거야?"라면서 캐물어도 아들은 답하지 않았다. 그래서 머리털 절반을 자르며 수십 대를 때렸더니, 온이는

"······종비입니다."라고 답했다. 어쩜 이렇게 음탕한 생각만 하고 살까.

자녀를 키우다 보면 반드시 맞이하게 되는 민망하고도 당황스러운 순간이죠. 바로 성적인 경험을 둘러싼 갈등입니다. 이문건은 하나밖에 남지 않은 아들, 온을 키울 때도 글공부를 열심히 시켰습니다. 온이 과거에 급제하여 가문의 영광을 이어가길 바라는 마음으로요. 그러나 10대 후반의 남성이었던 온은, 공부 대신 잿밥에만 온통 관심이 가 있습니다. 특히, 그의 마음속에 깊이 자리잡은 여성, '종비'가 밤마다 그를 괴롭힙니다. 결국, 아버지가 아무리 때리고, 욕하고, 심지어 모두에게 수음한 흔적을 보이는 심각한 모욕을 줘도, 수음을 멈추지 못합니다.

이 사건들은 아마 온에게 평생의 트라우마로 남았을 것입니다. 비교적 성교육의 중요성이 널리 알려진 요즘에도 '야동'을 보는 아들을 어떻게 대해야 할지 난감한데, 하물며 조선 시대에는 더 심했겠죠. 이렇게 이문건은 학대에 가까운 체벌과 모욕을 주었고, 이후로 아들과의 관계는 상당히 틀어졌습니다. 아예 여러 차례 가출을 시도하기도 하죠.

그렇게 속을 썩였던 아들, 온은 숙길이 일곱 살 될 무렵 일찍 사망합니다. 아들의 짧은 생애에서 그의 체벌이 얼마나 많은 아픔과 갈등을 불러왔는지 잘 알면서도, 이문건은 손자를 키울 때도 비슷한 기대와 비슷한 방법, 그리고 비슷한 잘못과 비슷한 후회를 반복하고 있습니다. 물론, 서로 힘이 되고 함께 웃을 수 있는 에피소드도 많았겠지만, 적어도 자식 교육에 있어 '체벌이 답이 될 수 없다.'는 사실만큼은 이문건이 똑똑히 보여주고 있죠?

그런데 이문건이 투닥투닥, 아웅다웅 다툰 사람은 아들과 손자에서 그치지 않았습니다. 집안싸움에서 부부싸움이 빠지면 섭섭하겠죠? "남자는 하늘이야 하늘! 어디서 아녀자가!"라며 호통치던 조선 시대, 가부장제의 향기가 온 집안 구석구석에 가득했던 때에도 부부싸움은 '칼로 물 베기'였습니다. 아직은 잘나가던 시절, 40대 중반의 중년 부부였던 이문건과 아내 김돈이(金敦伊, 1497~1566)는 어느 날 부부싸움을 합니다.

—

1536년 3월 1일
『묵재일기(默齋日記)』

아침은 부실하게 먹고 점심도 거르는 바람에, 집에 도착하니 어지러워 쓰러질 것만 같았다. 그런데 아내에게 순중이의 결혼일로 좀 투덜거렸더니, 병이 나서 몸 상태가 안 좋았던 아내는 화를 버럭버럭 내면서, "순중이는 내 새끼가 아니니, 내가 나서서 혼사를 매듭지을 수가 없다고! 그건 휘가 알아서 해야지!"라고 말했다. 가뜩이나 배가 고파 짜증이 가득한데, 그 말을 듣자 나도 화가 나서 온종일 아내와 말 한 마디도 섞지 않았다. 그랬더니 아내는, "아니 당신이 왜 화를 내? 뭘 잘했다고 화를 내느냐고!"라고 정말 어처구니없게 또 화를 냈다.

아직 조카 휘가 죽기 전, 휘는 여동생 순중(順中)이의 결혼을 추진합니다. 조선 시대의 혼사는 보통 껄끄럽고 복잡한 것이 아니었죠. 그런데 보통이라면 휘의 집안에서 알아서 해야 했겠지만, 이미 휘의 아버지이자 이문건의 큰 형이었던 이홍건이 정치적인 이유로 사망한 상태라서, 이문건이 집안을 이끌었습니다. 그래서 이문건 또한 조카딸이 좋은 사람, 좋은 집안과 결혼하기를 바라며 열심히 신경을 쓰는데, 몸이 아팠던 아내는 "내 딸이 아닌데 나보고 어쩌라고!"라며 화를 냅니다. 더하여, 그 무신경한 말에 제대로 삐진 이문건이 불만 가득한 표정으로 아무 말도 안 하자, "당신이 왜 화를 내냐?"며 또 화를 내죠. 배는 고프고, 몸도 아프고, 골치 아픈 일은 이어지고, 무신경한 말이 오가며 싸움이 싸움을 부르는 이 상황, 우리 시대의 부모님, 부부, 커플의 싸움과 똑같죠?

때는 조선 중기, 아직 임진왜란이 일어나기 이전의 이야기입니다. 이때의 결혼제도는 우리가 생각하는 고전적인 조선의 가부장제와는 사뭇 다른 양상을 띠었습니다. 여성이 남성의 집으로 '시집 간다'라기보다, 남성이 여성의 집으로 '장가 든다'라고 표현하는 것이 적절했죠. 예컨대, 이문건은 '장가를 잘 가서' 처가로부터 각종 경제적 지원을 받을 수 있었고, 아내 김돈이 또한 상속받은 재산으로 집안 내에서 일정 부분 결정권을 쥘 수 있었습니다.*

이러한 시대적인 분위기를 감안하면 부부가 싸운 이유도 쉽게 짐작할 수 있습니다. 사실상 장손 역할을 하는 이문건이므로, 조카 딸이 결혼할 때 어쩌면 혼수를 지원해야 할지 모릅니다. 아내의 입장에선, 자기 딸도 아닌 조카 딸에게 혼수 비용을 포함하여 여러 가지로 신경을 써야 하는 상황 자체가 다소 마음에 안 들었던 것 아닐까요? 그런데 남편은 속도 모르고, 가뜩이나 몸이 아픈 자신 앞에서, 오늘 밥을 한 끼도 못 먹었다는 둥, 조카 딸 혼사 때문에 골치 아프다는 둥, 이러쿵저러쿵 투덜투덜하죠. 참다못한 아내는 화를 내는데, 이문건은 느닷없이 뺨을 맞

이이 남매 화회문기

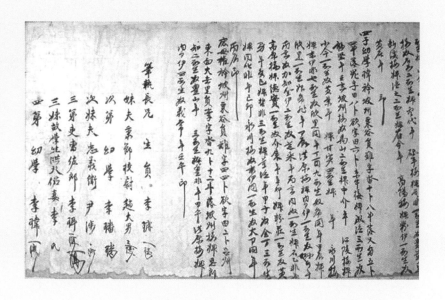

—

이이의 아버지가 세상을 떠나고 5년 후, 이이의 6남매가 모두 모여 '유산 상속 회의'를 엽니다. 그 결과를 보면, 논과 밭의 비옥도와 면적, 그리고 노비의 성별·나이·거주지를 고려하여 6남매와 아버지의 둘째 부인이 매우 공평하게 나눠서 분배했습니다. 누가 봐도 크게 이익을 보거나 손해를 보는 사람이 없는 평화로운 유산 상속이었죠.

조선 전기, 여성의 법적 지위

결혼 이후, 여성의 독자적인 재산권을 인정하기 시작한 것은 매우 최근의 일이죠. 그런데 조선 전기, 여성은 『경국대전(經國大典)』에서 균분상속을 명시함으로써, 여성의 독자적인 상속권을 보장했습니다. 또한, 남성이 결혼 후 처가에서 일정 기간을 살아가는 제도가 고구려, 고려를 거쳐 조선 시대까지 전해진 뿌리 깊은 관습이었죠. 나아가 '부인의 작위는 남편의 관직에 따른다.'라는 조항을 통해 어느 정도의 사회적 지위와 활동도 보장했습니다. 하지만, 여성이 정치에 관여하는 것만큼은 전기와 후기 어느 때라도 강력한 견제를 받았다는 점에서 매우 제한적이며 위태로운 조치로 볼 수 있습니다.

은 기분에 삐쳐버리고, 그 여파가 둘 사이의 냉랭한 분위기로 이어졌던 에피소드입니다.

이렇게 한바탕 하고 나면, 한 사람이 집을 나가는 '일탈'이 벌어지기도 하는데요. 어느 날, 열 받은 아내가 정말로 짐을 싸 들고 친정으로 가버립니다.

—

1545년 1월 15일 ~ 2월 3일
『묵재일기(默齋日記)』

1월 15일, 아내가 어제 오후 늦게 "부모님께 인사하고 올 거야."라며 친정에 가더니 돌아오지 않다가, 오늘 밤이 되어서야 돌아왔다. 나는 오늘 저녁밥을 굶었다.

1월 27일, 아내가 저녁에, "공연 좀 보고 올게."라며 친정으로 갔다.

1월 28일, 아내가 또 공연을 보러 나갔다가, 밤이 되어서야 돌아왔다.

2월 3일, 이 여편네가 또, 또 공연을 보러 밤에 친정으로 가니 너무 얄밉다. 옆집 박사님의 아내는 남편을 존중하고 존경하여 공연을 보러 가지 않았다는데, 정말 어질고 현명한 여성이다. 오늘은 왜 이렇게 몸이 안 좋은지 모르겠다. 특별히 아픈 데는 없는 것 같은데, 신경을 너무 써서 그런가. 알 수가 없다.

집구석이 꼴도 보기 싫었는지, 아내는 자꾸만 '공연을 보러 간다.'는 핑계로 친정으로 향합니다. 처음에는 그러려니 했는데, 자꾸만 아내가 집을 비우고, 그럴 때마다 굶어야 하는, 밥도 할 줄 모르는 양반 남성 이문건은 슬슬 부아가 치밀어 오르죠. 이제는 아예 이웃의 부인과 자신의 부인을 비교하면서, 자신의 부인이 '어질고 현명하지 않다.'고 은근히 화살을 쏘아댑니다. 밥도 못 먹고 방구석에 앉아 부글부글 끓고 있자니 속이 쓰렸겠죠. 최대한 돌려쓰고 있지만, 적잖이 화나고 속상했던 게 틀림없습니다. 어린 날, 부부싸움 후 자주 보던 아버지의 모습을 조선 시대의 일기에서 발견하네요.

이번의 싸움 또한 조카 때문이었습니다. 이문건-김돈이 부부의 아들 온은 영 시원치 않고 사고만 치는데, 이문건이 가르치는 조카들은 너무 뛰어나 둘 다 당당히 과거에 급제했어요. 그래서 조카들이 찾아오면, 아내 김돈이는 어쩐지 속이 뒤틀렸습니다. 그런데 이 눈치 없는 남편이란 사람은 "내가 조카들은 참 잘 됐어. 어쩜 그렇게 공부를 잘하는 지 몰라."라며 조카를 칭찬하기 바쁜 겁니다. 정작 자기 아들은 때리기 바빴으면서 말이에요. 그래서 조카가 찾아오면 밥을 해야 했던 아내가 마음이 상해 자꾸만 도망을 친 것이 아닌가 싶습니다.

　　부부싸움, 하면 또 불륜을 빼놓을 수 없죠. 조선의 남성 양반들은, 자신이 원한다면 언제든 기생이나 노비와 '내가 하면 로맨스, 남이 하면 불륜'을 저지를 수 있었습니다. 50대를 훌쩍 넘은 중년의 부부에게 새로운 문제 거리가 생겼습니다.

—

1552년 10월 5일-29일
『묵재일기(默齋日記)』

5일, 아내가 밤에 여행길 숙소에서 있었던 일을 자세히 물었다. 나는 남편답게, 한 점 숨김없이 사실대로 '기생이 곁에 있었다.'라고 대답했는데, 갑자기 아내는 미친 듯이 화를 내기 시작했다. 그러더니, 아침이 되기 무섭게 나의 베개와 이불을 모두 칼로 잘라 불에 태워버렸다. 두 끼나 밥을 먹지 않으면서 온종일 내 욕만 해서 너무 미웠다.

6일, 오늘은 아내의 화가 조금 풀린 것 같다. 그런데 밥을 먹으면서 뭐라고 계속 중얼거렸다. 뭔 얘기를 하나 슬쩍 들어봤는데, "나는 왜 여자의 몸으로 태어나서 이렇게 살아야만 하는가. 나도 하고 싶은 일, 이루고 싶은 꿈이 참 많았는데, 어째서 이런 치욕을 참아가며 살아야만 하나?"라며 한탄하고 있었다.

29일, 아내의 화가 아직도 풀리지 않았다. 오늘은 노비 삼월이가 지난번에 아내에게 일러바쳤던, 내가 향복이를 방에 데려다놓고 지나친 장난을 쳤던 일을 다시 꺼내서 화를 냈다. 매우 부끄럽다.

유배객의 신분이었지만, 한때 잘나갔던 덕분에 인맥 하나는 빵빵했던 이문건. 그래서 비교적 자유로운 유배 생활을 할 수 있었습니다. 어느 날, 지역의 내로라하는 사람들과 모여 하룻밤 동안 기생과 함께 술을 마시며 신나게 놉니다.

그런데 아내가 이 일에 대해 자세히 묻자, 어차피 숨겨도 들통날 게 뻔했던 이문건은 사실대로 이야기합니다. 그러자 아내는 '극대노'하여, 이문건이 덮던 이불과 쓰던 베개를 갈가리 찢어 불태워버리죠. 살의 (殺意)가 가득한 행동에 이문건은 소스라치게 놀랍니다.

이문건은 평소처럼 시간이 지나면 조용히 지나갈 줄 알았지만, 아내 김돈이의 상처는 너무나도 컸습니다. 이문건의 일기에는 그날, 기생과의 '결정적인 사건'은 기록되어 있지 않습니다. 그런데 아내는 기생과 한 자리에서 같이 어울린 것만으로도 부부의 의리를 저버린 것이라고 생각했습니다. 게다가 전과도 있습니다. 지난봄, 남편이 노비 삼월이의 어린 딸 향복이를 방에서 희롱한 일을 생각하면, 이번이 두 번째 '불륜'이었던 것이죠.

한 달 뒤, 이문건은 또 사람들과 어울리며 놀다가 외박을 하게 됩니다. 그가 집에 돌아오자, 잔뜩 벼르고 있던 아내의 포성으로 부부싸움 2라운드가 개시됩니다.

1552년 11월 21일
『묵재일기(默齋日記)』

집에 들어가자마자, 아내가 화를 내면서 욕을 퍼부었다. 아내는, "그렇게 먼 곳으로 간 것도 아니면서, 어째서 밤에 집에 돌아오지 않고 기생이 잠든 남의 집에서 잘 수가 있어? 이게 나이 먹을 대로 먹은 노친네가 할 짓이야? 어떻게 된 게, 남편이란 사람이 아내가 속상해서 자지도, 먹지도 못하는 건 신경도 안 쓴단 말이냐고!"라고 쏘아댔다. 그 말을 듣자 듣자 하니까 나도 참을 수 없어 몇 마디 쏘아붙였더니, 점점 격해져만 갔다. 밤이 되어서야 물에 밥을 말아 먹고 누웠다. 아내도 피곤한지 옆에 누웠는데, 여전히 기생 '종대'를 들먹이면서 핀잔을 줬다.

이문건은 초대를 받아 다른 사람 집에서 하룻밤을 머물게 됩니다. 집주인은 기생들을 불렀지만, 이문건은 기생과의 동침을 거절하죠. 그런데 집에 돌아오자마자, 아내는 '별로 멀지도 않은데 어떻게 집에 안 돌아오고, 기생들이 있는 집에서 잠을 자냐?'라며 항의합니다. 이문건은 자기 딴엔 나름대로 지킬 건 지켰다고 생각했는데, 질타만 하는 아내에게 덩달아 화가 나 쏘아붙이고, 싸움은 더욱 격해집니다. 그렇게 간신히 싸움이 끝나는가 했는데, 아내의 입에서 '종대'라는 기생의 이름이 나옵니다.

사실, 둘 사이 문제의 핵심은 기생 종대였습니다. 아내가 모종의 루트를 통해 종대라는 기생의 존재를 알게 되었기 때문이에요. 심지어 차마 듣고만 있을 수 없는 이야기도 들었습니다.

—

1552년 11월 24일
『묵재일기(默齋日記)』

아내가 아픈 몸으로 내게 와서 말했다.

"듣자 하니, 기생 종대가 자신과 친하다면서 이제 자신은 당신에게 매인 몸이라는 얘기를 한다고 난리더라. 또 당신이 종대에게, '너를 부르는 소리만 들어도 가슴이 뛰고 설레는데, 어떻게 한 번을 날 찾아오지 않는 것이니?'라고 은밀히 말했다며? 아주 완벽히 작정하셨어?"

아내가 이렇게 어디서 주워들은 얘기로 쏘아붙이니, 너무 많아 다 기록하지 못할 정도였다. 이게 다 아내의 노비들이 이상한 풍문을 주워듣자마자 아내에게 쪼르르 달려가 쓸데없이 일러바치기 때문이다.

이 문제로 더는 싸우기 싫었던 나는, "비록 첩을 사랑했더라도 만일 당신의 마음에 상처가 된다면 끊는 게 옳은데, 하물며 동침하지도 않은 기생을 끊어내는 게 뭐가 어렵겠어. 다시는 나의 술 시중을 들지 말라고 전할게."라고 말했다. 그런데 아내는 멈추지 않고, "기생인데 어떻게 당신 옆에 꼭 붙어 있고 싶은 마음을 끊을 수 있겠어?"라며 의심과 질투를 멈추지 않았다.

아내 김돈이가 이토록 거칠고 예민하게 반응한 까닭은 하녀들이

默齋日記 壬子 十一月 二十四日

夫人狹病上來言今刻叔之傳言

終代誇與承旨親押至飾辭托承

旨喻教房勿呈難賓旦言承旨目

私謂找曰聞呼妓之聲心動不定

何不遠立遂示汝貌耶云如此

等詐辭甚多不勝錄至可駭也

須即即招致行首女妓教終代多

雜言今後更勿令盡准備可也事

果斷勇猛施令云云聞來不即怒

厭又不招致首妓極怒不食黃昏

冒來還下去不能留也蓋絞婢等

開難言以謂變怪也登時馳報于

內室室人性踈善妬聞輒加怒可笑

可憎也招億今傳告於夫人以謂難且眞

愛妾若傷心則可絕也況不矜賤妓哉

전해준 거리의 풍문 때문이었습니다. 기생 종대가 마치 이문건의 두 번째 부인이 된 것처럼 행세하면서, 이문건과 있었던 '베드 토크(bed talk)'를 자랑하고 다닌다는 소식을 들은 것이죠. 만약 이 소문이 사실이라면, 아내의 항의는 정당합니다. 그런데 이문건은 사실이 아니라며, 대꾸할 가치도 없다며 차가운 태도로 일관합니다. 오히려 쓸데없이 거짓 소문을 전하는 아내의 하녀들을 비난하죠.

하지만 이미 전과(?)가 있는 남편의 해명을 믿기 어려웠던 아내는 삶의 의욕을 잃습니다. 음식을 제대로 먹지도 못하고, 잠도 제대로 못 자면서 건강이 점점 악화하죠. 어느 날은 눈물을 펑펑 흘리며, 남편에게 "기생 종대가 보고 싶어서 나랑은 못 살겠지? 그렇지?"라며 우격다짐을 펴기도 합니다.

이문건은 날이 갈수록 수척해지는 아내의 상태를 걱정합니다. 그래서 며느리나 하녀에게 아내를 제대로 모시라며 혼을 내면서 엄한 곳에 화풀이를 하지만, 결국 본인이 풀어야 하는 문제임을 알았죠. 기생집 사장님과 남편, 그리고 아내 사이의 삼자대면이 벌어지고, 다시는 기생 종대가 이문건을 만날 일이 없다는 확약을 받고 나서야 이 일은 마무리될 수 있었습니다.*

10여 년 전만 해도, 영업 사원들은 이른바 '단란주점'에서 벌어지는 '접대'에 반드시 참석해야 하는 문화가 있었습니다. 가기 싫어도 억지로 가야 하는 남편의 사정과 그런 곳에 도대체 왜 가는지 이해할 수 없던 아내가 충돌하는 일도 잦았죠. 물론, 실제로 부부간에 지켜야 할 최소한의 의리를 저버리는 일이 발생하기도 했습니다. 이문건-김돈이 부

풍속화 「야연(野宴)」

―

서울 성곽이 보이는 근교에 모여 소고기 파티를 즐기는 사람들의 모습입니다. 여성들은 분명 기생인데, 남성들은 그리 높은 신분의 양반으로는 보이지 않네요. 서울 사람들은 겨울이 오면, 솥뚜껑과 비슷한 화로에 소고기를 구워 먹는 '난로회(煖爐會)'를 열었다고 합니다. 우리는 여름철에 굴다리 밑에서 삼겹살을 구워 먹었는데, 그들은 겨울에 모였던 것이죠. 그런데 엉거주춤한 자세로 잘 익은 고기를 냉큼 주워 먹는 파란 옷의 남성이 시선을 강탈합니다. 아마도 자리가 좁거나, 불편해서 그랬던 것이겠죠? 그러면서도 고기를 낚아채는 젓가락질에는 빈틈이 없습니다. 명절날, 친척들이 한자리에 모여 불고기 파티를 벌일 때, 저렇게 드시는 삼촌이 한 분 계셨는데요. 꼭 그 모습 같네요.

기방(妓房), 삶의 터전이자 유흥의 공간

19세기 기생들의 일상을 엮은 『소수록』에는 기생들의 심정이 잘 드러나 있습니다. 『소수록』에서 그들은 연인에 대한 사랑과 원망을 노래했고, 남들처럼 평범한 가정을 꾸리기를 꿈꾸며, 기생을 천대하면서도 기생을 쫓아다니는 양반 남성 중심의 사회를 꼬집고 있죠. 엄격한 윤리를 강조한 성리학의 나라였지만, 이상하게도 기방에 대한 직접적인 터치는 드물었습니다. 오히려, 나라에서 직접 기생을 관리하는 이중적인 면모를 보였죠. 이러한 모순적인 구조 안에서 기방은 기생에게는 삶의 터전, 남성에게는 유흥의 공간으로 유지되었습니다. 기생이 꼬집은 대로, 양반 남성들은 기생을 계속해서 불문율로 남겨두는 하위계층으로 존립시킨 것이죠. 오히려 윤리 권력을 독점하면서, 기생집을 찾는 행위가 비윤리적 행동이 아닌, 남성으로서 당연히 해야만 하는 문화로 만들어 버립니다. 이 점에서 이른바 현대의 '접대' 문화와 비슷한 맥락을 지닙니다.

부의 사례가 이와 비슷합니다. 이 시대까지만 해도 '일부일처'의 약속은 중요하게 여겨졌죠. 그래서 기생집을 가까이하는 일이 아무리 '바깥일'의 연장일지라도, 쉽게 받아들일 수 없는 '선 넘는 짓'이었던 셈입니다.

한편으론, 그 경위야 어찌 됐든, 한 편의 시트콤과 같은 부부싸움이 양반의 기록을 통해 남아 있다는 것 자체가 소중하고 값진 일입니다. 그들도 사람이니만큼, 아무리 '공자 왈 맹자 왈' 해도, 바가지를 긁히는 남편과 잔소리를 듣는 아내가 우리네의 일상처럼 공존했다는 것을 보여주는 중요한 기록이니까요.

침락정(枕洛亭)

—

김광계는 정치 상황이 좀처럼 녹록하지 않게 흘러가자, 정계 입문의 뜻을 버리고 자연인의 삶을 택합니다. 하지만 그 명성이 대단해서, 이 고을 지나는 모든 공무원이 한 번씩 그에게 인사를 하고 갔다고 하죠. 훗날, 청나라의 침입이 발생하자 그는 두 번이나 의병장을 맡았으나, 두 차례 다 싸워보지도 못한 채 의병을 해산했습니다. 침락정은 그가 세운 집으로, 의병 출신 선비들과 공부도 하고 회의도 하던 곳입니다. 안동댐이 건설되자 이 지역의 많은 고택이 현재 안동 군자마을의 위치로 옮겨졌습니다.

타인과의 다툼도 상당한 스트레스를 받는 일이지만, 더 피곤하고 곤란한 것은 한 집안 식구끼리의 다툼입니다. 특히, 지역에서 끗발 좀 날리는 집안이라고 항상 우애 있고 화목한 것은 아니죠. 김령과 김광계가 속한 광산 김씨 패밀리의 못 말리는 트러블메이커는 김광도였습니다. 이미 1장에서 고을의 이름 높은 어르신의 뒷담화를 하고 다니고, 과거를 보기 위해 담당 공무원을 두드려 패는 활약상을 소개한 바 있죠. 김령에게는 사촌형, 김광계에게는 삼촌이 되는 '쾌남 김광도'의 마이웨이의 조짐은 집안 모임에서부터 시작됩니다.

—

1605년 9월 1일-9일
『매원일기(梅園日記)』

2일, 아침에 일어나서 숙취로 머리가 깨질 것 같았다. 집안사람들이 모여 늦은 밤까지 술을 마시다 모두 뻗었던 어제 일이 너무 후회되었다. 매번 술 때문에 이런 고생을 하면서도 또 같은 실수를 저지르다니. 그런데 어젯밤, 광도 삼촌이 "야, 이 얼빠진 놈아. 행실을 똑바로 해야지, 언제 정신 차릴래? 우리 집안이 어떤 집안인데!"라면서 별 상관도 없는 일로 트집을 잡아 시비를 걸었던 것이 떠올라, 영 찜찜한 기분이 들었다.

9일, 오늘도 동네의 집안사람들이 모두 술병 하나씩을 들고 모여 축제를 즐겼다. 술이 거나하게 취했을 때, 집안 어르신들끼리 "그때 네가 나한테 실수했다."라거나, "형님도 우리한테 그랬잖아요."라면서 싸

윘다. 그런데 갑자기 광도 삼촌이 나를 가리키며, "인마, 너는 노비들을 그딴 식으로 관리하면 안 되지. 하여간 매사 하는 짓이 그렇게 멍청하냐. 그따위로 할 거면 아예 관둬라, 관둬!"라는 등 온갖 욕을 다 했다. 갑자기 튄 불똥에 어이가 없었는데, 삼촌이 하는 얘기는 더 어이가 없어서 기분이 너무 안 좋았다.

삼삼오오 술병 하나씩 들고 모여 '부어라 마셔라!' 잔치를 벌입니다. 보통 선비들의 술자리는 격식을 차릴 때도 있지만, 볼 꼴도 못 볼 꼴도 다 본 집안 식구끼리니까, 허리띠도 다 풀어버리고 미친 듯이 달리죠. 2차는 막걸리로 달리더니, 3차는 아예 소수정예로 늦은 밤까지 마셔서 모두 뻗게 됩니다. 그런데 이 자리에서 김광도는 김광계에게 심한 잔소리를 하죠. 김광계는 영 기분이 안 좋았지만, 윗사람에게 대드는 것도 못 할 일이라 그냥 참고 넘깁니다.

일주일 뒤, 집안사람들이 모여 또다시 거나한 술판을 벌입니다. 그런데 이번엔 각자 쌓인 게 많았는지, '갑자기 분위기가 싸해지며' 즐겁던 술판이 치열한 싸움판으로 바뀌죠. 그런데 불똥이 김광계에게 튑니다. 광도 삼촌이 또, 술에 잔뜩 취해서 김광계에게 트집을 잡아 상소리를 펼친 것이죠. 도대체 뭐가 그리 마음에 안 들었는지 모르겠지만, 진짜 중요한 얘기라면 맨정신에 하는 게 맞을 텐데, 아무래도 그냥 '감정 쓰레기통'이 필요했던 것 같네요. 만만한 조카, 김광계를 재물 삼아서요. '맨정신에 못 할 얘기는 술 마셔도 하지 말라.'는 격언이 조선에는 없었던 걸까요? 이렇게 서로서로 옛날 일을 들춰 '네가 잘났네, 내가 잘났네' 하며 싸우는 모습, 꼭 식구들이 모두 모여 즐거운 고스톱, 혹은 윷

김후신 작,
「대쾌도(大快圖)」

―

술에 잔뜩 취해서 하이(high)한 양반과, 그를 말리는 친구들의 모습이 담겨 있습니다. 상태를 보니, 이미 몽롱한 정도가 아니라 술에 절었군요. 조선은 술의 나라입니다. 온갖 종류의 술, 온갖 장소에서, 온갖 이유를 갖다 붙여서 마셨죠.『필원잡기(筆苑雜記)』에 술과 관련된 재밌는 일화가 있습니다. 술을 싫어해서 술 권하는 신하들과 싸웠던 세종은, 윤회라는 신하에게 "하루에 딱 석 잔만 마시라."는 명령을 내립니다. 하지만, 임금의 명령을 지키면서도 마음껏 취하고 싶던 윤회는 아예 세숫대야에 술을 받아 석 잔을 마셨습니다. 양으로 따지면, 오히려 이전보다 더 많이 마신 셈이죠. 그 얘기를 들은 세종이 웃으며 말합니다. "술을 조심하라고 시켰더니 오히려 술을 권한 꼴이 되어버렸구먼."

군자(君子) 인플레이션이 벌어진 광산 김씨 패밀리

안동 예안의 오천리는 광산 김씨 예안파가 500여 년 동안 동고동락한 마을입니다. 이곳에는 일곱 명의 군자가 있었는데, 다섯 명의 광산 김씨(김부필, 김부의, 김부인, 김부신, 김부륜)와 두 명의 봉화 금씨(금응협, 금응훈)였죠. 이들은 모두 유학자들의 교장 선생님, 이황과 함께 토론하며 학문을 키워나갔던 황금 세대였습니다. 당시의 수령이 "오천 마을에는 군자 아닌 사람이 없다."라고 칭찬한 뒤로, 이들은 지역의 여론을 주도하는 스피커가 되죠. 이들은 개인적으로도 엄격히 수양하면서 나라를 걱정하는 선비의 자세를 꼿꼿이 세우는 삶을 살았습니다. 이들의 바로 다음 세대가 김령, 김광계, 김광도 등입니다. 군자들 집안에도 사고뭉치가 있었다니, 역시 빛이 있으면 어둠도 있는 법일까요?

놀이를 하다가, 갑자기 집안싸움으로 번지는 우리 시대의 명절날 모습 같습니다.

광산 김씨 패밀리*의 콩가루 히스토리는 4년 뒤 또 이어집니다.

—

1609년 7월 4일
『매원일기(梅園日記)』

광도 삼촌네 종이 갑자기 달려와, "선생님, 선생님! 큰일 났습니다. 저희 주인어른께서 선생님을 찾으십니다. 얼른 나와 주세요!"라고 사

212

정사정하기에 나도 정신없이 그의 뒤를 따라 광도 삼촌 댁으로 향했다. 헐레벌떡 들어가 보니, 사촌 광업 형이 자신의 삼촌인 김호 어르신께 따지는 소리였다.

"삼촌, 아무리 제가 조카지만, 이건 너무 심한 것 아닙니까! 어떻게 삼촌이 되어서 일을 이렇게 하실 수 있습니까? 하늘에 계신 저희 아버지께서 살아 계셨으면, 삼촌을 가만두지 않으셨을 겁니다!"

그러자 김호 어르신은 "이 예의도 모르는 놈아! 네가 그러고도 양반이냐? 상놈도 너보다는 나을 것이다. 내가 당장 고소장을 관아에 제출하러 갈 것이다!"라며 뒷목을 잡고 노발대발하셨고, 주변에 모인 집안 어른들은 어르신을 말리기 위해 애쓰셨다. 집안 어른들의 설득 끝에, 광업이 형은 매 50대를 맞는 것으로 퉁쳤다.

어떤 이유 때문인지는 모르지만, 김광계의 사촌 형 김광업도 삼촌이자 김광도의 아버지인 김호에게 계급장을 떼고 '돌직구'를 던지는 초유의 사태가 벌어집니다. 김호는 뒷목을 잡으며 그를 고소하려 하지만, 이 일이 알려지면 집안의 수치가 된다는 다른 사람들의 설득으로 곤장을 치는 것으로 합의합니다.

그러나 사태는 여기서 끝나지 않았습니다. 명탐정 코난처럼 동네의 사건 사고에 안 끼는 데가 없는 김광도가 빠지면 서운하죠.

—

1609년 7월 5일~6일

『매원일기(梅園日記)』

5일, 금응훈 어르신이 '윗사람을 모욕하는 사람이 동네에 있는데도 어떻게 우리는 모르고 지냈는가. 한탄스럽다.'라는 문서를 돌렸는데, 옆 동네의 한 유생들과의 갈등을 처리하기 위해 보낸 문서였다. 그런데 광도 형은 그 문서를 보더니, 느닷없이 "이 문서는 누가 봐도 나를 욕하는 문서잖아! 나도 더 이상은 못 참는다."라며 화를 내면서, 사람들을 만나며 금응훈 어르신의 뒷담화를 신나게 하고 다녔다. 그 꼴을 보고 있는 내 마음은 창피해서 얼굴을 들 수 없을 지경이었다.

6일, 아침을 먹으며 오늘은 무사히 지나가길 바랐건만, 아침부터 광도 형네 노비가 "선생님, 또 큰일 났습니다! 한 번 더 와주세요!"라고 난리를 피웠다. '이번에는 또 무슨 일인가. 이미 집안 꼬락서니가 최악인데.'라는 마음으로 무거운 발걸음을 옮겼더니, 상상조차 하기 힘든 끔찍한 일이 벌어지고 있었다. 광도 삼촌이 광업 형에게 싸대기를 날리고 있었던 것이다!

"야, 이 싹수없는 놈아. 네가 감히 우리 아버지를 욕보이고, 이젠 나까지 금응훈 그 음험한 노인네한테 팔아넘겨? 좋다, 좋아. 오늘 너 죽고 나 죽자!"

광도 삼촌은 이렇게 말하며 인정사정없이 광도 형의 뺨을 때리는데, 정말 악마 같고 짐승 같은 모습이었으며, 내뱉는 말은 차마 들을 수 없을 지경이었다.

214

광산 김씨 패밀리의 7월은 어떤 의미로 '가정의 달'이었습니다. 집안에서 일어난 크고 작은 사건들이 어떤 의미로 가정의 소중함을 깨닫게 했으니까요. 김광업이 삼촌에게 웃어른에 대한 공경은 헌신짝처럼 내버리고 대들었던 다음 날, 김광도는 동네 사람들의 절대적 지지를 받는 '리빙 레전드', 금용훈의 뒷담화를 본격적으로 하기 시작합니다. 원인은 금용훈이 다른 의도를 갖고 보낸 문서 때문인데, 본인을 책망하는 문서가 아님에도 도둑이 제 발 저리듯, 괜히 찔렸던 김광도는 루비콘강을 건너고 말죠.

옆집 꼬꼬닭이 달걀을 몇 개 낳았는지까지 다 아는 조선의 시골 사회에서 이 대담하고도 패기 있는 행동이 금용훈 귀에 들어가지 않을 리가 없습니다. "김광도가 금씨 어르신 욕을 그렇게 하고 다닌다더라."라는 얘기가 곧 파다해지는데, 당장 금용훈에게 달려가 "어르신, 제 의도는 그런 것이 아닙니다. 잘못했습니다."라고 싹싹 빌어도 시원치 않을 판이었죠. 그러나 김광도는 또 한 번 무리수를 던집니다. 김광업이 자신을 금용훈에게 팔아넘겼다고 넘겨짚고선, 선비와 양반의 체면 따윈 벗어버리고 김광업의 빰을 향해 시원하게 풀스윙을 날리죠. 지켜보던 김광계는 충격과 공포에 젖습니다. 결국, 김광도는 삭적을 당하며 "천하의 몹쓸 놈"이라는 인증 도장을 꽝 받게 되죠. 그런 사고뭉치를 지켜보는 가족들의 버릴 수도, 품을 수도는 복잡한 마음이 김광계의 일기에서 느껴집니다.

이번 장에서는 가족 간에 일어났던, 사소하면서도 삶의 질을 뚝뚝 떨어뜨리는 여러 갈등을 다뤄봤습니다. 아버지와 자녀, 할아버지와 손자, 남편과 아내, 그리고 가족을 너머 친족 사이에서 벌어지는 온갖 갈등까지, 그 아웅다웅하는 이야기는 심각하게 느껴지면서, 또 한편으론 왜인지 모를 웃음을 유발하기도 합니다.

그 까닭은 아마도, 우리가 익히 아는 '누군가'가 자꾸 오버랩되기 때문인 것 같습니다. 회초리를 들고 방문을 벌컥 여시던 아버지, 안경 위로 눈을 치켜뜬 채 못마땅한 표정으로 바라보시던 할아버지, 부부싸움을 할 때면 늘 본인의 가슴을 탕탕 치시며 신세 한탄을 늘어놓으시던 어머니, 친척이 모두 모인 명절 때마다 끊이지 않는 말실수로 삼촌들의 대책 회의를 유발하던 사촌 형의 모습이 자연스레 떠오르죠. 한참 시간이 지나면, 추억, 혹은 알싸한 생채기로 남은 기억으로 그리움의 향기를 머금은 웃음을 짓게 하기도 합니다.

그런데 막상 그때는, 다시는 그 얼굴을 바라보기 싫을 정도로 밉죠. 그러나 우리는, 미운 정보다 더 깊은 고운 정 때문에, 가족을 떠나보내는 것을 너무나 어려워합니다. 가족을 가족으로 엮어주는, 알뜰살뜰 쌓아올리는 조선 패밀리들의 고운 정 이야기는 다음 장에서 펼쳐보겠습니다.

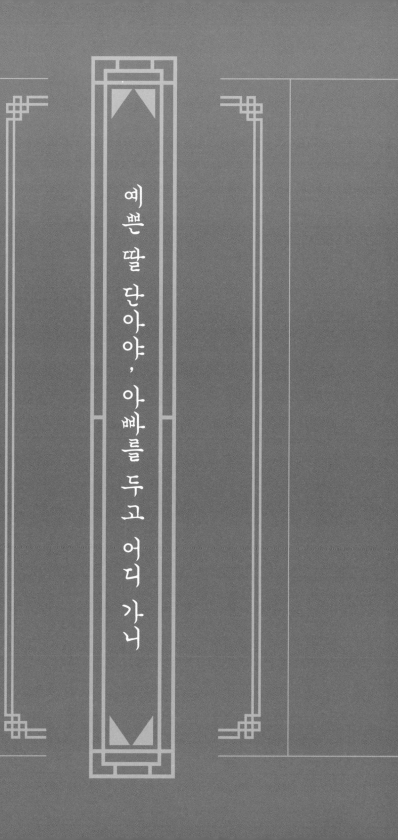

예쁜 딸 단아야, 아빠를 두고 어디 가니

우리는 더럽고 치사한 사회생활을 하는 이유를 가족에서 찾습니다. 하루도 늦지 않고 찾아오는 대출금 독촉 문자, 사소한 이유로 온갖 트집을 잡는 상사의 갈굼, 끼니도 거르고 건강을 해치며 억지로 버티는 야근 등, 셀 수조차 없는 난관들이 매일매일 파노라마처럼 펼쳐집니다. 당장이라도 사직서를 내고 싶은 순간이 올 때, 비상구 계단에 쭈그려 앉아 메신저 프로필 사진으로 걸어둔 아이의 사진을 슬쩍 본 후, "애 때문에 산다."라며 너털웃음을 짓고 다시 걸음을 옮기죠. 아이의 행복한 웃음을 위해서라면, 팔불출 '아들 바보' '딸 바보'가 되는 것도 두렵지 않습니다.

그런데 조선의 아빠들 또한 '아들 바보' '딸 바보'가 되기를 마다하지 않았습니다. 가정 내에 엄격한 위계를 세우고 각자의 명확한 역할을 요구하던 그들이었지만 '아빠의 마음'만큼은 역사 속의 모든 아버지와 다르지 않았지요. 지엄한 존재인 왕도, 열띤 철학적 논의를 펼치는 사대부도, 새벽부터 소를 끌고 논으로 나가는 농부도, 천하디천한 신분의 노비조차도 자식을 위해서라면 자신마저 버릴 준비가 되어 있었습니다. 자녀들이란 세상의 그 무엇과도 바꿀 수 없는 존재니까요.

가족에 대한 사랑은 나와 내 가족, 그리고 공동체에 심각한 위기가 닥쳤을 때 더 짙어집니다. 아침에 눈을 뜨면 오늘은 무사히 살아남을 수 있을지 걱정해야 하는 전쟁 중의 상황이라면 더욱 그렇죠. 임진왜란이 발발하자 홀로 피난을 떠났다가, 9개월 만에 가족을 다시 만나게 된 오희문(吳希文, 1539~1613)의 사정을 『쇄미록(鎖尾錄)』을 통해 읽어보겠습니다.

1592년 12월 16일
『쇄미록(鎖尾錄)』

오늘 드디어 어머니가 피난해 계신 곳에 갈 수 있었다. 내가 집 앞에
도착했을 때, 어머니는 나를 보자마자 눈물을 흘리시며, "아들, 내 아
들아. 다시는 너를 못 만나는 줄로만 알았어. 살아 돌아왔으니 정말
다행이야."라고 하셨다. 그 모습을 보자 나도 저절로 눈물이 흘렀다.
소매가 다 젖을 정도로 울고 말았다. 갑자기 전쟁이 터지고 어머니와
내가 각각 떨어져 있어, 생사도 모르고 지낸 지가 아홉 달이나 지났
다. 그런데 이렇게 어머니의 얼굴을 뵐 수 있게 되다니. 게다가 어머
니와 아내, 형제, 자매가 모두 무사했다. 정말 기적 같은 일이다.

1592년 4월(음력), 임진왜란이 발발합니다. 이에 자산 관리를 위
해 가족을 떠나 혼자 경상도에 내려와 있던 오희문은 전쟁의 소용돌이
에 정통으로 휘말려요. 사람들과 함께 깊은 산속으로 들어갔지만, 왜군
은 피난민들이 숨어 있는 골짜기까지 올라왔습니다. 오희문은 시시각각
다가오는 죽음의 그림자를 느끼면서 간신히, 간신히 생존합니다. 그러
고는 수소문 끝에 찾은 가족을 다시 만나게 되지요.*

느닷없이 몰아친 전쟁의 위협 속에서도 가족이 모두 무사했던 것
은 정말 큰 행운입니다. 가족들과 만나기 전날 밤, 오희문은 사람들과
모여 술자리를 가졌는데요. 그 자리에서 산속에서 포위당했던 사람의

『병자일기』

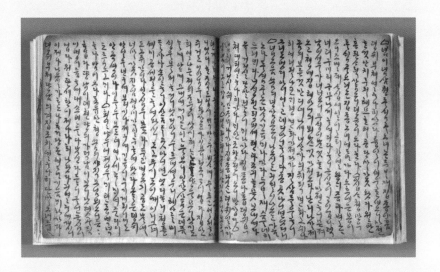

—

『병자일기』에는 남한산성이 포위된 그날, 서울에서 벌어진 대혼란의 모습이 생생히 그려집니다.

1636년 12월 16일~17일

저물녘, 일봉이가 남한산성에서 나와 남편의 편지를 가져왔다.

"여보. 심각한 상황이야. 짐 꾸릴 생각은 아예 버리고 당장 제천으로 피난 가."

그날 밤, 신탁이와 대복이를 앞세워 피난을 시작했다. 덕생이도 울면서 죽어도 따라가겠다고 난리였지만, 만삭의 몸으로 피난길에 아이를 낳으면 죽을까 걱정돼 다른 쪽으로 보냈다.

날이 새도록 길을 가는데 서리와 눈이 끝없이 내렸다. 중간에 우리 군사들을 만나 길을 돌았는데, 따라오던 종 열 명이 우리를 놓쳐 찾을 수 없었다. 길마다 피난하는 사람들은 끝이 없고, 여러 개의 길 중 어떤 길을 택해야 하는지 몰라 발을 동동 구르며 애를 태웠다. 또 어떤 이는 우리의 계획을 듣고, "적들이 이미 제천으로 갔으니, 그쪽으로 갈 생각은 빨리 버리세요."라고 했다.

조선의 피난 일기들

참혹한 전쟁 속에서 사대부와 그의 가족들은 일기에 자신의 하루하루를 적었습니다. 이순신의 『난중일기(亂中日記)』와 류성룡의 『징비록(懲毖錄)』이 공무원의 시선에서 전쟁을 다룬 유명한 기록이라면, 『쇄미록』이나 도세순(都世純, 1574~1653)의 『용사일기(龍蛇日記)』는 피난민의 시선에서 임진왜란을 바라본 것으로 보통 사람이 겪어야 했던 전쟁의 참혹한 실상을 증언해줍니다. 또한, 노부인 조애중(曺愛重)은 병자호란이 발발한 때부터 심양에서 남편이 돌아올 때까지 4년간 한글 일기를 썼습니다. 전쟁은 존재를 한없이 작게 만들지만, 각각의 존재들은 몸부림치면서, '내가 여기 있었노라.'라고 아우성을 쳤습니다. 그 아우성의 흔적이 전쟁 일기입니다.

가슴 아픈 사연을 듣게 됩니다. 그의 아버지는 탄환에 의해 사망했고, 그 형의 아내는 스스로 생을 끊었으며, 그 아우의 아내는 물에 빠져 사망했고, 그의 아내 역시 어린 아들을 안고 물속에 빠졌다가 간신히 살아났다는 얘기를 듣죠. 그만큼, 죽음은 산 사람의 사정과는 관계없이 언제 어디서든, 누구에게든 찾아오는 시대였습니다.

홀로 피난하던 시기, 굶주림에 시달려 정신이 안드로메다로 떠나려 했던 순간마다 그를 깨운 것은 가족의 존재였습니다.

1592년 5월
『쇄미록(鎖尾錄)』

이 난리에 피난 가느라 가족들은 얼마나 고생하고 있을까. 너무 착한 두 딸은 집이 가난해 먹거리가 없을 때도 항상 자기 것을 양보하는 아이들이라 내가 항상 사랑했고, 막내딸 단아는 너무 귀여워서 내가 너무나도 사랑했는데, 녀석의 고운 마음과 눈매가 자나 깨나 보인다. 아들놈은 성질이 게으르고 부지런하지 못해 지난번 심하게 회초리로 때렸는데, 이제 와 그 일을 후회해봐야 아무런 소용이 없구나.

딸에게는 한없이 바보이면서 아들에게는 엄격한 것이 아빠들의 '국룰'일까요. 산속 은신처에 쪼그려 앉아 붓으로 한 자 한 자 적어나가며 가족들의 얼굴을 떠올려봅니다. 딸들에게는 사랑스러움을 숨김없이 표현하면서도 '영 시원치 않아 보이는' 아들에게는 회초리를 들고 말았던 지난날을 후회하면서요. 이러한 온도 차이는 딸과 아들이 가족 내에서 요구받는 기대와 사회적으로 요구받는 기대가 달랐다는 것을 압축적으로 보여줍니다.

천신만고 끝에 가족과 다시 만난 후, 그의 피난 생활에서 가장 즐겁고 행복한 시간으로 남은 것은 막내딸 단아와 함께하는 평온한 일상입니다.

—

1596년 10월 4일
『쇄미록(鎖尾錄)』

아침부터 아내가, "당신은 어떻게 된 게 집안일은 하나도 안 돕고 밖으로만 쏘다니는 거야? 아니면 퍼질러 앉아 있기만 하고."라고 잔소리를 해서 말싸움을 했다. 어휴, 진절머리가 난다.

—

1593년 10월 19일
『쇄미록(鎖尾錄)』

어제 낮에 단아에게, "단아야. 가서 아빠 벼루 좀 가져오렴."이라고 심부름을 시켰다. 단아는 종종걸음으로 벼루를 가져오다가 그만 벼루를 떨어뜨려 깨뜨리고 말았다. 그 벼루가 어떤 벼루인데, 삼십 년 전 아버님께서 얻으시고 전쟁 중에 남은 유일한 유품인데, 이제 사라지고 만 것이다. 나는 그만 너무 화가 나, "이 녀석! 그 벼루가 어떤 벼루인지 알아?"라고 윽박지르며 단아를 꾸짖었다. 그랬더니 단아가 놀라고 무서웠는지, 훌쩍이다가 이내 대성통곡을 하는 게 아닌가? 우는 아이의 모습을 보니 후회와 안타까움이 동시에 밀려들었다.

—

1593년 11월 18일, 1594년 3월 15일
『쇄미록(鎖尾錄)』

요즘은 도통 무료해서 단아와 추자 놀이를 하며 지루함을 달랬다.
단아와 함께 지팡이를 짚으며 뒷동산에 올라 같이 고사리를 꺾었다.
즐거운 하루였다.

언제 끝날지 알 수 없는 피난 생활, 양반은 실존적 위기를 겪습니다. 이미 60이 가까운 나이, 칼을 잡고 전쟁터로 나갈 수도 없고, 예전처럼 전국 방방곡곡을 다니며 자산 관리를 하는 것은 불가능했죠. 마치 정년 은퇴 후, 온종일 리모컨을 붙잡고 소파와 물아일체 하시는 아버지의 모습처럼, 오희문 역시 아내의 잔소리를 뒤로한 채 방구석에 앉아 글 쓰는 일 외에는 할 일이 없습니다.

이 상황에서 아빠의 무료함을 달래주는 건 귀엽고 사랑스러운 막내딸 단아밖에 없습니다. 단아와 보드게임을 하면서 시간을 보내기도 하고, 때로는 "아빠. 조심해서 올라오세요."라는 딸의 목소리를 들으며 지팡이를 짚고 산에 올라 함께 고사리를 꺾습니다. 선친이 남겨주신 소중한 벼루를 깨뜨린 단아에게 호되게 소리를 질러 울리고는, 우는 딸아이의 모습을 보며 후회하기도 합니다. 이것이 틈날 때마다 갓끈 고쳐매는 양반의 모습인지, 늦둥이를 키우는 옆집 김씨 아저씨의 모습인지 헷갈리기까지 합니다.

이러한 모습은 조선 중기의 사회상이 비교적 덜 가부장적이었기에 가능했던 것 같습니다. 그렇다면, 가부장적인 분위기가 절정에 달했던 19세기의 아버지는 어땠을까요? 시골 사람들의 '텃세'에 시달리던 처량한 유배객, 심노숭의 일기를 읽어보겠습니다.

—

1802년 4월 6일, 1801년 3월 24일
『남천일록(南遷日錄)』

이 세상에 남은 나의 흔적이라곤 이제 딸 아이밖에 없다. 아내가 죽은 이후, 내가 하루라도 더 살아야 하는 이유는 오직 딸의 결혼을 책임져야 한다는 것뿐이다. 지금 당장이라도 세상을 떠나고 싶지만, 연로하신 어머니와 여린 딸을 누가 책임질 것인가.

불닭볶음면을 먹은 것처럼 눈물 나게 매운 유배 생활. 수령과 아전, 그리고 시골 사람들의 멸시와 치욕을 참아내야 하는 이유는 세상에 남은 유일한 혈육, 딸아이를 지키는 일밖에 없습니다. 1남 2녀가 모두 요절하고 외동딸만 남은 상황이니까요. 자신의 삶은 이미 틀렸지만, 딸 아이만큼은 좋은 사람, 좋은 집안과 결혼시켜 행복한 삶을 살아가기를 바라는 마음뿐입니다. 그래서 집을 떠나던 날, 딸 아이가 했던 말을 인내의 약을 마시듯 다시 삼킵니다.

—

1801년 3월 4일
『남천일록(南遷日錄)』

말 위에서 올려다보니, 초승달이 서쪽 하늘에 떠 있었다. 우리 집에서는 지금 저 달이 서쪽 두 그루의 삼나무 위에 걸려 있겠지. 동생은 어머니를 모시고 내 딸과 마주 앉아, 분명 내가 어디쯤 가고 있는지 얘기하고 있을 것이다.

헤어지는 날, 사랑하는 딸은 나의 소매를 잡고 흐느끼면서, "아빠. 달이 뜨면 저는 달을 보면서 아빠를 부를 거예요. 아빠도 달을 보고 저를 불러보세요."라고 말했더랬다.

이 생각을 하자, 나도 모르게 눈물이 주르륵 흘렀다. 나는 무슨 죄를 지었기에, 어린 딸을 이토록 슬프게 만든 것인가.

딸과 이별하는 순간을 되새기는 심노숭의 회상은 마치 드라마의 한 컷 같습니다. "자, 갈 길이 멉니다. 어서 길을 떠납시다."라는 호송인의 재촉 앞에서, 조금이라도 아버지의 모습을 눈에 더 담고 싶었던 딸은 심노숭의 옷깃을 잡고 놓지 않은 채 눈물을 주룩주룩 흘립니다. 처량한 모습으로 유배길을 가던 도중, 가늘게 뜬 초승달을 보면서 '달을 볼 때마다 저를 생각하세요.'라던 딸 아이의 말을 기억해냅니다. 언제 어디서든 뜨는 달, 어디에 있든 같은 모습을 볼 수 있는 달이기에, 심노숭의 시대에도 지금의 우리에게도 달은 그리움을 상징하는 매개가 될 수 있나 봅니다.

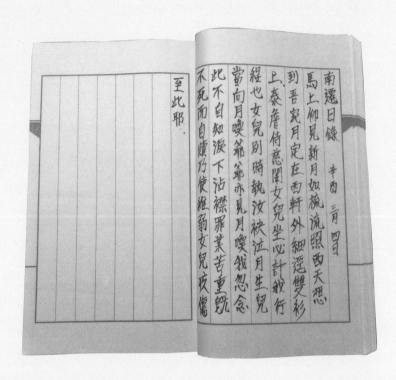

南遷日錄 辛酉 三月 四日

馬上仰見新月如梳流照西天想

到吾家月定在西軒外細遲雙衫

上泰詹侍慈闈女兒坐必計我行

程也女兒別時執汝袂泣月生見

當向月喚爺爺亦見月喚我忽念

此不自知淚下沾襟罪業苦重既

不死而自瀆乃使稚弱女兒夜傷

至此耶.

이렇듯, 딸의 결혼은 아버지라는 의무를 짊어진 이들의 일생에서 가장 먼저 손꼽을 만한 중대사였습니다. 딸을 떠나보내는 심정은 어떤 것일까요? 첫째 딸의 혼사를 치르는 오희문의 마음을 읽어보겠습니다.

—

1594년 8월 20일~21일
『쇄미록(鎖尾錄)』

20일, 아내와 딸, 그리고 딸의 동생들이 서로 붙잡고 눈물을 흘리며 "딸아. 행복해야 한다." "어머니, 항상 평안하게 계세요." "언니, 잘 살아야해. 꼭이야."라는 인사를 나누는 것을 보니, 내 마음도 너무 슬펐다.

나는 높은 언덕에 올라, 딸을 태운 배가 멀리 떠나가는 것을 지켜보았다. 배는 점점 작아져 가는데, 멀어지는 배를 바라보자니 눈물이 멈추지 않는다. 아무리 닦아도 소용 없었다.

21일, 사돈의 어머님께서 우리 딸을 보고 "얘야, 너무 예쁘구나. 어쩜 이렇게 바르고 예쁘게 자랐니?"라며 기뻐하셨다고 하고, 사돈의 집안 사람들 모두 아름다운 신부가 가족이 되었다고 칭찬한다고 하니 그나마 위로가 된다. 그러나 과연 그 평가가 계속될 수 있을지는 모를 일이다. 그래도 사돈은 내가 고립되었을 때, 함께 삼 일 동안을 걸어 무사히 빠져나왔던 사이다. 함께 간신히 살아남은 사이인 만큼 우리 딸을 나쁘게 대하지는 않을 것이다.

살벌한 전쟁 소식이 매일매일 들려오지만, 그래도 어떻게든 살아가야만 하죠. 첫째 딸이 결혼할 때가 다가오자, 오희문은 전쟁 중임에도 좋은 혼사처를 찾기 위해 분주히 움직입니다. 한 치 앞도 알 수 없는 전쟁의 시대, 아무나와 결혼을 시켰다가는 간, 딸이 전쟁에 휘말릴지도 모를 일입니다.[*] 그러나 오희문 역시 일용할 양식을 마련하는 것도 버거울 만큼 가난했기에 그다지 좋은 혼사 자리가 들어오지 않습니다.

　　그러던 와중, 아들의 친구이자 한때 자신과 고된 피난길을 함께 했던 함열 태수 신응구(申應榘, 1553~1623)가 첫 아내를 떠나보냅니다. 신응구는 이미 중년의 나이였고, 게다가 두 번째 부인을 맞이하는 터였지만, 이미 중앙 정계에서 제법 이름을 날리던 주목받는 인재였습니다. 게다가 경제적으로 여유가 있었죠. 또한, 최전방에서 싸우는 사람도 아니므로, 딸이 전쟁에 휘말릴 염려도 없었습니다. 이리 보고 저리 봐도

이문건의 손녀, 숙희와 숙녀의 결혼

이문건은 손자 숙길의 양육과 함께 손녀들의 결혼에도 전력을 다했습니다. 말괄량이였지만, 공부를 좋아해 숙길을 가르칠 정도로 똑똑해 이문건의 사랑을 독차지했던 맏손녀 숙희는 15세에 동갑내기 꼬마 신랑 정섭(鄭涉)과 결혼하는데, 정섭은 어린 나이에 가족과 떨어져 처가에서 살았기 때문에 매일 밤 울면서 집에 보내달라고 이문건에게 사정했습니다. 한편, 숙녀는 장래가 창창했던 송상현(宋象賢, 1551~1592)과 결혼합니다. 그러나 송상현은 임진왜란이 발발하자 동래성을 지키다 참혹하게 전사하죠. 숙녀는 송상현이 전사한 후 26년간 홀로 가정을 지키며 살아갑니다.

숙녀의 묘(위)와 송상현의 묘(아래)

—

이상하게도 송상현과 함께 묻힌 사람들은 송상현과 함께 사망한 여성과 송상현에 대한 수절을 지킨 여성입니다. 숙녀는 이들과 1킬로미터 떨어진 지점에 묻혔죠. 이유는 알 수 없지만, 아마도 송상현과 두 여성에 관한 이야기가 충절(忠節)의 레전드처럼 되었기에, 스스로 한 발 떨어진 삶을 선택한 것이 아닌가 싶네요.

「회혼례도(回婚禮圖)」

—

예전엔 결혼이 인간의 생애를 결정짓는 가장 중요한 분기점이었죠. 그래서 조선에도 '리마인드 웨딩', 즉 회혼례(回婚禮)가 있었습니다. 결혼 후 60년 동안 함께할 수 있었다면, 노부부는 결혼식 옷을 다시 입고 자손과 친척 앞에서 혼례를 치릅니다. 평균수명이 지금보다 훨씬 더 짧았던 조선 시대에 60년 동안 이나 함께 결혼 생활을 유지할 수 있었다는 것은 무척 축하받을 일이었죠. 그나마 남성은 언제든지 재혼할 수 있었지만, 여성은 재혼이 어렵다는 점에서 딸 가진 아버지들은 더 심혈을 기울여 결혼 상대를 물색했습니다.

이보다 더 좋은 남편감을 찾기 어려웠던 오희문은 속전속결로 혼담을 진행합니다. 혼수를 비롯한 비용 대부분을 신응구가 부담하면서 결혼이 진행되었고, 딸 아이는 시댁으로 떠나게 됩니다.

양가가 모두 만족하는 '꽤 괜찮은 결혼'이었지만, 혼수를 많이 준비하지 못한 아버지 오희문의 마음은 착잡합니다. 떠나는 날, 아내와 식구들이 모두 모여 첫 딸과 석별의 정을 나누는 모습을 뒷짐 진 채 훔쳐보죠. 이윽고 딸을 실은 배가 멀리 떠나가자, 그 모습을 오랫동안 지켜보며 남몰래 눈물을 흘립니다. 결혼식장에서 신랑의 손을 잡고 퇴장하는 딸의 뒷모습을 지켜보는 우리 시대의 아빠처럼요. 이후, 사위 신응구는 오희문 집안의 든든한 조력자가 되어줍니다.

기쁘고도 슬픈 날이지만, 이렇게 딸의 혼사를 직접 챙길 수 있는 것만으로도 다행스러운 일이었습니다. 딸을 위해 살아가지만, 정작 딸에게 아무것도 해 줄 수 없었던 심노숭의 마음은 타들어 갑니다.

─

1802년 4월 23일

『남천일록(南遷日錄)』

딸아이의 결혼식이 내일이라고 들었다. 늦은 밤, 방에 홀로 누워 있다 보니, 딸아이가 곱고 예쁜 결혼식용 비단옷을 입은 모습이 떠올랐다. 딸아이가 행복한 결혼 생활을 해야 할 텐데, 너무 걱정스러워서 잠을 이룰 수가 없었다.

1802년 9월 10일
『남천일록(南遷日錄)』

딸아이의 결혼식이 치러진 후, 내 마음은 두 개로 나뉘었다. 한편으로는 빚을 모두 갚아버린 듯하고, 한편으로는 새로운 걱정거리가 더 늘어났다. 딸아이는 지금 잘 지내고 있을지, 시집살이가 쉽지 않을 텐데 상처받고 있는 것은 아닌지 너무 걱정스러웠다. 잘하고 있을 것이라고, 내가 할 수 있는 것은 지금 유배 생활을 무사히 견디는 것뿐이라고 스스로를 다독였지만, 하루에서 수십 번 걱정하는 마음과 다독이는 마음이 내 안에서 충돌했다.

눈에 넣어도 안 아플 예쁜 딸의 결혼은 아빠인 심노숭이 아니라, 심노숭의 동생이 주관했습니다. 이문건의 예처럼, 일부 유배객은 아예 가족과 함께 유배를 떠나는 예도 있었습니다. 다만, 삶의 터전을 아예 옮길 각오를 해야만 가능한 것이었죠. 심노숭은 달랐습니다. 언젠가 서울로 다시 돌아갈 것이었고, 특히 딸아이를 좋은 집안과 결혼시키기 위해선 반드시 서울의 기반을 유지하고 있어야 했죠. 이토록 홀로 고통스러운 유배를 했던 이유는 그가 말한 대로 딸을 위해서였습니다.

그러나 정작 딸이 결혼하는데, 자신은 아무것도 할 수 없습니다. 딸은 "아빠 걱정하지 마세요. 사랑해요."라는 인사를 남겼지만, 사랑한다는 말로도 위로가 되지 않는 때가 있기 마련이죠. 사위의 얼굴 한 번 보지 못한 채 딸을 떠나보내는 아버지의 심정은 어떨지 짐작하기도 어렵습니다. 게다가 때는 19세기, 엄혹한 시집살이가 자리잡아, 시집간 딸은 출가외인(出嫁外人)이 되었던 시기*죠. 시대와 현실에 외면받은 무력한 아버지, 심노숭의 어깨는 지구의 맨틀에 닿을 만큼 축 처져 있었을 것입니다. 괴로워하던 심노숭은 자신의 장기인 글쓰기를 통해 딸을 돕습니다. 결혼 이후에 아내로서, 며느리로서 지켜야 할 덕목에 관한 책을 한글로 써서 만들죠. 그것이 심노숭이 할 수 있는 유일한 '아빠 노릇'이었습니다.

19세기, 여성의 주체성이 다시 눈을 뜨다

거리의 이야기, 이른바 야담(野譚)은 당시의 커먼센스를 강렬히 반영합니다. 특히, 역사를 기록할 권리를 갖지 못했던 여성에 대한 사회적 인식은 야담에서 매우 뚜렷하게 드러나죠. 이를테면, 16세기에 만들어진 『어우야담(於于野譚)』에선 무녀, 양반 부인을 넘보는 남성들, 정욕에 대한 경계, 여성의 몸가짐, 남편의 병을 낫게 한 부인의 노력 등이 나옵니다. 이러한 이야기들은 17세기를 지나며 여성에 대한 스테레오 타입으로 자리잡았고, 19세기에 이르러 가부장제는 절정을 맞이합니다. 그에 대한 반작용이었을까요? 19세기의 야담집 『계서야담(溪西野談)』에선, 재테크를 위해 10년 동안 아기를 낳지 않기로 합의한 부부, 재테크에 성공한 후 가난한 양반 남성을 선택하여 결혼한 여성 노비, '정절보다는 목숨이 더 중요하다.'며 스스로 남편을 선택해 재혼한 평민 돌싱녀 등에 관한 이야기가 나옵니다. 이야기의 사실 여부를 차치하더라도, 당시 하층 계급 여성들이 주체성에 눈을 뜨기 시작했다는 강력한 신호입니다.

아무리 출가외인이라지만, 딸은 딸입니다. 사랑하는 마음을 다스리려 해도 좀처럼 쉽지 않죠. 특히, 딸의 편지를 받는 날이면, 애써 무덤덤하게 대하려 노력해도 딸 가진 아빠의 마음이 한없이 자라납니다. 전쟁이 끝난 후, 오희문은 혼인 물품을 여기저기서 얻어 두 번째 딸을 결혼시킵니다. 딸이 시댁으로 간 지 6개월이 지난 후, 오희문은 딸에게서 편지 한 통을 받습니다.

—

1600년 10월 2일
『쇄미록(鎖尾錄)』

시댁으로 떠난 둘째 딸의 편지를 받았다. 편지에는, "아버지. 저는 잘 지내고 있어요. 다만, 시댁의 올해 농사가 좋지 않아서 수확량이 얼마 안 되네요. 내년 농사가 걱정이지만, 어떻게든 해 나가야죠. 다만, 요즘 남편이 가끔 마음에 생채기를 내는 말을 해요. 그래도 그럭저럭 잘 지내고 있어요. 아버지도 잘 지내세요."라고 쓰여 있었다. 올해 농사가 망했으니 어떻게 생계를 꾸려나갈까. 또 사위는 전쟁 중에 사고를 당한 뒤로 감정이 오락가락하는데, 내 딸은 성격이 느긋하고 화평해서 사위와는 성격이 맞지 않을 것이다. 딸은 비록 담담히 적었지만, 실제로는 얼마나 슬프고 상처받고 있을지 느껴져 눈물이 흐르는 것을 눈치채지 못할 정도였다. 밤새도록 아내와 나는 딸아이 걱정에 서로 탄식하며 잠을 자지 못했다. 이 또한 딸 가진 부모가 받아들여야 하는 운명일까.

오희문의 둘째 딸은 김덕민(金德民, 1570~1651)과 결혼하여 시댁인 충북 보은에서 살게 됩니다. 그런데 김덕민은 전쟁 중에 온 식구가 모두 왜군에 의해 살해당하고 혼자만 살아남는 비극을 당하게 됩니다. 그 뒤로 외상 후 스트레스 장애(PTSD)에 시달리며 감정 조절을 못 하게 되었죠. 반면, 오희문의 둘째 딸은 매사 차분하게, 느긋하게 대처하는 '평화주의자'였습니다. 딸은 편지에 담담히 적었지만, 부부가 어떻게 사는지 누구보다 잘 아는 오희문 부부는 편지 속에 감춰진 딸의 슬픔과 상처를 바로 읽어냅니다. 두 사람은 밤새도록 딸 걱정에 잠을 못 이루지만, 사위에게 항의하는 편지라도 보냈다가 일이 잘못되면, 오히려 시댁 분위기가 더 엉망이 되고, 딸은 더 고통받게 될 게 뻔합니다. 심해지면 〈부부클리닉 사랑과 전쟁〉에 나올 법한 에피소드로 비화할 수도 있었습니다. 그래서 그저 눈물을 참으며, '이것이 딸 가진 부모의 운명인가?' 하며 체념했습니다. 하루가 다르게 변화하는 현대의 결혼 풍습 속에도 이러한 정서는 여전히 우리의 삶 속 곳곳에 남아 있습니다.

한편, 둘째 딸이 살아간 이후의 인생은 남편 김덕민의 묘비명에 전해집니다. '부인은 성품이 착한 데다가, 부모님의 교육을 잘 받았다. 집안을 너무나 훌륭히 다스려, 그녀를 만난 사람은 모두 그녀를 위해 일하는 것을 즐거워하였다.' 쉽지 않은 시집살이 속에서 둘째 딸은 최선을 다해 자신에게 주어진 삶을, 자신의 것으로 바꿔가며 살아갔던 것 같습니다.

한편, 장성한 아들의 삶을 부모는 어떤 마음으로 지켜보게 될까요? 앞서 이문건은 영 시원치 않은 아들과 손자 때문에 속 썩이며 살았지만, 오희문의 아들들은 아버지를 든든하게 뒷받침하는 성인으로 성장합니다. 특히, 맏아들 오윤겸(吳允謙, 1559~1636)은 전쟁 중에 고을 수령의 자리를 받습니다. 이때 아버지인 오희문의 심정은 어땠을까요?

—

1595년 8월 4일
『쇄미록(鎖尾錄)』

지난달 26일, 큰아들 윤겸이가 평강 태수에 임명되었다고 한다. 평강 고을은 왜적의 점령지였는데, 그들이 동네를 마구 파괴해서 남은 백성은 백 명도 되지 못하고, 곡식은 백 석도 나오지 않으며, 태수가 머물 곳도 없어서 초가집을 빌려 곡식을 얻어가면서 살아가고 있다고 한다. 더구나, 전임자가 가뜩이나 먹고살기 힘든 백성들의 사정을 도외시한 채 군사만 징발했기에, 남은 백성들은 모두 다 흩어져서 손을 쓸 수가 없는 지경이라고 한다.

이 얘기를 듣고 나니, 한숨만 나왔다. 지금 같이 혼란한 때는 벼슬을 해서는 안 되는데, 늙은 부모가 능력이 없어 굶주리고, 아우는 먼 곳을 떠돌며 입에 풀칠도 못 하고 있으니, 맏아들이 위험을 무릅쓰고 벼슬에 나간 것이다.

여전히 전쟁 중인 가운데, 맏아들이 수령으로 임명됩니다. 이전까지는 말단 공무원만 전전하던 신세였는데, 시골이나마 수령이 된다는 것은 평소 같았으면 적잖은 성공이었을 겁니다. 하지만, 오희문은 평강의 사정을 듣고 가슴이 쿵 하고 내려앉습니다. 아들이 고을을 잘 관리하

240

김홍도 작,
「송도유수도임식(松都留守到任式)」

—

법에 정해진 수령의 임기는 60개월이었습니다. 특별한 잘못을 저지르지 않는 다면, 수령은 3년 가까운 기간 동안 고을에서 막강한 힘을 발휘할 수 있었죠. 그래서 수령의 부임 시, 그림처럼 화려한 잔치를 벌여 첫인상을 좋게 남기려 노력했습니다. 하지만, 전란의 시기, 황폐한 고을에 부임한 오윤겸은 잔치를 벌일 수도 없었을 겁니다.

는 것은 둘째치고, 수령의 생계조차 해결이 안 되는 고을에 부임한 탓입니다. 그런데 아들은 부모와 형제를 부양하기 위해 울며 겨자 먹기로 그 자리를 받은 터죠. 그 잔인한 사실을 잘 아는 오희문의 마음이 편할 리 없겠죠?

다행스럽게도, 오윤겸은 하드 난이도의 퀘스트들을 착착 클리어합니다. 그 결과 노심초사하던 오희문도 아들 걱정을 한시름 놓게 되는 소식을 듣게 되지요.

—

1597년 6월 24일
『쇄미록(鎖尾錄)』

오늘 아침 신문을 읽었다. 이 동네 감찰관이 큰아들 윤겸이를 칭찬하는 보고서를 올렸다고 한다. 그 내용을 보니, "행정을 펼치는 데 있어 공무원들이 백성들에게 과한 편의를 봐주는 것을 막고, 명령을 내릴 때 교만하고 잘난 체하지 않으며, 구차하게 명예를 얻으려고 하지 않고 몸과 마음을 다해 임무를 수행하여 백성들이 실질적인 혜택을 받을 수 있도록 노력한다. 그래서 부하 공무원과 백성들이 모두 수령을 존경하고 잘 따라서 하는 일마다 잘 된다."라고 쓰여 있었다.

수령들이 벌벌 떠는 인사평가 시즌, 무너진 고을을 재건하는 것은 결코 쉬운 일이 아니었습니다. 무엇보다 조선 사회의 경제적 기반인 농토가 상당히 황폐해진 것이 큰 타격입니다. 건물을 다시 세우는 것도 다 돈이 드는 일인데, 수익을 거두기까지 수개월이 걸리는 생산 수단이 사라진 것은 참 막막한 일이죠. 그런데 오윤겸은 그 어려운 일을 척척 해냅니다.* 쓸데없는 의전을 관두고 백성들과 함께하면서, 매사에 공정하고 원칙적으로 처리하니, 고된 전후 복구에도 백성들의 불만이 별로 없습니다. 역시, '이 정책이 당장은 버거워도 미래에는 나를 위한 일이다.'라는 확신이 들 땐, 백성들이 누구보다도 더 열심히 정책 참여자가 되는가 봅니다.

걱정 반, 흐뭇함 반으로 아들을 지켜보던 오희문은 아들이 휴가를 얻어 집에 돌아올 때만을 목 빠지게 기다립니다. 그러나 '뜻밖의 사

'생존왕' 오윤겸의 삶

오윤겸은 나중에 영의정에 오르는데, 후대에 명재상으로 꼽힐 만큼 일을 잘했다고 합니다. 그런데 어떻게든 생계를 꾸려나가던 아버지의 생활 능력을 배운 까닭인지, 정치적 위기 때마다 슬기롭게 넘기며 '생존왕'의 면모를 보여주죠. 전쟁 이후 조선 통신사 임무를 할 때 풍랑을 만나 죽을 뻔한 고비를 두 차례나 넘기고, 인조반정과 이괄의 난이라는 위기의 순간에서두 라인을 잘 타 살아남았으며, 정파에 휩쓸리지 않으면서도 '옳은 답'을 잘 선택했습니다. 무엇보다, 지방직으로 나가면 백성들의 고충을 덜어주는 인기 많은 정치인이기도 했죠. 그래서 『실록』에선, 오윤겸이 사망하자 이렇게 적고 있습니다. "청백하고 근심함으로써 정치적 위기에서 살아남았으며, 사람을 사랑하고 선비들을 예우하였으므로 어진 정승이라 불렸다. 하지만 나라를 경영하는 재능과 곧은 말을 하는 용기는 부족했다."

건'으로 아들은 집에 돌아올 수 없게 되었습니다.

—

1597년 8월 9일
『쇄미록(鎖尾錄)』

아들에게서 편지를 받았다. "아버지, 급하게 씁니다. 놀라지 말고 들으세요. 이번 달 사흗날에 가토 기요마사가 다시 바다를 건너 우리나라를 침공했습니다. 저 또한 군사를 이끌고 전방으로 가야 합니다. 그래서 집에 돌아갈 수 없습니다. 아버지와 어머니 모두 몸조심하고 계세요"

청천벽력 같은 소리였다. 편지를 읽자마자 나는 놀라 자빠졌다가, 전쟁터로 떠나야만 하는 아들 생각에 마음이 아파 펑펑 울었다. 이미 나라의 몸이 되었으니, 어떡한단 말인가.

1597년 8월, 정유재란이 발발합니다. 수령이었던 오윤겸 또한 군사를 이끌고 성을 지키러 가죠. 오희문이 가장 염려했던 순간이 결국 현실로 다가오자, 그는 놀라서 다리에 힘이 풀려 쓰러지고 맙니다. 그렇게 방바닥에 주저앉아 하염없는 눈물만 흘리죠. 우리 시대에도 자식을 군대에 보내면, '이젠 나라의 아들'이라고 표현하잖아요? 그처럼 이미 나라에 맡긴 몸이니 어쩔 수 없다며 체념하는 수밖에 없습니다.

가족에 대한 사랑이 가장 간절해지는 순간은 언제일까요? 아마도 내 가족이 위중한 병에 걸렸을 때인 것 같습니다. 내 부모, 내 자녀,

내 형제자매가 아플 때, 나라는 존재는 마냥 무력한 존재인 것만 같아 가슴이 아프죠. 앞서 이문건의 손자 육아일기에서 그 간절함과 무력함을 확인한 바 있습니다.

오희문이 끔찍이도 아꼈던 막내딸, 단아는 잔병치레가 잦은 소녀였습니다. 그럴 때마다 오희문 부부는 전쟁을 치르듯, 아이의 치료를 위해 모든 것을 다했습니다. 특히, 아이가 먹고 싶은 것이 있다고 말할 땐, 무슨 수를 써서라도 구하기 위해 발바닥에 땀 나듯 뛰었죠.

—

1596년 9월 25일
『쇄미록(鎖尾錄)』

단아의 병세가 약간 나아진 것 같지만, 여전히 말을 제대로 못 하고 밤새 통증에 시달렸다. 우리 부부는 서로 교대하며 밤을 새워 단아를 돌봤다. 며칠째 이러니, 내 정신이 어디 붙어 있는지 알 수 없을 지경이었다.
단아가 간신히 입을 움직여, "아버지……. 석류가 먹고 싶어요"라고 하기에 백방으로 구해봤는데 이 동네에서는 구할 수가 없었다. 그래서 편지를 보내 지인에게 석류가 있는지 물었더니, 저녁에 석류를 보내주었다. 단아는 석류를 보자마자 아픔이 무색하게 얼굴이 환해지면서, 그 자리에서 석류를 깨물어 반 개를 먹었다.

막내딸 단아는 병에 시달리며 아무것도 먹지 못합니다. 매일 밤,

「화조영모도(花鳥翎毛圖)」 중 석류 부분

—

석류를 노래한 시는 신라 시대 최치원까지 올라갑니다. 석류는 고려와 조선을 거치면서, 다산(多產)과 행복을 상징하는 과일로 자리잡았는데요. 석류 모양을 한 도자기나 석류 그림이 가정의 평화와 행복을 기원하는 상징으로 유행한 데엔 이런 배경이 있지요. 그렇지만, 처음부터 꼭 어떤 의미가 있어서 뭔가를 사고 그랬던 것은 아니었을 겁니다. '예쁘다' '귀엽다'라는 개념은 시대에 따라 달라지니까요. 우리가 같은 물건이라도 라이언이나 펭수가 그려진 물건을 더 좋아하는 것처럼 아마 우리 조상들도 '이왕이면 석류 모양 도자기' 하는 마음으로 샀을 것입니다.

부부가 단아 곁을 지키며 식은땀을 닦아주고 간호하죠. 갖은 약이란 약을 다 썼는데도 영 차도가 없자, 이대로 딸을 잃는 건 아닌지 걱정됐던 오희문은 점도 칩니다. 다행히 점괘는 좋았지만, 불안함은 가시지 않았습니다.

그러던 중, 단아가 힘들게 입을 열어 석류가 먹고 싶다고 합니다. 귀한 과일 석류를 쉽게 구할 수 있을 리 없죠. 저녁 무렵, 어렵게 석류를 구해 딸에게 가져다주니, 딸이 함박웃음을 지으며 석류를 베어 먹습니다. 기뻐하는 딸의 모습을 보니, 힘들었던 며칠도 사라지는 것 같습니다.

그러나 단아의 병세는 오락가락하며 몇 달 동안이나 이어집니다. 다른 가족들도, 오희문 본인조차도 지쳐가는데, 어머니만은 한시도 쉬지 않고 딸을 간호하죠.

—

1596년 11월 16일
『쇄미록(鎖尾錄)』

단아의 증세는 조금 나았지만, 음식을 조금 먹다가도 금방 먹고 싶지 않다고 한다. 하지만 어쩌다 먹고 싶어 하는 음식이 있으면, 아내가 어떻게든 구해서 먹이고 있다. 심지어 음식을 구하기 위해 다니다 보니, 며칠 동안이나 옷도 안 갈아입고 있다. 게다가 앉을 때나 누울 때나 단아를 부축해 안느라 힘겨울 텐데 조금도 지친 티를 내지 않는다. 다만 자신의 간호가 부족하진 않을까 걱정하고만 있다. 어머니의 힘이, 어머니의 은혜가 이토록 크고 위대한 것일까.

약도 치료도 중요하지만, 일단 먹어야 살 수 있죠. 그런데 아이는 음식을 좀처럼 먹지 않으면서, 어쩌다가 먹고 싶은 음식을 얘기합니다. 그 말이 나오면, 오희문의 아내는 어떻게든 음식을 구해 딸에게 먹이죠. 게다가, 며칠째 옷도 갈아입지 않으며 잠시도 단아를 내려놓지 않고 안아서 달래고 있습니다. 오희문은 이것이 어머니의 은혜인가 놀라면서도 감동합니다.

하지만 좀처럼 단아의 병은 낫지 않습니다. 오희문은 허망한 일인 줄 알면서도 속는 셈 치고 무당도 부르고 스님도 부릅니다. 오늘날에도 대학병원 수술실이나 중환자실 앞에 가면 제각기 믿는 자신들의 신에게 기도하는 가족의 모습을 쉽게 발견할 수 있는데요. 이렇게 절망적인 상황에선 평소 신을 믿지 않던 사람들도, 한 번만 살려달라고, 그동안 못한 효도 다 하겠다고, 내가 대신 아프게 해달라고, 절규하듯 기도하게 마련입니다.

그러나 오희문의 기도는 끝내 하늘에 닿지 않았나 봅니다. 아버지는 이 비통한 순간에도 일기에 딸의 마지막을 그려 넣습니다. 단 한순간도 놓치지 않겠다는 마음이 느껴질 정도로요.

—

1597년 2월 1일
『쇄미록(鎖尾錄)』

단아가 오늘 아침 영원히 떠났다. 비록 나이는 어렸지만, 판단력이 뛰어났다. 또한, 공부도 잘했으며, 타고난 성품이 착해서 늘 부모에게 호도하고 형제와 사이좋게 지냈다. 얼마나 착했는지, 자기가 입는 옷이 언니의 옷보다 좋으면, 늘 언니와 바꿔 입었다. 그래서 우리 부부가 너무나 사랑했고, 지난해까지 항상 나의 이불 안에서 함께 잤다. 내가 외출하고 돌아오면 단아는 항상 버선발로 나와, "아버지, 고생하셨어요. 겉옷을 제게 주세요."라며 맞이해주었기에 나는 한 번도 내 손으로 옷을 벗지 않았는데, 이제는 불가능한 일이 되었다. 가난한 집에서 태어나, 좋은 옷과 좋은 음식을 남처럼 해주지 못 하다가 죽었는데, 죽어서도 좋은 옷으로 염을 하지 못하니 슬픔과 비통함에 가슴이 찢어지는 것만 같았다.

미소가 너무나 사랑스러웠던, 온 가족의 재롱둥이 막내딸은 결국 세상을 뜹니다. 오희문은 자신과 늘 함께 자던 막내딸의 짧았던 삶을 기록합니다. 딸을 묻는 날, 오희문은 통곡하며 외칩니다. "단아야, 사랑하는 내 예쁜 딸아. 아빠를 두고 어디를 가니!"

이미 최선을 다했지만, 더 잘해주지 못한 미안함은 좀처럼 사라지지 않죠. 오희문의 남은 삶은 그 미안함을 항상 어깨 위에 짊어지고 가는 삶으로 바뀌었습니다. 오희문은 딸과의 추억을 다시 떠올리게 되는 것이 두려워 딸의 물건을 함께 묻었습니다. 하지만 생각이 멍해질 때마다 딸과의 추억을 되새기게 되었죠. 바둑을 둘 때면 딸과 함께하던 놀이가, 산에 오를 때면 딸과 함께 꺾던 고사리가, 이불을 덮을 때면 딸과 함께 자던 밤이, 일기를 쓸 때면 딸에 대해 써 놓았던 이야기가 그를 뒤흔듭니다. 그러던 2년 뒤 어느 날 밤, 한 번도 나오지 않았던 딸이 꿈에 나타납니다.

—

1599년 3월 8일
『쇄미록(鎖尾錄)』

지난밤, 꿈에 단아가 나타났다. 꿈에서 나는 누군가의 집에서 과자를
아이들에게 나눠주고 있었는데, 딸이 마루 아래에 가만히 서 있는 것
을 발견했다. 딸은 머리를 예쁘게 빗질하고, 얼굴에 화장하고서, 노란
저고리에 붉은 치마를 입고 있었다. 그리곤 나를 바라보며, 아무 말
없이 손을 들어 자기도 과자를 달라고 했다. 나는, "단아야. 너도 여기
와 있었니? 여기, 과자 받으렴."이라며 과자를 건네주었더니, 바로 받
아 맛있게 먹었다. 그 모습을 보고 있는데, 갑자기 꿈에서 깨어났다.
나는 눈물을 줄줄 흘리고 있었다. 내가 눈물을 흘리는 것을 보고 아내
는 내게 "무슨 일 있어요?"라고 물었고, 나는 아내에게 꿈 얘기를 해
주었다. 아내와 나는 서로 마주 보면서 함께 울었다.
두 해가 넘도록 한 번도 나타나지 않더니, 이제야 나타나 옛날 함께
놀던 때를 떠올리게 하는구나. 슬프다. 딸아, 어째서 아빠를 두고 먼
저 간 것이니.

통계청의 '생활시간조사'에 따르면, 우리나라 사람들은 하루 동
안 평균적으로 가족과 169분을 함께 보내는데, 그중 37분간 함께 식사
하고, 9분간 교제한다고 합니다. 하루가 멀다고 만나 술잔을 부딪치던
조선 사람들의 가족 시간과는 많은 것들이 달라졌죠. 째깍째깍 흘러가
는 시간 속에서 자신에게 주어진 무언가를 해내기 위해 가족과 함께하

는 시간은 점점 줄어만 갑니다.

그러나 변하지 않은 것도 있습니다. 자식이란, 때로는 세상의 그 어떤 것과도 바꿀 수 없을 만큼 사랑스러운 존재이면서, 때로는 꼴도 보기 싫을 만큼 미운 짓만 하는 골칫덩어리죠. 또 부모님이란, 때로는 그 이름만 들어도 눈물짓게 하는 존재이면서, 때로는 아무리 대화를 해도 고구마 백 개를 먹은 것처럼 답답함을 불러일으키는 사람이기도 합니다. 그 양상은 우리 시대와 조선 시대가 서로 다르지 않았습니다.

그렇다면, 사랑하는 가족을 위해 내가 무엇을 할 수 있을지도 크게 다르지 않을 것 같습니다. 우리는 언제, 어느 때, 사랑하는 가족과 다양한 형태로 이별합니다. 자녀의 유학이나 독립, 부모의 귀향과 사망 등, 사랑하는 모든 것들은 언젠가 사라집니다. 그래서 조선인들의 일기는 우리를 향해 시공간을 초월하여 외칩니다. "언젠가는 주고 싶어도 줄 수 없는 사랑이라면, 함께할 수 있을 때 전력으로 사랑하라!"

그 땅에 말뚝을 박아 찜해 놓거라

먹고사는 문제만큼 우리 삶을 뒤흔드는 문제가 없을 것입니다. "다 먹고살자고 하는 거지."라는 말은, 일상 속에서 벌어지는 분노, 슬픔, 기쁨, 행복의 좌충우돌을 겪어내는 한 인간의 실존적 통찰을 관통합니다. 다만, '어떻게 먹고살 것인가'의 문제는 좀처럼 잘 풀리지 않죠. 죽어라 매달리는 과거, 더럽고 치사한 사회생활, 울고 웃는 가족 간의 이야기 너머에 '어떻게 먹고살 것인가'라는 문제를 해결하기 위해 무던히도 애썼던 사람들의 노고가 아른거립니다.

비록 시장 자본주의 체제의 현대 대한민국과 비교하기는 어렵겠지만, 조선 사람들도 나름대로 아주 다양한 일자리를 창출하기 위해 노력했습니다. 인구 대부분이 종사하는 메인 직업 농사는 물론이요, 투잡, 때로는 쓰리잡까지도 거뜬히 해냈습니다. 맞벌이는 물론, 가족 구성원이 응당 나름대로 생계의 의무를 조금씩 짊어졌고요. 때로는 예상치 못한 변수를 풀어나가기 위해 '싱크빅 마스터'가 될 필요도 있었습니다. 8장은 그러한 '생존 투쟁'의 이야기로 묶어보았습니다.

우리 시대에는 '부동산 불패'라는 말이 있죠. 산지는 많고 평지는 적은 한반도. 좋은 땅, 좋은 자리를 노리기 위한 인간의 투쟁은 너무나 치열합니다. 농사가 세상의 '근본'이라 여겼던 조선인들의 투쟁은 더 말할 것도 없겠죠. 땅을 사기 위해서라면, 거동이 불편한 노인도 모든 것을 제쳐두고라도 거래에 몰입했습니다. 60살이 넘은 노인, 김택룡(金澤龍, 1547~1627)의 『조성당일기(操省堂日記)』에 적힌 땅 거래 장면을 재연해보겠습니다.

1612년 1월 17일~20일
『조성당일기(操省堂日記)』

17일, 아들과 함께 매물로 올라온 밭을 보러 갔다. 그런데 판매자의 집에 가니, 판매자의 가족들이 모두 집을 비웠다. 진흙밭에 불러놓고 일부러 고생을 시키다니. 시큰시큰하는 무릎을 참고 지팡이를 짚으며 간신히 집에 돌아올 수 있었다.

20일, 드디어 밭 주인이 우리 집으로 왔다. 밭 주인은 내게, "무명 쉰 필 정도는 주셔야겠습니다, 어르신."이라며 가격을 제시했다. 무명 쉰 필이라니, 너무 비쌌다. 게다가 며칠 전 나는 고생까지 하지 않았는가. 나는 그와 흥정을 시작했다.

"이보게, 쉰 필은 너무 비싸네. 그리고 우리 집엔 쉰 필이 있지도 않아. 대신에 소 두 마리에, 새로 지은 옷 두 벌, 그리고 무명 스무 필 정도면 어떤가?"

"그러면 그 조건에 무명 서른 필은 어떻습니까?"

"무명 스무 필."

"스물다섯 필은 어떠신지요."

"스무 필!"

"에잇, 알겠습니다! 제가 졌습니다."

그가 승낙하자마자, 바로 공증인을 불러 매매문서를 만들고 관아에 제출했다.

땅을 판다는 얘기를 듣자, 노인 김택룡은 지팡이를 짚으며 아들과 함께 땅을 보러 갑니다. 나이가 나이인 만큼 아들에게 맡겨도 될 텐데, 아직은 자신의 지혜와 경험을 보여줄 수 있다고 생각했나 봅니다. 그런데 판매인에게 바람을 맞아버렸습니다. 이것은 우연일까요, 아니면 거래를 앞두고 벌이는 기 싸움일까요? 알 수 없지만, 그 때문에 김택룡이 적잖이 고생했다는 것은 분명합니다.

드디어 거래 당일, 판매인은 무명 50여 필을 제시합니다. 이 가격이 마음에 안 들었던 김택룡은 소와 옷, 그리고 무명 20필로 대신 거래하려 하죠. 이런 식의 대체 거래는 받는 쪽이 불리합니다. 각 물품의 시세가 다 다르고 처리하기도 곤란하죠. "4달러"를 외치는 김두한처럼 "20필"을 고수한 김택룡 덕분에 거래는 성사되고, 아예 못을 박아버리려는 듯 그 자리에서 공증인을 불러 법적 문서*를 완성합니다.

19세기 경기도 광주 지역의 매매문서로 보는 서울 땅값 폭등사(史)

18~19세기, 서울의 땅값이 지속적으로 폭등하자, 이윽고 서울 주변 지역의 땅값 역시 뒤따라 상승합니다. 과거 경기도 광주 지역, 지금의 서울 송파구 일대에 해당하는 지역의 땅 거래 문서는 그러한 땅값 폭등의 역사를 드러내주는데요. 땅 하나가 1834년에는 75냥, 1860년에도 70냥이었는데, 1894년에 갑자기 2,400냥이 됩니다. 다른 땅도 1873년 190냥, 1882년 300냥, 1890년 1,250냥으로 뛰죠. 격동의 시대, 서울 지역의 물가 상승과 부의 독점현상은 서울살이를 고되게 만들었고, 이때부터 버티지 못한 양반들이 어쩔 수 없이 서울 외곽으로 점점 멀어지게 되며 인근의 땅값도 폭등하게 되었습니다.

공증인을 부르고 법적인 효력을 갖는 문서를 만들었다는 기록에서 우리는 땅 거래를 두고 얼마나 많은 분쟁이 있었는지 쉬이 상상할 수 있습니다. 땅 거래가 완료된 뒤에도 여러 조건이 맞지 않아 취소되는 일도 있었죠. 노상추의 일기입니다.

—

1772년 2월 5일~6일
『노상추일기(盧尙樞日記)』

며칠 전에 새로 산 면화 밭을 측량하기 위해 나갔다. 그런데 이게 웬걸, 땅문서에 적힌 크기와 실제 크기가 너무나 달랐다. 이를 따지기 위해 당장 판매인을 찾아갔지만, 그가 집에 없어 빈손으로 돌아왔다. 다음 날, 판매인이 말하길, "아이고, 이거 죄송하게 됐습니다. 뭔가 착오가 있었나 봅니다. 제가 팔려고 했던 면화 밭은 그 밭이 아니라, 그 옆 동네에 있는 밭인데 말이죠. 그런데 이미 거래는 성사되었고 저도 집 짓는 공사에 거래금을 써야 해서, 그 밭은 제가 돌려받고 대신 그 옆 동네에 있는 밭을 가지시는 게 어떠신지요?"라고 하는 것이 아닌가. 땅문서와 실제 넓이가 전혀 다른데, 다른 땅으로 대신하겠다니 말도 안 되는 소리였다. 그래서 나는 "그건 말도 안 되는 얘기입니다. 이렇게 된 거, 그냥 거래 취소합시다. 좋게좋게 돈 돌려주시죠. 법정까지 가고 싶진 않습니다."라고 전했다. 결국, 판매인은 아무 말 없이 돈을 돌려주었다.

땅을 사고 봤더니, 땅문서에 기록된 수치와 실제 평수가 심하게 다른 황당한 상황입니다. 뒤통수를 맞은 것 같아 '쒸익 쒸익' 하던 노상추는 당장 따지러 가지만, 집주인이 자리를 비우는 바람에 분을 삭히고 돌아와야 했습니다.

다음 날, 판매자는 해괴한 제안을 합니다. "다른 땅으로 바꿔드릴 테니, 이걸로 퉁칩시다?"라는 제안이었죠. 이것은 마치, 홈페이지에 등록된 중고차를 보고 매장에 갔더니, "아이고 고객님, 어떡하죠? 10분 전에 팔렸네요. 조금만 빨리 오시지."라면서 능치는 허위매물 거래 사건보다 더 심각한 사기입니다. 노상추는 소송까지 불사할 각오로 최후통첩을 보내고, 본인이 찔린 바가 있었던 판매자는 군말 없이 돈을 돌려줍니다.

이렇게 말도 많고 탈도 많은 땅 거래인데, 모두가 인정하는 '꿀 땅' 앞이라면 더 치고받고 싸우겠죠? '꿀 땅'을 간신히 얻자마자 골머리를 썩이는 윤이후의 이야기로 넘어가 봅니다.

—

1694년 2월 28일
『지암일기(支菴日記)』

논정이라는 곳은 마을 사람들이 모두 칭찬하는 천하의 명당이다. 하지만, 땅이 마을 한가운데 있어서 그 누구도 쉽게 가질 수 없었다. 나 역시 그 얘기를 들었지만, 내가 제일 마지막으로 정보를 들은 사람이어서 손 쓸 방법이 없었다.

하지만, 이번에 그 땅에 작은 집을 지어 편히 쉬고 싶은 마음이 들었고, 애를 써서 마을 사람들의 승낙을 얻을 수 있었다. 그런데 그 소식을 들은 윤선오 아저씨가, "그 땅은 옛날부터 내 것이었다네. 그러니까 좋게좋게 땅을 내놓게. 같은 집안사람끼리 볼썽사납게 싸울 일이 없는 게 좋지 않겠어?"라고 협박이나 다름없는 편지를 보냈다.

마을 사람들이 다 인정하는 '꿀 땅' 논정. 워낙 명당이라고 소문이 난 탓에 나침반을 들고 찾아온 사람이 한 트럭 이상은 된다고 합니다. 지역의 명문가이자 땅 부자 윤이후도 욕심이 나지 않을 리가 없습니다. 여러 사람을 설득한 끝에 드디어 소유권을 얻었는데, 그 소식을 듣자마자 같은 윤씨 집안사람이자 문중의 대표인 윤선오가 태클을 걸어옵니다. 그러나 순순히 물러날 윤이후가 아니죠. 갈등의 불씨가 이제 막 타오릅니다.

—

1694년 3월 1일
『지암일기(支菴日記)』

아들을 보내 논정에 새로 얻은 땅에 말뚝 두 개를 박게 했다. 워낙 노리는 사람들이 많아서, 혹시라도 누군가 나 몰래 건물을 올려버리거나 산소를 이장해버릴지도 모를 일이었다. 말뚝을 박았다는 소식을 들은 마을 사람들은, "역시 윤이후 어르신의 운은 대단해. 잘 풀리는 양반은 뭘 해도 되는구먼."이라는 얘기를 했다고 한다.

매의 눈으로 모두가 그 땅을 지켜보는 상황에서 윤이후는 아들에게 "그 땅에 가서 커다란 말뚝 두 개를 깊게 박아 찜해놓거라."라고 명령을 내립니다. 이른바, '알박기'를 시행한 것이죠. 우리 시대의 '소유권 행사 중' '이 땅은 사유지이므로 출입을 금함'처럼 자신의 권한을 피력하는 일종의 경고장과 같은 것이었죠.

그런데 그러한 경고문들은 읽는 이로 하여금 '그 땅에 분쟁이 얽혀 있구나.'라는 해석을 가능하게 합니다. 때로는 경고문이 침입자를 쫓아내는 것이 아니라, 오히려 분쟁을 더 격화하기도 하고요. 윤이후의 '말뚝 박기'도 그랬습니다.

—

1694년 5월 20일
『지암일기(支菴日記)』

논정의 마을 사람들이 우리가 세워놓은 말뚝을 뽑아 치워버렸다고 한다. 두 아들을 데리고 당장 가서, "어떤 놈이 감히 말뚝을 뽑았는가!"라고 호통치니, 그제야 "아이고 어르신 그게 아닙니다. 저희가 활쏘기를 하는데, 말뚝이 방해돼서 잠깐 뽑은 것뿐입니다. 다시 박아두려고 했습니다."라고 한다. 속이 뻔히 보이는 거짓말이지만, 모른 척했다. 대신 아예 말뚝 주변에 가건물을 올려버렸다.

윤이후는 말뚝을 박은 뒤, 본격적으로 자재를 옮겨 시공을 준비합니다. 그런데 그사이 자신에게 호의적이었던 마을의 여론이 돌변하죠. 아마도 말뚝을 박은 것이 지나치게 공격적인 신호였던 것 같습니다. 또, 그 땅을 호시탐탐 노리던 다른 사람들이 그 기회에 마을 사람들의 여론을 움직인 것이 아닐까요? 마치 서울에서 내려오는 '떴다방'처럼요.

결국, 사건이 터집니다. 그 땅을 얻기 위해 협박도 불사하던 윤선오가 먼저 움직입니다.

—

1695년 7월 29일
『지암일기(支菴日記)』

논정에 있던 한 노비가 달려와, "어르신! 큰일 났습니다. 윤선오 어르신이 말뚝을 뽑고 자기 땅이라고 우기고 있습니다!"라며 소동을 벌였다.

당장 달려가 보니, 윤선오의 아들들이 마을 사람들을 데리고 한창 건축 자재를 옮기고 있었다. 분노한 나는 윤선오의 아들들에게 "어떻게 사람을 이렇게 모욕할 수 있나? 나는 좋게 좋게 일을 처리하고자 했는데, 이게 무슨 짓거리야! 뭐? '옛날부터 내 땅'? 딱 한 번 가서 둘러봤다고 그 땅이 자기 것이 되나? 그렇게 따지면, 나침반을 들고 온 수십 명의 사람은 다 땅 주인이겠네? 정말로 나랑 한번 해보자는 건가?"라고 따졌다. 윤선오의 아들들은 그저 꿀 먹은 벙어리처럼 가만히 있다가 사라져버렸다.

역시 마을 사람들의 태세 전환 뒤에는 윤선오가 있었습니다. 마을 사람들에게 윤이후의 행위를 은근히 비난하면서, 땅에 건물을 올릴 준비를 착착하고 있었던 것이죠. 윤이후도 눈치채고 빨리 첫 삽을 뜨려고 했지만, 조금 늦어버렸습니다. 윤이후는 나중에 직접 윤선오를 찾아가, "나한테 왜 그랬어요?"라고 따지지만, "내가 워낙 급해서 그랬다네. 너무 원망하지 말고 그냥 덮고 지나가자고."라는 말만 듣습니다.

결국, 윤이후는 관아에 고발장*을 넣습니다. 그런데 사태가 이상하게 흘러갑니다. 윤선오 쪽으로 돌아섰던 마을 사람들도 윤선오에 대한 고발장을 넣었단 소식을 듣게 되죠. 이렇게 되자, 사건도 윤이후와 윤선오의 소송이 아닌, 마을 사람들 vs 윤선오의 소송으로 바뀝니다. 알고 보니, 윤선오는 마을 사람들을 설득할 때 '집을 지으려고 한다.'라고 했지만, 실제로는 묘를 이장하려고 했기 때문입니다. 이 땅이 명당인데도 그동안 누구의 소유도 되지 않은 이유도 마을 가운데에 묘가 있는 것을 보기 싫었던 마을 사람들이 승낙하지 않았기 때문인데요. 윤선오는

조선 민사 재판의 엑기스, 산송(山訟)

산송은 묘지를 두고 벌어진 법정 싸움입니다. 풍수지리 사상이 일상에 깊숙하게 들어왔던 조선 시대, 더 좋은 묫자리를 차지하기 위해 양반에서 평민까지 혈전을 벌였죠. 심지어 묘를 바꿔치기하거나, 슬쩍 구석에 매장하는 등 온갖 종류의 불법행위도 있었습니다. 이러한 산송은 단순히 풍수지리적으로 더 좋은 땅을 차지하기 위함일 뿐 아니라, 이른바 '문중 땅'으로 불리는 산림 소유권 문제, 그리고 의례라는 문화적 문제까지도 포함했습니다.

일종의 사기를 쳐서 마을 사람들을 속였던 것이죠.

이 사건은 어떻게 끝났을까요? 과연, 땅은 누구의 소유로 돌아갔을까요?

—

1695년 10월 14일
『지암일기(支菴日記)』

윤선오가 억지로 땅을 빼앗아 엉성하게 조그마한 집을 짓자, 오십여명의 마을 사람들이 일제히 '집을 짓는다고 해놓고선, 묘를 옮기려고 합니다. 이건 사기입니다.'라는 내용의 고발장을 넣었다. 결국, 판관은 "그 땅에 세워놓은 건물을 없애고 원천 복구한다. 또한, 그 땅은 나라에서 관리한다."라는 판결을 내렸고, 마을 사람들은 바로 달려가 건물을 모조리 부숴버렸다.

아마도 그 땅은 다시 누구의 소유도 되지 않을 것이다. 윤선오네 인간들이 욕만 시원하게 먹고 아무것도 얻지 못했다. 낼모레 팔순이 되는 노인네가 흰 수염을 휘날리며 재판장을 다니다니, 부끄러움도 모르는 인간이다.

나도, 저쪽도 땅을 잃었다. 땅을 잃은 것은 똑같지만, 저쪽은 명예도 잃었으니 정말 쌤통이다.

이렇게 '윤씨네 땅 뺏기' 사건의 결말은 마을 사람들의 승소로 끝났습니다. 천하의 명당은 다시 누구의 땅도 아닌 것으로 돌아갔죠. 아마

김만복 처 정소사 원정(金萬福妻鄭召史原情)

—

산송과 관련된 호소문입니다. 그 내용은 이렇습니다. "이순봉이라는 놈이 야
밤에 저희 시아버지의 묘를 파헤치고 자신의 아버지를 몰래 묻었습니다. 고을
원님께서 '비록 서민의 무덤이라도 어찌 감히 무덤을 파헤치고 몰래 시신을
묻는단 말인가. 이순봉은 빨리 이장하라.'라는 판결을 내리셨지만, 순봉 놈은
마을에서 제법 목소리가 커서 차일피일 미루고 있습니다."

이 호소문을 읽은 담당 공무원은 이러한 메모를 남겼습니다. "상세히 조사한
후에 이순봉을 잡아 와야 할 것" 이렇듯, 산송 문제는 양반뿐 아니라, 조선 사
람 모두가 골머리를 앓던 심각한 사회 문제였습니다.

도 마을 사람들은 건물을 때려 부수며 속 시원하게 윤선오를 욕했겠죠? "부끄러움도 모르는 사기꾼 영감탱이!"라고요.

이렇듯, 땅에 대한 윤이후의 관심은 지대했습니다. 윤이후뿐 아니라 고관대작에서 가장 가난한 농부까지, 누구는 더 좋은 땅을 갖기 위해 꾀를 짜냈고, 누구는 한 뼘이라도 자기 땅을 갖기 위해 새벽부터 밤늦게까지 노동했죠. 그런데 윤이후의 해남 윤씨 가문에겐 땅을 넓히는 독특한 방법이 하나 있었습니다. 바로 간척입니다.

—

1694년 4월 28일
『지암일기(支菴日記)』

드디어 속금도의 간척 공사가 끝났다. 연인원 삼천백팔십칠 명이 지난달 이십일 일부터 이번 달 이십팔 일까지, 실제 작업 기간은 삼십여 일이 걸렸다. 일꾼들에게 준 술은 백마흔여덟 항아리이며, 한 항아리당 서른 사발로 계산했다. 남은 쌀과 벼는 공사가 끝난 후 속금도의 마을 사람들에게 줘서 술을 빚어 하루 동안 잔치를 벌이게 했다. 간척 공사를 통해 약 이천여 평 정도의 논을 새로 만들 수 있었다. 흙의 질이 상당히 좋아, 얻기 어려운 좋은 땅이다. 공사도 빨리 끝났고, 큰 손해도 없이 무사히 완료해서 운이 좋았지만, 그동안 나는 정말 고생을 많이 했다.

혹자들은 "저 욕심쟁이 양반이 또 땅 넓힌다고 난리네."라며 나를 비난하지만, 농사는 천하의 근본이므로 농사지을 땅을 넓히는 게 무엇이 부끄러운 일인가. 부정하게 이득을 취하는 것도 아닌데. 하지만 그들의 비난은 상관없다. 다만 나의 후손들이 내가 이렇게 고생했다는 것을 기억해주었으면 좋겠다. 마을 사람 김득성이 공사 감독을 맡았으며, 노비 이릉, 만홍, 연실, 불동 등이 도왔다. 그 공을 인정해 불동이를 이 땅의 관리자로 임명했다.

연인원 3천여 명이 30일간 매달린 대공사가 성공적으로 끝납니다. 인근의 거주민들이 대부분 동원됐으며, 또한 나라에 소속된 인력들이 동원되기도 했습니다. 공사가 성공한 덕분에, 윤이후는 수천 평의 농토를 새로 얻게 되었으며, 지역 주민들은 윤이후의 소작농이 되어 그 땅에 농사를 짓게 되죠.

갯벌이 많은 서남해안 일대에선 아주 오래전부터 간척 사업이 진행됐습니다. 그런데 윤이후의 사례처럼, 지방의 유력한 가문이 나라의 허가를 받아 간척을 진행하고 그 땅을 취득하는 일이 종종 있었는데요. 이를 둘러싸고 여러 가지 문제가 발생하기도 했습니다.[*]

이렇게 집안의 자산관리자이자 지역의 대지주인 윤이후는 온갖 시시콜콜한 일자리 창출에 신경을 썼습니다. 직접 그물을 만들거나, 노비들을 이용해 작살을 만들어 고기잡이를 챙깁니다. 그렇게 잡아 온 고기를 맛보며 즐거워하죠. 또, 매를 빌려서 직접 매사냥에 나서거나, 풍년을 기원하며 농사법 책에 적힌 그대로 따라 합니다.

그런데 대지주, 우리 시대로 치면 대기업 CEO의 모습이라기엔 너무나도 어수룩한 면모를 가끔 보였습니다.

산이면 일대

—

윤이후가 간척 사업을 진행한 곳으로 추정되는 전남 해남군 산이면의 위성 지도입니다. 이 지역은 수백 년간 꾸준한 간척 사업을 통해 농토를 확보해나갔고, 윤이후의 일기에 등장하는 섬들의 위치를 찾을 수 없을 만큼 많은 변화가 생겼습니다. 산이면의 모습처럼, 전남 지역 바닷가의 비옥한 농토는 이름 모를 수많은 사람의 피와 땀으로 만들어진 것이죠.

누구를 위한 간척사업인가

윤이후의 예처럼, 나라의 도움을 받아 진행한 토목 사업의 이권을 모두 개인이 가져간다는 점에서 문제의 소지가 컸습니다. 게다가 공사에 참여한 지역 사람은 소작농으로 귀속되었죠. 소수의 주요 양반가가 생산 수단을 독점적 지위를 이용해 확장하는 것을 비판하는 의견들이 실록에 등장합니다. 『명종실록』의 기사입니다.

1559년 2월 9일

바닷가의 땅들은 백성들이 농사를 지어 먹고 사는 땅인데, 권력가들이 그 땅을 모두 빼앗아 동네 사람들을 징발해 간척 사업을 시키고, 또 고을에서 사업비를 뜯어냅니다. 그래서 간척이 성공하면 그 이익을 모두 갖고, 실패하더라도 자신이 손해 보지는 않아 너도나도 간척 사업에 뛰어들고 있습니다. 백성들이 먹고살 땅을 빼앗긴 데다가 부역까지 동원되고 있으니 너무나 심각합니다.

1694년 4월 28일
『지암일기(支菴日記)』

김차암이 그의 말을 가지고 왔다. 말이 아주 튼튼하게 생겨서 네 마지기의 논과 삼십 석의 벼로 계약하고 보냈다. 그런데 김차암은 돈만 받아먹고 말을 보내지 않았다. 어이가 없다.

1694년 9월 3일

윤준이 말 거래 미수금을 받아내기 위해 우리 집에 왔는데, "아니 선생님. 이거밖에 안 주신다고요? 이대로는 못 돌아갑니다. 돈을 더 주기 전엔 한 발짝도 여기서 물러서지 않을 겁니다!"라면서 마당에 드러누워 진상을 부렸다. 여러 사람 보는 눈이 있어, 시세보다 더 많은 값을 줘서 보냈다. 그 고얀 놈의 심보에 당한 것이 너무나 분하다.

　　토실토실한 살과 우람한 골격을 가져 보기만 해도 가슴이 웅장해지는 말을 보자, 윤이후는 거금을 질러 바로 계약합니다. 그런데 말을 팔던 사람은 입금을 확인하고도 감감무소식입니다. 대지주를 상대로 거래하면서 무슨 배짱인지는 모르지만, 윤이후는 '오늘도 평화로운 중고나라'에 당해버린 사람처럼 어이없어합니다. 한편, 더 비싼 값을 받아내기 위해 영업장에서 진상을 부리는 판매원은 마당에 대자로 누워 민족의 고유한 전통, "배 째!"를 선보입니다. 그가 요구하는 값이 얼토당토않음을 알면서도, 보는 눈이 무서운 양반 윤이후는 결국 시세보다 더 비싼 값을 쳐주고 그를 보내버리죠.

　　또한, 대지주 윤이후가 지역 백성들을 항상 쥐어짜기만 한 것은 아니었습니다. 흉년이 들자 그는 아낌없이 창고를 열어 본인이 먹을 곡식까지 다 내놓기도 했습니다. 그런 윤이후의 심정이 드러나는 일기가 하나 있습니다.

김홍도 작,
「풍속화첩(風俗畵帖)」 중 '말징박기'

—

두 명의 일꾼이 말발굽에 징을 박는 광경을 담은 풍속화입니다. 그런데 백발이 성성한 노인이 열심히 훈수를 두는 모습이 재밌습니다. 허리도 굽어 지팡이를 짚지 않으면 서는 것조차 힘이 든 노인이지만, 배경의 나무처럼 '엄근진'한 표정으로 왼손으로 '이래라 저래라' 하고 있군요. 아마도 말 주인인 양반의 모습이겠죠? 그런 양반을 뒤로 한, 중앙의 일꾼은 '거 참, 노인네 쫑알쫑알 시끄럽네' 하는 듯한 표정으로 작업을 계속합니다. '시키는 대로 하긴 하지만, 곧이곧대로 하지는 않겠다!'라는 느낌이랄까요? 윤이후가 말 거래 도중 뒤통수를 당한 일도, 사람들이 양반의 말에 껌뻑 죽기만 하던 것은 아니었기에 가능한 일이었을 것입니다. (본 저작물은 공공누리 제1유형에 따라 국립중앙박물관의 「풍속화첩(風俗畵帖)」을 이용하였습니다)

1696년 2월 21일
『지암일기(支菴日記)』

윤무순과 김세귀가 "어르신, 제발 제 땅 좀 사주십시오."라고 간절하게 청했지만, 사줄 능력이 안 되니 나도 도리가 없다. 흉년이 들자 평소 벼 십여 섬이었던 논값이 두세 섬까지 줄었다. 그런데도 나 역시 창고가 텅텅 비어 땅을 사지 못했다. 하지만 사람들은 우리 집 또한 곡식이 다 떨어졌는지 모르고 땅을 사달라고만 하니, 복장이 터진다.

흉년이 들자 사람들은 땅을 팔아서 곡식을 마련합니다. 그런데 흉년이라 곡식은 적고, 땅을 팔려는 사람은 많죠. 땅값 그래프는 연일 빨간색을 그리며 폭락합니다. 윤이후 또한 이미 창고에 비축해둔 곡식을 여기저기 나눠줘서 호재에도 땅을 살 수가 없습니다. 그런데도 사람들은 자신의 상황을 전혀 모릅니다.

물론, 윤이후가 "곡식이 떨어졌다."라고 하는 것은 다른 이들의 말과 차원이 좀 다릅니다. 일주일 뒤, 윤이후는 그 땅을 매우 저렴하게 사지요. "집 앞의 땅이라 지금 사두지 않으면 후회할 것 같아서 무리했다."라고 쓰긴 하지만, 하루 먹을 곡식까지 다 떨어진 일반 백성보다는 훨씬 더 여유 있는 삶을 산 것은 분명합니다.

이렇듯, 양반은 땅과 소작농의 숫자를 늘리는 일에 엄청난 관심을 기울였습니다. 그것이 재산 축적의 가장 확실한 방법이었기 때문이죠. 그런데 먼 곳에서 농사짓는 소작농을 관리하는 일은 쉽지 않았습니다. 그래서 소작료 수입에 구멍이 숭숭 나는 일도 벌어졌습니다.

　앞서 오희문이 가족을 떠나 경상도에서 '뜻밖의 피난민 신세'가 된 까닭은, 먼 곳에서 사는 소작인들에게 직접 소작료를 받기 위해서였습니다. 하지만, 대기업 총수가 협력업체를 직접 방문하는 것은 어쩌다가 한 번 있는 일이죠. 땅 관리를 직접 챙기지 않으면, 금세 누구의 땅인지도 모르는 일이 발생하곤 했습니다. 김택룡의 일기를 볼까요?

—

1617년 9월 27일 - 10월 8일
『조성당일기(操省堂日記)』

이번에 마평 동네의 내 땅을 조사해보니, 엄한 놈들이 내 땅에서 농사를 짓고 있었는데 소작료 한 푼을 못 받았다는 게 드러났다. 그자들을 찾기 위해 담당 공무원과 경찰관에게 부탁했더니, 노비 윤복, 노비 일년, 그리고 김서방이라는 자, 이렇게 세 놈이 모른 척하고 내 땅을 나눠서 농사지었다고 한다.
그래서 마름 풍종이를 시켜 그놈들을 우리 집으로 찾아오게 했다. 그 놈들이 우리 집에 쭈뼛거리며 들어오자, 나는 "이 고약한 놈들이 감히 나의 땅에 농사를 지으면서 소작 한 번을 안 내? 내가 관대하게 그동안 해 먹은 돈은 받지 않겠지만, 앞으로는 빠짐없이 소작료를 내야 할 것이다!"라고 꾸짖었다.

　몇 년 동안 관리를 안 한 사이에, 자신의 땅에서 모른 척하고 농사를 지어왔던 노비와 양민을 찾아 '혼꾸녕'을 내주는 양반의 모습입니다. 마당에 나란히 엎드린 세 사람과, 높은 마루 위에서 호령하는 양반의 그림이 떠오르죠? 그런데 이 과정에서 김택룡은 자신과 친한 공무원들에게 처리를 부탁합니다.

양반은 결혼을 통해, 또 부모로부터 상속받아서 부를 물려받았기 때문에 자신의 땅이 전국 팔도에 퍼져 있었습니다. 이렇게 관리가 힘든 상황인지라 효율성을 최대한 발휘하려면 전국적인 네트워크에 가입해야만 했습니다. 또한, 16세기 이후부턴 이른바 병작제*가 자리잡습니다. 생산 수단을 독점하면서도 직접 노동의 책임과 의무는 협력업체가 전담하게 하고, 과거와 혼인을 통한 '이너써클' 가입으로 그 부를 공고

병작제(竝作制)

16세기 이전, 조선의 대지주들은 직영점 중심으로만 운영했습니다. 전국에 퍼진 대농장에 자신이 직접 고용한 슈퍼 바이저와 노동자(노비)를 파견하여 운영했죠. 그런데 전쟁과 흉년으로 땅을 판매하는 농민들이 많아지자, 대지주들은 이러한 땅을 싸게 매입했고, 직접 고용한 노비를 보내는 대신 소작인에게 땅을 빌려주기 시작했죠. 그런데, 이러한 가맹점들은 추수한 곡식의 절반을 임대료로 내야 했습니다. 이렇게 소작인이 지주에게 땅을 빌려 수익을 5:5로 나누는 제도를 병작반수제라 합니다. 이는 농민들에게 굉장한 부담이 되었는데, 1945년 미군정에 의해서 공식적으로 3할 이상의 소작료를 부과하지 못하도록 하는 법이 만들어지기 전까지 한반도의 '국룰'로 자리잡았습니다.

히 해나가는 모습, 어디선가 많이 본 장면 아닌가요? 이러한 모습은 더 많은 부를 위해, 그리고 그렇게 쌓은 부의 지위를 결코 잃어버리지 않기 위해, 부를 독점하는 사람들이 긴 역사 내내 해왔던 전통적인 방법이므로 그 모습을 딱히 '옛날 것'이라고만 할 수는 없겠네요.

한편, 한때는 여러 명의 소작인을 뒀던 지주였으나, 전쟁으로 인해 백수가 되어버린 오희문의 일기는 조금 다릅니다. 그의 일기는 CEO의 업무일지가 아니라 노숙자의 생존일기에 더 가까운데요. 터전을 모두 잃어 곡식이 나올 곳 하나 없는 상황에서 가족과 노비의 생계를 책임져야만 하는 가장 오희문의 선택은, 구걸이었습니다.

—

1593년 12월 21일
『쇄미록(瑣尾錄)』

양식이 하나도 없어서 순창군수를 찾아갔다. 순창군수는 이전에 함께 일했던 직장 동료였는데, 그때 "혹시라도 어려운 일 생기면 말만 해. 내가 적극 도와줄게."라고 했다. 그래서 그의 집을 찾아가, "이보게 친구, 나일세. 예전에 함께 일했던 오희문이야. 오랜만이네."라고 불렀는데, 아무런 대답이 없었다. 혹시나 못 들었나 해서 다시 큰 소리로 불러보았지만, 역시 아무런 대답이 없었고, 오히려 못 들은 척하면서 무시할 뿐이었다. 예전엔 괜찮은 사람이었는데, 어쩌다가 저렇게 되어버렸을까. 여기 온다고 양식을 써버렸는데, 빈손으로 돌아갈 생각을 하니 눈앞이 캄캄해진다.

—

1595년 4월 11일

『쇄미록(瑣尾錄)』

양식을 구하기 위해 태수를 찾아갔다. 마침 태수가 길을 걸어오길래,
"이보게 홍수. 나, 오희문이야. 좋아 보이네."라고 외쳤다. 태수는 놀
란 눈으로 나를 바라보더니, 잠깐 고민하다가 "아, 자네였나! 이게 얼
마 만이야. 지금은 좀 바쁘니, 관아에서 식사라도 하면서 기다려주
게."라고 했다. 다음 날, 태수와 그동안의 회포를 풀면서 양식을 얻을
수 있었지만, 싫어하는 티를 너무 내서 나의 자존심도 적잖이 상했다.
하지만 앉아서 굶고만 있을 수는 없는 일이다. 참아야 한다.

한때는 오희문도 과거 준비를 하던 '공시생'이었습니다. 그래서
전쟁이 터지자, 현직에 있던 친구들을 찾아다니며 곡식 구걸을 하죠. 그
러나 모두가 어려운 상황, 고을 백성들에게도 나눠주지 못하는 곡식을
옛 친구에게 선뜻 나눠줄 수령은 흔치 않습니다. 아예 무시를 당하거나,
양식을 주면서도 "친구야, 왜 그렇게 사니. 그 나이 먹었으면 이 정도는
알아서 해야지."라는 멸시 어린 시선도 겪게 마련입니다. 오희문의 자존
심은 지각을 뚫고 맨틀까지 떨어지지만, 굶고 있는 처자식이 눈앞에 아
른거리기에 꾹 참고 다시 구걸 순회공연을 이어갑니다.

그래도 딸이 고을 수령과 결혼하고, 맏아들도 태수가 되면서 그
의 생계는 좀 나아집니다. 사위나 아들이 관아의 창고에 보관된 곡식을
정기적으로 보내주었기 때문이죠. 그런데 오희문은 이러한 것이 불공정

한 것임을 잘 알고 있었습니다. 아들이 없는 고을 살림에도 탈탈 털어서 곡식을 보내주자, 자신 때문에 아들이 감사에 걸리진 않을까 걱정합니다. 하지만, 워낙 돌발 변수를 많이 겪어봐서일까요. 오희문 일가는 '적절한 선'을 잘 아는 사람들이었습니다. 그 선에서 너무 풍족하지 않게, 또 너무 부족하지 않게 야금야금 고을 창고에서 빼주었기에 큰 탈이 나지 않았던 것 같습니다.

일단 발등에 떨어진 급한 불을 끄자, 오희문은 이제 다른 쪽으로 머리를 굴리기 시작합니다. 살림살이에 큰 보탬이 되는 각종 동물을 기르기 시작한 겁니다. 하지만, 말 통하는 사람을 상대하기도 쉽지 않은데, 동물은 어련할까요. 각종 예기치 못한 사고가 터지고, 오희문의 복장도 같이 터집니다.

———

1598년 4월 15일-16일
『쇄미록(瑣尾錄)』

15일, 내가 키우는 병아리 한 마리를 조카가 키우는 개가 물어 죽였다. 제일 처음 물어 죽였던 병아리는 매가 물어갔고, 두 번째로 물었던 병아리는 죽기 전에 간신히 구해냈는데, 이번에 또 사고를 치니 화가 머리끝까지 솟았다. 개를 없애버리자니 아깝고, 또 그냥 내버려두자니 우리 집 병아리를 다 물어 죽일 게 뻔해서 아내에게 맡겨야겠다. 지도, 제 잘못을 알았는지, 집을 나가 어디를 싸돌아다니고 있어서 잡히지도 않는다.

16일, 아침에 또, 그놈의 개새끼가 병아리를 물어서 울화통이 터진다. 더 이상 참을 수 없어서, 조카에게 직접 개를 잡아 오게 하였고, 아내에게 보내버렸다.

닭은 달걀을 낳아주는 고마운 존재죠. 달걀 꾸러미는 바로 생계 물품과 교환할 수 있는 수단이었기에 오희문은 비록 양반이지만, 애지중지 병아리를 키웁니다. 그런데 조카가 키우는 개가 자꾸 병아리를 물어 죽이면서 오희문의 인내심을 시험합니다. 당장이라도 보내버리고 싶지만, 또 조카가 사랑하는 개인 터라 이러지도 저러지도 못합니다. 그러나 삼세 번의 법칙을 위반하자, 결국 개를 쫓아버립니다.

개가 나왔는데 또 고양이가 빠질 수 없죠. 오희문은 과연 '댕댕파'였을까요, 아니면 '냥냥파'였을까요?

—

1599년 3월 1일
『쇄미록(瑣尾錄)』

집에서 기르는 암컷 고양이가 봄이 되면서부터 수컷을 찾기 위해 온 동네를 쏘다니며 울었다. 그런데 동네에도 수컷 고양이가 없어서 울기를 그치지 않았는데, 그저께부터 어디로 갔는지 도통 모습을 찾을 수 없었다. 아마도 표범에게 물려간 것은 아닐까. 안타깝다. 이 고양이가 우리 집에 온 뒤로 집 안의 쥐 떼를 다 잡아주어서 곡식도 보존하고 집안도 조용했는데, 이제 고양이가 사라졌으니 다시 쥐 떼가 날뛸 것이다.

김득신 작,
「파적도(破寂圖)」

—

우리 시대는 '냥냥이 강점기'입니다. 각종 커뮤니티나 인스타그램은 댕댕파보
다 냥냥파의 숫자가 월등히 많아, 사람들의 귀여움을 다 승자독식하고 있죠.
'고요가 깨진 장면'이라는 뜻의 「파적도」는 냥냥파들에게 보내는 선조들의 경
고 아닐까요? 한가하게 돗자리를 짜던 농민, 그러나 파렴치한 고양이 녀석
은 병아리를 물어 죽이고 도망갑니다. 불시에 일격을 당한 어미 닭은 고양이
를 쫓고, 놀란 양반도 곰방대를 들고 버선발로 뛰어나와 점핑 펀치를 날려보
지만, 얄미운 고양이 녀석은 휙 돌아보면서 여유 있게 도망갑니다. 인간을 약
올리는 것, 이것이 고양이들의 천성일까요. 물론, 가끔 실수를 저지르는 댕댕
이가 있긴 하죠. 조카의 개가 병아리를 물어 죽였을 때, 오희문의 모습도 분명
그림과 같았겠죠?

고양이는 농사짓는 집의 주적, 쥐 떼를 잡아주는 고마운 존재죠. 쥐 떼가 잡히기에 곡식도 보존하고, 집안도 조용하며, 위생적으로도 좀 더 쾌적했을 것입니다. 하지만, 가임기가 오자 암컷 고양이는 사랑 찾아 삼만 리를 떠나죠. 오희문은 영역 동물인 고양이가 아예 마을을 떠나버리자 포식자에게 잡혀간 것으로 추측합니다. 밤새 쏘다니며 짝을 찾는 고양이 때문에 이웃의 항의를 더는 듣지 않게 되었지만요.

사실, 오희문은 '냥냥파'와 '댕댕파' 양쪽에 모두 속한 '동물 애호파'였습니다. 다른 일기에는 꼬리가 하얀 개와 6년 동안이나 함께하며 동고동락하다가, 개가 표범에게 물려 갔다며 안타까워하는 기록도 있습니다. 다만, 동물을 바라보는 관점이 요즘과는 좀 달랐는데요. 그의 관점은 자신의 생계에 보탬이 되냐, 안 되냐에 있었습니다. 그만큼 먹고사는 문제에 시달렸다는 뜻이겠죠. 그래서일까요. 전쟁이 끝나고 생계가 안정된 후에도, 가계에 큰 보탬이 되는 양봉에 몰두합니다.

—

1600년 9월 27일
『쇄미록(瑣尾錄)』

그저께 우리 집 벌통을 아들네 집의 아직 벌이 많이 없는 벌통과 합쳤는데, 두 집의 벌이 한참 동안 윙윙거리며 싸우다가 간신히 진정했다. 너희들도 먹을 것이 부족해서 그리도 죽어라 싸우는구나, 미안하다. 이곳에는 벌통이 하나 더 있었는데, 어제부터 벌통을 들락날락하더니, 결국 오늘 저녁 모두 어딘가로 날아가버렸다. 너무나 아깝다.

1601년 1월 6일
『쇄미록(瑣尾錄)』

오늘은 날씨가 확 풀렸다. 벌들도 벌통에서 모두 나와 윙윙거리며 놀고 있었다. 겨울 추위에 모두 얼어 죽지 않고 잘 살아줬구나. 기특한 내 벌들 덕분에 기쁘다.

정년 은퇴를 하신 아버지들은 새로운 취미를 찾기 시작합니다. 반려동물을 입양해 "내 맘 아는 애는 우리 강아지밖에 없어."라고 하시거나, 낚시나 등산 같은 고전적인 취미에 전념하시기도 하고, 21세기 현대인답게 유튜버로 전업하시는 아버지도 계십니다. 오희문은 양봉을 말년의 취미로 삼았습니다. 하지만, 평생 글공부만 하던 양반이 양봉에 재능이 있을 리 없습니다. 수많은 시행착오와 벌들의 떼죽음을 겪으면서도 그는 어떻게든 벌들을 살려 벌꿀을 받아냈고, 일기가 끝나는 마지막 해까지 양봉을 이어갑니다.

한편, 유배객들은 어떻게 생계를 꾸려갔을까요? 유배하면 떠오르는 조선의 인물, 정약용(丁若鏞, 1762~1836)은 비록 초반엔 힘들었지만, 나중엔 처가와 외가의 도움을 받아 나름대로 넉넉하게 유배 생활을 했습니다. 하지만, 심노숭은 그럴 수 없었습니다. 자신의 땅을 팔아서 일부 해결했지만, 그것도 한계가 있었죠. 이때, '주인 잘못 만난' 노비들의 묘수가 빛나기 시작합니다.

—

『남천일록(南遷日錄)』

유배지에서 몇 년을 보낸 걸노는 작심한 듯 내게 말했다. "어르신, 이
대로는 안 되겠습니다. 저희도 먹고살아야 하니, 제가 직접 담배 장사
를 해볼까 합니다. 두 냥만 제게 투자해주시면, 제 생계를 해결하면서
어르신께도 넉넉하게 담배를 드리겠습니다."

걸노는 두 냥으로 물고기와 짚신 등을 저렴하게 사서 비싸게 팔 수 있
고, 나의 담배까지도 넉넉히 살 수 있다면서, 예상 수익이 열 냥이라
며 자신만만해했다. 시험 삼아서 한 냥을 줘서 보냈더니, 저녁에 걸노
가 돌아올 때 생고기 두 근과 갈비 석 대를 구해왔다.

무능한 주인, 심노숭의 유배를 따라간 노비 걸노는 주인 따라 고
생하는 상황을 참을 수 없었는지, 심노숭에게 본인이 직접 나서겠다고
선언합니다. 그리곤 심노숭 앞에서 자신의 사업계획을 자신 있게 프레
젠테이션하죠. 심노숭도 시험 삼아 한 냥을 투자해보는데, 걸노는 양손
에 고기를 들며 당당히 돌아옵니다. 아쉽게도 걸노의 사업은 심노숭의
투자 거절로 제대로 진행되지 않았습니다.

투자 제안이 실패하자, 노비들은 다른 생계 수단을 찾기 시작합니
다. 심노숭의 다른 노비, 득노의 계획은 임업에 뛰어드는 것이었습니다.

—

1803년 11월 16일
『남천일록(南遷日錄)』

득노의 겨울옷이 너무 얇아 추위를 막기 어려웠는데, 득노는 산에서 나무를 하고 성에 내다 팔아 약간의 이득을 올렸다. 한 달이 쌓이면, 그래도 두툼한 겨울옷 한 벌은 만들 수 있다. 그래서 며칠 전부터 매일 같이 나무를 내다 팔며 저축하고 있었다. 가난하게 사는 것도 마음 아픈데, 자기 힘으로 옷을 마련하는 것을 어떻게 막을까.

무능한 주인 심노숭이 겨울옷도 해줄 수 없게 되자, 득노는 엄동설한에 산에 올라 나무를 내다 팔며 한 푼 두 푼 모아갑니다. 얇은 옷을 입고 새벽부터 나무하는 괴로움이 얼마나 컸을까요. 이 모든 고통은 심노숭의 노비였기에 발생한 것이지만, 자기가 할 수 있는 선에서 방법을 찾아 나섰고, 10일 뒤에 스스로 옷을 마련하죠.

이러한 상황은 앞서 보았던 대지주, 윤이후의 노비들은 상상하기 어려운 고난이었을 것입니다. 양반은 어떤 수저를 물고 태어나냐에 따라, 노비는 어떤 양반을 만나냐에 따라 의식주 해결의 난이도가 이렇게나 달라졌던 겁니다. 다만 그 지난한 시간을 겪었기에 걸노와 득노는 나름대로 해결책을 찾아낸 것이 아닐까요?

누구나 경제적으로 넉넉한 삶을 꿈꿉니다. 최소한 고지서와 독촉에 일상이 송두리째 흔들리지 않기를 바라지요. 그러나 그 과정은 순탄

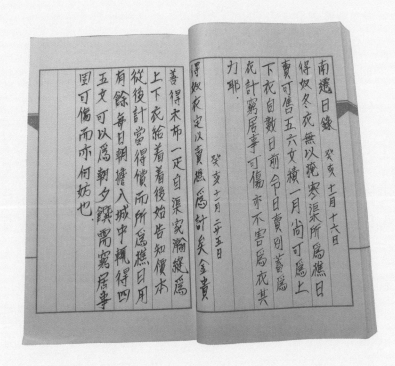

南遷日錄　癸亥 十一月 十六日

得奴冬衣無以掩寒渠所爲樵日
賣可售五六文積一月尚可爲上
下衣自數日前令日賣則蓄爲
衣計窩居事可傷亦不害爲衣其
力耶.

癸亥十一月二十五日

得奴衣定以賣樵爲計矣金貴

善得末布一疋自渠家瀚縫爲
上下衣給着着後始告知價本
從後計當得償而所爲樵日用
有餘每日朝擔入城中輒得四
五文可以爲朝夕饌需窩居事
亦可傷而亦何妨也.

하지 않습니다. 우리가 마주하는 자본의 세계가 더없이 비정상적이거나, 더없이 부조리함을 일상 속에서 겪게 되기 때문입니다. 절망적인 수치의 대기업 또는 공무원 경쟁률, '강남 불패'의 신화, '동학개미운동' 등의 사회현상은 생산의 기초라고 여겨왔던 노동의 가치가 무너지는 시대를 관통하고 있습니다.

한때, 비록 신분제 사회였지만, 충분한 노동으로 '내 땅 마련'과 '내 집 마련'의 꿈을 이룰 수 있었던 시기가 조선에도 있었습니다. 그러나 부의 독점현상이 걷잡을 수 없을 정도로 끓자, 노동으로 얻을 수 있는 최대의 효용은, 고작 간신히 의식주를 해결하는, 즉 '숨만 쉬고 사는' 정도로 떨어집니다. 거대한 욕망이 만든 열차는 '망국역'을 향해 고속으로 질주하게 했습니다.

우리 사회에서 노동으로 얻을 수 있는 최대의 효용은 어느 정도일까요. 우리가 타고 있는 욕망의 기차는 지금 어디쯤 가고 있을까요? 웃으며 읽어나간 조선 사람들의 치열했던 생존 투쟁의 기록을 덮고 나니, 어쩐지 뒷덜미에 서늘한 감각이 드는 것은 왜일까요.

이씨 양반은 가오리고, 류씨 양반은 문어라니까

포털 사이트 뉴스 페이지의 상위권을 차지하는 단골손님은 정치, 사회, 연예 면입니다. 그런데 정치와 연예 뉴스는 베스트 댓글을 제한하거나, 아예 댓글을 막아놓기 시작했습니다. 물론 사회 기사에는 여전히 자유로이 댓글을 달 수 있지만요. 사회 기사에 수많은 댓글이 달리면서 와글와글하는 까닭은, 뉴스 속 이야기가 우리의 하루와 맞닿아 있기 때문입니다.

이 책의 마지막 장은 가장 '보통사람들'이 좌충우돌, 우왕좌왕, 헐레벌떡 하면서 뛰어다니는 사건 사고의 이야기입니다. 다만, 안타깝게도 '진짜 보통사람'에 대한 기록은 많지 않습니다. 이 책 전부가 양반이 기록한 일기로 구성되어 있듯, 이번에도 양반의 일기 너머에 아른거리는 보통사람의 이야기를 끌어낼 수밖에 없습니다. 특히, 양반과 삶을 함께했던 노비의 이야기는 보통사람의 흔적을 쫓을 수 있게 도와줍니다. 먼저, 사고뭉치 노비 덕노 때문에 속앓이를 하는 오희문의 이야기부터 시작해봅니다.

—

1594년 4월 16일
『쇄미록(瑣尾錄)』

덕노가 밭을 매다가 자신의 어머니에게 "아이참, 엄마! 잔소리 좀 그만해! 듣기 싫다고. 답답한 소리만 하고 있네, 정말!"이라면서 온갖 욕을 하며 싸우는 꼴을 보았다. 저런 불효막심한 놈을 보았나, 아무리 노비라지만 감히 어머니에게 그럴 수가 있는가. 그전에도 툭하면 자신의 어머니에게 할 말 못 할 말을 가리지 않고 함부로 하기에 내가 여

입안(立案)

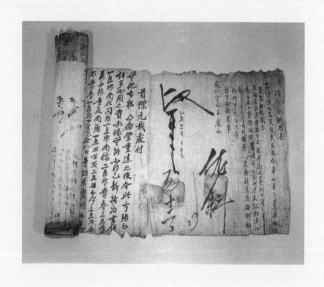

—

당시 노비 매매문서를 보면, 얼마나 까다로운 절차가 필요했는지 드러납니다. 위 사진은 1755년, 보령에 사는 홍상선이 남포향교 소속의 노비 여덟 명을 구매하면서 작성한 매매문서 및 공증문서 세트입니다. 향교의 운영진이 노비의 판매를 소속 노비에게 위임하는 위임장, 홍상선이 노비 여덟 명을 구매한 매매문서, 홍상선이 현감에게 노비 매입 사실을 공증해달라고 요청하는 청원서, 향교의 대리인 노비 원재가 노비매매 사실이 분명함을 밝히는 진술서, 매매의 증인이자 매매문서를 썼던 최달천의 진술서, 관련자들의 진술을 모두 검토한 후 노비매매를 공증하는 공문서까지 붙어 있습니다. 현대의 부동산 거래 못지않게 복잡하죠?

러 번 혼냈는데, 기어코 사람들이 다 보는 자리에서 어머니를 모욕하다니, 금수만도 못한 자식이다. 도저히 참을 수 없어서, 이번엔 크게 매를 쳤다.

부모와 자식이 서로 싸우는 일이 낯선 것은 아닙니다. 때로는 부모에게, 또는 자녀에게 아무 생각 없이 내뱉은 심한 말을 밤새 후회하는 일도 있죠. 하지만, 일기에서 보듯, 덕노는 사람들이 다 지켜보는 자리에서 자신의 어머니를 모욕하는 못된 심보를 지닌 사람이었습니다. 아무리 노비라 할지라도, 부모와 자식 사이에는 지켜야 할 엄연한 도리가 있는데도 말이죠.

그래서 매를 심하게 쳤는데, 폭력을 행사한다고 사람이 하루아침에 새사람으로 다시 태어나지는 않죠. 오히려 덕노는 자신의 어머니 대신, 아예 오희문을 곯려주기 위해 작정한 듯한 행보를 보입니다.

—

1594년 4월 18일
『쇄미록(瑣尾錄)』

덕노는 매 맞은 뒤로 "아이고야, 나 죽네. 어른신, 매 맞은 것 때문에 오늘도 도저히 밭매러 못 나가겠습니다. 정말이라니까요."라면서 죽어도 못 나간다고 성화를 부렸다. 어쩔 수 없이 어둔이와 그 딸내미 둘이서 밭을 매게 시켰는데, 남자 종이 없으니 벌써 며칠이 지났는데도 일이 끝이 안 보인다.

「감로탱화」 중 부분

—

감로탱화는 다음 생에는 더 좋은 삶을 살기 위한 마음으로 제작된 사찰의 불
교미술 작품입니다. 다른 불화에서는 드문 인간 세상의 다양한 군상이 기록되
는데, 위의 감로탱화 가운데에는 주살기노(主殺其奴), 주인에게 매질 당한 노비
의 억울한 죽음이 담겨 있습니다. 고통받는 중생의 모습을 기록한 감로탱화를
통해 매 맞는 노비들의 두려움이 고스란히 전해지는 것 같습니다.

효(孝)와 예(禮)를 목숨보다 더 무겁게 여기는 양반이 눈을 시퍼렇게 뜨고 있는 앞에서, 감히 자신의 어머니를 모욕했던 덕노는 호되게 매를 맞은 뒤로, 연일 "나 죽네, 나 죽어." 하면서 파업을 실행합니다. 가뜩이나 일손이 부족했던 농번기에 건장한 남자 한 명이 빠져버리니, 밭매는 일이 제대로 될 리 만무합니다. 결국, 오희문은 이웃집 사람들을 고용해서 일을 마무리해야만 했습니다. 덕노는 알았던 것이죠. 자신이 없으면, 결국 손해 보는 사람은 오희문이라는 것을요.

심지어 덕노는 영화 〈기생충〉의 기택처럼, 선을 세게 넘는 일도 서슴지 않습니다.

—

1594년 6월 1일, 1595년 1월 18일
『쇄미록(瑣尾錄)』

6월 1일, 지인이 다른 사람에게 선물하기 위해 나에게 물건을 맡겼는데, 마침 덕노를 황해도에 보낼 일이 있어서 덕노에게 맡겼다. 그런데 같이 갔던 막정이가 돌아와서 말하길, "어르신. 글쎄 덕노가 어르신의 물건을 슬쩍해서 내다 팔고 그 돈을 슬쩍했습니다."라고 고하는 것 아닌가? 그 얘기를 듣자 혈압이 확 올랐다.

1월 18일, 황해도에 사는 노비 복시가 편지를 보냈는데, "어르신, 작년 소작료를 막정이에게 맡겨서 보냅니다."라고 쓰여 있었다. 그래서 막정이에게, "막정아. 복시가 소작료를 너에게 맡겼다고 하는데, 어디 두었니?"라고 물었더니, 막정이는 "소작료요? 저는 모르는 일입니다,

어르신. 그런 얘기 못 들었습니다."라고 답하는 것이 아닌가. 그러잖아도 덕노가 황해도 여기저기를 다니면서 중간에서 소작료를 훔치더니, 이제는 막정이까지 덕노에게 못된 것만 배워왔구나.

오희문은 덕노에게 황해도에 사는 노비들의 소작료를 걷는 중대한 임무를 맡깁니다. 겸사겸사, 지인에게 보내는 물건도 같이 맡기죠. 그런데 덕노는 중간에서 그 물건을 슬쩍해서 팔아버립니다. 게다가, 같이 갔던 막정도 덕노의 화려한 '삥땅' 스킬을 배워서 그대로 써먹죠. 중요한 임무를 맡은 두 노비가 야무진 손기술과 천연덕스러운 연기를 보여주자, 화가 머리끝까지 솟아오른 오희문의 머리에서는 김이 솔솔 납니다.

이쯤 되면, 오희문이 유독 빈털터리에 어리숙한 양반이라서 연신 당하기만 하는 것은 아닌지 의심스럽습니다. 하지만 이문건 또한 노비들에게 다양하게, 심지어 '고급 사기'를 당했습니다.

—

1557년 10월 12일
『묵재일기(默齋日記)』

강손이가 괴산에 있는 밭을 사러 갔는데, 괴산 농장의 책임자 연동이가 중간에서 장난질을 쳤다. 거래가보다 논 다섯 마지기와 소 한 마리, 벼 두 섬을 더 내놓지 않으면 안 판다고 성화를 부렸다는 것이다. 강손이가 어쩔 수 없이 그 요구를 들어주었더니 연동이는 곧바로 매매문서를 만들면서, 문서에는 원래 가격을 기입했다고 한다. 이 가증스러운 늙은 노비 놈 같으니라고.

다른 사람이 자신의 땅을 사 가는데, 괴산 농장의 중간 관리자로 보내놓은 마름 연동이 중간에 개입하여 수수료를 떼먹습니다. 그런데 이참에 한몫 챙기려고 했는지, 수수료의 비용이 상당합니다. 오희문은 '가증스러운 노비 놈'이라며 욕을 하지만, 먼 곳에서 오랫동안 자신의 농장을 관리해온 자신의 마름을 그저 지켜볼 수밖에 없습니다.

이 밖에도, 자신의 이름을 팔고 다니는 노비도 있었습니다. 나라에서 진행하는 토목공사 때마다 힘없는 백성들은 연줄 있는 양반가에 약간의 뇌물과 함께 부역에서 빼 달라는 청탁을 넣곤 했습니다. 이문건은 그럴 때마다 "김 사또. 잘 지냈는가. 이번에 옆집 배씨가 몸이 안 좋으니, 부역에서 빼주시게."라는 편지를 보내줬죠. 그런데 여기서도 틈새를 비집고 들어가 자신만의 공간을 만드는 노비가 나타납니다.

—

1562년 2월 25일~26일
『묵재일기(默齋日記)』

공무원 배세린이 우리 집에 찾아왔다. 그와 이런저런 얘기를 나누던 도중, 그가 갑자기 "조곡마을 최씨와 흑수마을 이씨의 부역을 빼달라고 하신 말씀을 듣고, 그들이 부역에 뽑히지 않도록 제가 이번에 힘 좀 썼습니다."라며 생색을 내었다. 이건 또 무슨 소리인가. 나는 그런 얘기를 입 밖에 낸 적이 없는데. 또 어떤 노비 놈의 장난질인가, 하고 찾아보니 자공이었다. 나는 그를 불러, "네 이놈! 네가 무슨 자격으로 내가 하지도 않은 말을 만들어서 남에게 청탁을 하는 것이냐!"라고 꾸짖었더니, 그는 "저는 다른 노비들이 하는 말을 듣고, '아 어르신의 뜻이구나' 하고 전했을 뿐입니다."라며 변명을 했다. 청탁을 받았다면 분명 대가도 받았을 텐데, 그런 얘기는 하나도 없었다. 너무나 괘씸해서 크게 혼냈다.

평소 부역 청탁을 잘 받아주는 이문건의 모습을 보고, 그 일을 처리하던 노비 자공이 중간에서 이문건의 허락도 없이 청탁을 처리하고 대가를 받은 모습입니다. 담당 공무원이 이문건을 찾아와 짐짓 생색을 낼 때, 이문건은 얼마나 황당하고 당황스러웠을까요? 아마 '이 양반이 무슨 소리야' 싶었을 겁니다. 엄격한 신분제의 국가, 때로는 체벌로 인해 목숨까지 위협받던 노비들이, 어떻게 이토록 각양각색의 창조적인 방법으로 주인 양반에게 달달한 엿을 선물할 수 있었는지 놀라울 따름입니다.*

이렇게 대놓고 꼼수를 발휘하면 차라리 때리기라도 할 텐데, 최선을 다했는데도 성과를 내지 못하면 그저 분을 삭이는 수밖에 없었습니다. 덕노는 하는 일마다 영 시원치 않아서, 오희문은 일을 맡길 때마다 불안했는데요. 어느 날, 오희문은 애지중지 올인했던 '양봉 코인'을 정산하는 임무를 덕노에게 맡깁니다.

—

노비의 사유재산 확보

노비들은 다양한 꼼수를 통해 사유재산을 축적했습니다. 주인의 눈을 속이는 중간횡령, 때로는 주인을 사칭한 사기 행각, 다른 노비를 상대로 한 고리대금업, 시장을 통한 상행위 등을 통해 재산을 모았죠. 비록 노비 본인이 매매의 대상이었으나, 자신의 재산을 자녀에게 상속할 수 있는 권리 또한 법적으로 보장되었습니다. 그런데 욕심 많은 양반은 노비들의 재산마저도 강탈하려 했습니다. 자식이 없이 사망한 노비의 재산은 주인에게 귀속되는데, 그 점을 이용해 각종 명분을 만들어 재산을 뜯어냈죠. 노비는 이에 대응하기 위해, 일단 요구를 수용했다가 몰래 땅을 팔아버리고 도망가거나, 잘못된 문서를 만들어주는 등, 재산을 지키는 데도 각종 꼼수를 부렸습니다.

1599년 11월 26일

『쇄미록(瑣尾錄)』

드디어 덕노가 돌아왔다. 그런데 덕노는 풀 죽은 표정으로 그동안 결과를 내게 보고했다. "가지고 간 여섯 두(한 두 = 약 십팔 리터, 한 되 = 약 십팔 밀리리터)의 꿀을 함흥의 사장에게 팔았는데, 그가 꿀을 재니까 다섯 두하고 석 되밖에 안 되었습니다. 꿀을 산 대가로 저희가 아무 무명천이나 가져가도 된다고 하여 무명천을 골랐습니다만, 전쟁 이후로 무명의 시세가 완전히 떨어진 데다가, 그나마 있는 천들도 모두 하급이었습니다. 하지만 저희로서는 선택의 여지가 없었습니다."

눈앞이 캄캄했다. 원래 서울에 내다 팔려고 했던 건데, 함흥 쪽의 꿀

시세가 좋다고 해서 이 모진 추운 날, 노비들을 보내 팔게 했다. 게다가, 일 년 동안 생계를 해결해나갈 중요한 밑천이었는데, 그냥 서울에 내다 파는 게 나았다 싶을 만큼 큰 손해를 본 것이다. 하지만 덕노 일행도 이 추위에 눈보라를 뚫고 함흥까지 다녀왔으니 고생이 이만저만이 아니었을 것이다. 내가 잘못된 정보를 듣고 결정한 것이니, 누굴 탓하랴. 한숨만 나온다.

아무에게나 알려주지 않는다는 고급 정보를 듣고 귀가 쫑긋해진 오희문은 애지중지 키운 꿀벌들에게서 꿀을 모두 받아, 덕노 일행에게 맡겨 함흥으로 보냅니다. 덕노 일행은 추위와 눈보라를 뚫고 길을 나서죠. 하지만, 결과는 '대폭망'이었습니다. 함흥의 꿀 도매상이 꿀을 재는 도량형이 달라 1차 손해를 보고, 그 대가로 받은 무명의 시세도 급락해서 2차 손해를 봤으며, 그나마 받은 무명의 품질 또한 최하품이라 3차 손해를 봅니다. 본전 회수에도 실패한 대참사의 현장, 오희문의 양봉 주식 그래프는 지구를 뚫을 기세로 수직 낙하합니다. 요즘 같았으면 '한강 물 온도'가 실시간 검색어에 올랐겠죠?

한편, 노비들이 묵과할 수 없는 선을 넘을 때면, 양반들은 체벌로 버릇을 고쳐놓고자 했습니다.* 때로는 직접 매를 내려치다가 본인의 손목이 삐끗하기도 했었죠. 하지만, 모종의 이유로 발생한 개인의 욕망을 억누르는 것만으로는 한계가 있습니다. 이럴 때, 노비들의 선택은 '대탈주'였습니다.

오희문의 『쇄미록(瑣尾錄)』에도 각종 탈주 사례가 기록되어 있는

이문건과 오희문의 노비 체벌

조선 시대 기록을 읽다가 가장 마음이 불편해지는 순간은, 수많은 체벌 기록을 마주할 때입니다. 이문건은 노비를 불렀는데 빨리 오지 않았다는 이유로, 큰 소리로 장난치고 떠들었다는 이유로, 옷에서 냄새가 난다는 이유로 노비를 심하게 때렸습니다. 또, 오희문은 농사를 감독하러 나갔다가, 노비들이 나무 그늘 밑에서 낮잠을 자는 모습을 보고 격분해서, 여성 노비들의 머리채를 잡고 끌고 가 채찍 40대를 때립니다. 사회적·문화적 차이가 있기에 현대의 윤리 기준으로 판단하는 것은 지양해야 할 터지만 노비가 양반의 뒤통수를 칠 때마다 묘한 통쾌함이 스며듭니다.

데요. 그중에서 근성의 탈주를 보여준 조선 노비판 로미오와 줄리엣, 송노와 분개의 스토리를 펼쳐봅니다.

—

1595년 8월 7일
『쇄미록(瑣尾錄)』

송노가 또 도망쳤다. 그런데 이놈이 근처 옥춘이네 집에 숨어 있다는 소식을 듣고 내가 저녁때 직접 찾아 나섰더니, 송노는 저 울타리 밑에서 숨어 있다가 나를 보자마자 횃불을 들고 부리나케 도망갔다. 나를 약 올리는 것인가. 아, 분하다, 분해.

노비들이 내게 고하길, "송노와 막정이의 아내 분개가 불륜을 저지릅니다."라고 하기에 나는 그 정도까진 아니라고 믿었었다. 그런데 이번에 막정이가 집을 비운 틈을 타, 분개와 함께 도망치려고 단단히 벼르고 있던 것이다. 내 아내가 그 얘기를 듣고 분개의 방을 뒤졌더니, 아니나 다를까 자기 짐을 다 송노에게 주어 다른 곳으로 옮겨놓았다. 이 녀석들이 너무나 미웠다. 그래서 분개를 안방에 잡아 가두고 감시자도 붙여놓았다.

어느 날, 기회를 엿보다 냉큼 탈주한 송노는, 기껏 도망쳤음에도 동네 인근에서 숨어 있다가, 오희문이 직접 찾으러 오자 횃불을 들고 약 올리듯 뛰어갑니다. 그를 쫓아갈 수 없는 양반의 체면과 늙어버린 두 다리 때문에 분했던 오희문은 그저 씩씩거릴 뿐이네요.

송노의 탈출 사유는 다름 아닌 사랑이었습니다. 돌아왔던 송노는 숨죽이며 때를 기다리고 있었습니다. 자신이 사랑하는 여성, 분개와 함께 탈출하기 위해서죠. 분개는 이미 막정이의 아내였고, 자신이 도망가면 또다시 가족들이 위험에 빠진다는 점을 잘 알고 있었지만, 이미 사랑에 눈이 먼 '직진남' 송노를 아무도 막을 수 없습니다. 결국, 가족을 잡아봐야 소용이 없다는 것을 안 오희문과 그의 아내는, 그들의 '사랑의 도피'를 방해하기 위해 분개를 가둬 놓습니다.

도저히 빠져나갈 수 없는 밀실에 갇힌 분개를 위해 송노는 '특급 구출 작전'을 결행합니다.

—

1595년 8월 8일
『쇄미록(瑣尾錄)』

아침에 일어나보니, 분개를 가뒀던 방 주변이 엉망진창이었다. 지난
밤, 송노가 몰래 들어왔다가 그 방이 모두 잠긴 것을 보고, 먼저 굴뚝
으로 침입하려다 실패했다. 그러자 마구간 밑에서 방까지 굴을 파서
분개를 빼내려고 했는데, 그마저도 실패하자 그냥 분개의 옷만 방안
에 던져놓고 도망갔다. 정말 녀석이 미워 죽겠다. 오늘 밤에는 분개를
더 단단히 가둬놔야겠다.

　　이탈리아 베로나의 로미오와 줄리엣에겐 발코니라도 있었지만,
송노와 분개는 사방이 두꺼운 벽으로 꽉 막힌 방을 탈출해야 합니다. 게
다가 튼튼한 자물쇠까지 걸려 있는 마당입니다. 애타던 송노는 몸에 검
댕이 묻는 것을 무릅쓰고 굴뚝으로 침입하다가 실패하고, 이번엔 방 밑
으로 굴을 파서 분개를 빼내려고 했지만, 이게 하룻밤만에 될 일은 아니
잖아요? 송노는 애인 구출하기를 포기하고, 분개가 보내줬던 옷가지를
방안에 던져놓고 혼자 도망갑니다. 그때, 송노는 작은 창문 사이로 분개
에게 말했을 겁니다. "내가 꼭 다시 돌아온다고 약속할게. 그때는 분명,
우리가 함께 이곳을 떠나 같이 살 수 있을 거야. 그때까지 버티고 있어
줘. 사랑해!"
　　과연, 창살 없는 감옥 사이로 서로를 애틋하게 그리워하던 이 커
플은 사랑의 도피에 성공했을까요?

—

『쇄미록(瑣尾錄)』

그저께, 결국 분개가 도망갔다고 한다. 분명 송노가 몰래 들어와 분개를 데리고 도망친 것이다. 이런 젠장, 입에서 욕이 저절로 튀어나왔다. 이제는 못 참겠다. 더 이상 그놈을 용서해주지 않을 것이다. 어디, 잡히기만 해봐라.

송노는 시간이 지나길 기다렸다가, 잠시 감시가 허술해진 틈을 타 분개를 구출하고 탈출에 성공합니다. 소식을 들은 오희문을 이를 바득바득 갈며, 송노를 잡으면 목숨을 빼앗을 결심을 합니다. 어떠한 고난이 와도 이내 체념하고 자신을 다독이던 오희문이 이렇게 살의를 품을 정도로 '극대노' 하는 것은 매우 드문 일입니다. 그만큼 송노가 미웠다는 뜻이겠죠.

어떤 커플이 사랑에 골인하면, 어떤 사람은 반드시 불행해야만 하는 걸까요? 자신이 병을 앓던 중에 아내가 도망가버린 막정은 이후에 어떻게 되었을까요.

—

어젯밤, 막정이가 세상을 떴다. 막정이는 서른일곱 해 동안 내 밑에서 항상 성실하게 궂은일도 마다않으며 일했고, 전쟁이 나서 우리 식구들이 피난할 때에도 막정이만을 의지해서 일을 시켰다.

그런데 이상하게도 지난해부터 명령을 거부하는 일이 생기더니, 조금만 기분이 상하면 도망갈 생각을 하기 시작했다. 특히, 아내인 분개가 송노와 함께 도망간 뒤로는, 나 때문에 자신의 신세를 망쳤다며 나를 원망하면서, 집안일을 하나도 하지 않고 심지어 언제든지 도망갈 수 있게 짐을 싸놨었다.

하지만 이미 병세가 위중해서 그냥 놔뒀는데, 결국 분개가 떠난 뒤로 마음도 상하고 밥도 잘 안 먹게 되어 세상을 뜨고 말았다. 이게 다 분개 때문이다. 뼈가 아프도록 분개가 밉다. 최근 내게 보인 막정이의 태도를 생각하면 막정이도 조금은 밉지만, 오랫동안 애써준 것을 생각하니 애통한 마음이 든다. 이에 관을 준비하여 매장하고 제사를 지내주었다.

안타깝게도, 40년 가까이 오희문 일가를 위해 일했던 노비 막정이는 충격을 받아 병이 더 심해져 결국 세상을 뜹니다. 마지막엔 오희문을 원망하기까지 했다는데, 평생토록 일했어도 불행한 결말을 맞이했으니 조금은 그 심정이 이해가 갑니다. 오희문은 양반이 노비의 사후 해줄 수 있는 최대의 존중인 관과 묘지, 그리고 제사로 삶을 자신과 함께했던 막정이의 마지막을 애도합니다.

송노와 분개 커플은 그 뒤 어떻게 되었을까요? 1601년, 오희문은 드디어 송노의 소재를 파악합니다. 어디로 갔나 했더니, 분개의 친정어머니가 사는 집으로 도망가 새살림을 차렸다고 합니다. 이에 오희문은 아들을 보내는데, 그 소식을 들은 송노는 약간의 물품과 함께 시급히 올라와 오희문에게 용서를 구하죠. 시간이 약이었을까요. 한때는 강한 살의까지 품었지만, 이미 분개와 결혼해 두 아이까지 둔 송노가 앞으로 최선을 다해 일하겠다고 다짐하고, 한편으론 당장 일손이 부족하다는 현실적인 이유도 있었기에 그를 용서합니다.

송노와 분개 커플은 어차피 도망 노비의 신세이므로 할 수 있는 것이 별로 없었을 겁니다. 그나마 옛 주인을 찾아가 푼돈이라도 버는 것이 유일한 선택지였을지 모르죠. 죽음을 걸고 사랑의 도피를 했는데, 가정도 꾸리고 죽음도 면했으니, 이것도 나름의 해피엔딩일까요?

이렇게 노비를 관리하는 것은 양반에게 무척 중요한 일이었습니다. 하지만 가장 어려운 것은 역시 사람을 상대하는 일이지요. 그 어려운 미션에 성공한 양반들은 누구보다 충직하고 결코 자신을 배신하지 않는 든든한 '내 편'을 만들 수 있었습니다. 때로는 자신에게 죽음의 위기가 닥치더라도 말입니다.

1611년 2월 29일
『계암일록(溪巖日錄)』

오늘 한 손님이 왔다. 손님과 밤이 늦도록 술잔을 마주하며 얘기를 나
누는데, 어느새 화제가 기축옥사(己丑獄事)에 이르게 되었다. 그는 분
함과 억울함을 누를 수 없는 말투로, "옛날 기축옥사 때, 정여립(鄭汝
立)의 노비인 검금이가 잡혀 들어갔는데, 정철(鄭澈)이 최영경(崔永
慶)을 무함하기 위해 검금이를 최영경의 집으로 끌고 가서 회유를 시
도했습니다. 하지만, 검금이는 '저는 결코 저희 주인과 저분이 함께
있는 것을 보지 못했습니다.'라며 증언을 거부하였습니다. 악독한 정
철은 검금이에게 모진 고문을 가했지만, 결국 검금이는 입을 열지 않
고 죽었습니다. 그 덕분에 최영경은 누명을 벗을 수 있었습니다. 도대
체 세상이 이래도 되는 것입니까?"라고 말했다. 그의 말에 전적으로
동감한다.

희대의 역모 사기극, 기축옥사(己丑獄事)*에 휘말린 주인 때문에
노비 검금이는 서슬 퍼런 고문실로 끌려갑니다. '빅 픽처'의 설계자, 정
철은 검금이를 직접 심문하며 자신의 정적이었던 최영경의 이름을 받
아내려 하죠. 하지만, 반란의 주모자로 지목된 정여립의 노비 검금이는
자신의 주인에 대한 의리를 지키기 위해 죽음의 위기 속에서도 결코 입
을 열지 않았습니다. 검금이와 최영경은 직접적인 관계가 전혀 없지만,
정여립의 역모 혐의를 전적으로 거부하기 때문에, 최영경에 대한 거짓

진술도 하지 않은 것이죠.

검금이는 알았을 것입니다. 이 고문실에서 입을 열지 않으면, 그 끝엔 죽음뿐이라는 것을요. 어쩌면 검금이가 정철의 '답정너' 질문에 예스맨이 되어줬다면, 힘없는 노비에 불과하므로 목숨은 건질 수 있었을지도 모릅니다. 그 거부할 수 없는 제안을 거부하고 주인과의 의리를 택한 검금이의 태도가 놀라울 따름입니다.

기축옥사(己丑獄事)

조선 역사에서 가장 미스터리한 사건 중 하나인 기축옥사는 아직까지도 그 원인을 명확하게 밝혀내지 못했습니다. 1589년, 정여립이 역모를 꾀하고 있다는 고변으로 촉발된 이 사건은 용의자 정여립이 자결함으로써 역모가 기정사실로 되었죠. 당시, 동인(東人)과 서인(西人) 간의 힘겨운 기 싸움이 진행 중이었는데, 서인은 이 기회를 찰떡같이 물어 다수의 동인을 줄줄이 엮어버립니다. 그런데 정철은 증거 조작을 아예 깔고 가는 무리한 수사를 펼쳐서 후세 사람들에게 엄청난 욕을 먹게 되는데, 최영경이 대표적인 예였습니다. 특히, 『선조수정실록』(1590년 6월 1일 기사)에 의하면, 최영경이 옥에서 죽자, 정철은 손으로 목을 그으며 "저 사람이 나를 죽이려고 그렇게 난리를 쳤는데, 결국은 자신이 먼저 죽고 말았네요. 하지만 저는 바른 마음을 가진 사람이니, 어떻게 고소해 할 수 있겠습니까?"라며 농담하는 장면이 나옵니다. 뿐만 아니라, 『수정실록』 곳곳에 정철에 대한 원한과도 가까운 기록들이 있죠. 『수정실록』 편찬자들은 억울하게 죽은 사람들을 위해, 정철을 역사 속의 대 죄인으로 만들어 천년만년 욕먹기를 바랐던 것 같습니다.

이렇듯, 때때로 노비와 주인은 한 집안으로 엮이곤 했습니다. 이에 주인에 대한 공격을 자신에 대한 공격으로 간주하는 노비도 있었죠. 자연히 노비들끼리 '누구 주인이 더 잘났나?'라며 집단 싸움을 벌이는 일도 벌어졌습니다. 집안일도, 세상 돌아가는 일에도 관심을 끄고 살고 싶었던 고고한 선비, 김령마저도 휘말렸던 '노비 대전' 이야기를 들어볼까요?

—

1607년 4월 24일
『계암일록(溪巖日錄)』

아침밥을 먹으려고 밥숟가락을 막 들었을 때, 한 마을 사람이 와서 내게 따졌다.

"이봐요. 당신네 하인 진수 패거리가 우리 산에서 풀을 베고 있는 걸 아는 거요?"

나는 여자 노비인 애향이에게 "애향아! 당장 가서 풀 베는 걸 멈추고 돌아오라고 해라."고 시켰다.

그런데 돌아온 애향이가 놀란 표정으로 내게 말했다.

"어르신, 그 사람은 자신의 하인들과 함께 직접 산으로 가더니, 우리 하인들이 베어놓은 풀을 모조리 실어 자기네 집으로 보냈습니다. 게다가 그의 하인들이 진수를 붙잡아 돌멩이를 던지고 몽둥이로 때리려고 협박하면서, '뉘 집 노비인데 이렇게 분수를 모르나? 너네 나으리가 시키더냐? 너를 보니 네 상전 수준도 알 만하다. 너처럼 너의 상전도 돌멩이로 쳐야 버릇을 고치겠지?'라면서 온갖 험한 말을 했습니다."

감히 하인들이 나를 모욕하다니, 일기에 적기도 싫다. 게다가 애향이한테 들으니, 진수가 풀을 벤 곳은 원래 우리 집 뒷산 꼭대기 뒤편인데, 그 땅은 자기네와 상관도 없는 땅이었다. 그런데 어느 날부터 자기들 땅이라고 선언하면서 협박하기 시작했다. 이런 일이 한두 번이아니었는데, 나는 굳이 이웃과 싸우기 싫어서 참고 있었다.

어떻게 해야 하나 골몰하던 중에 밤이 되었는데, 그 집의 여자 노비들네다섯 명이 우리 집 여자 노비들에게 따졌다. 그중 연금이라는 나이든 노비가, "너희 상전이 사람이긴 하니? 아, 양반이라고 했나? 에이, 아니겠지. 어떻게 양반씩이나 되어서 졸렬하게 남의 땅에서 풀을 베게 시키겠어?"라고 소리를 지르며 나를 욕했다. 애당초 돌아가신 부모님께서 집을 철거하고 저 사람을 이웃으로 받아들였는데, 이런 배은망덕한 일을 벌이다니, 도저히 참을 수가 없다.

평화롭게 아침밥을 먹으려고 하는 순간, 이웃 사람이 느닷없이 김령 집의 대문을 열고 들어와 김령에게 따집니다. 자신의 땅에서 김령의 노비들이 무단으로 풀을 베고 있다는 항의였죠. 김령은 그 말을 믿고 애향이를 보내 작업을 중지시키는데, 그 집의 하인들이 풀을 베던 김령의 하인, 진수가 베어놓은 풀을 모조리 가져가는 것도 모자라, 진수를 협박하면서 김령을 욕합니다. 저녁이 되자 이번엔 여자 노비들이 '어떻게 양반씩이나 되어서 그렇게 졸렬한 일을 벌이겠어?'라며 김령을 모욕하죠. 더럽고 치사한 일을 피해 고고한 시대의 기록자가 되려 했던 김령

溪巖日錄　丁未　四月二十四日

方輿朝晡眞守輩刈草於上里新宅後

田知耶　余令小僮出呼婢愛香逐任止

之于此之時直在田邊盡薇鋤屯之草

輸入其家聚石制艇拿眞守欲硏欲

叔宣及汝進賜汝上典及中石戶主之

言其他無謂之說萬萬不可記眞守

恒惘追走負裸永逃其族屬追還

之回愛香詳聞之則刈草處乃我宅

主山峯頃後也於彼不甚湘千年年刈

於其處匪今斯今而彼占爲己山自

前如此辛巳非一二歲夜彼宅婢四五

名交嗾厚我無所不至其老婢連今

者尤極不遜揚言謂吾婢曰汝上典

人乎兩班則敎汝輩刈草於

其處乎　安有如此痛憤者乎.

은 참을 수 없는 모욕감에 휩싸입니다.

이웃은 여기서 참지 않았습니다. 아예 진수에 대한 고소장을 제출하였고, 이웃 간의 싸움은 법정 투쟁으로 바뀌었습니다.

—

1607년 4월 29일
『계암일록(溪巖日錄)』

저들이 관아에 고소장을 제출했다가, 판결이 원하는 대로 나오지 않을까 봐 마을 재판으로 처리하자고 했다. 그러나 마을 재판은 말이 공적인 재판이지, 실제로는 자기들 마음대로 판결하는 곳이었다. 아침부터 마을 사람들이 모두 모여 재판을 시작하는데, 그 인간이 사람들을 모두 끌어모아 소리를 질러댔다. 그 목소리가 우리보다 커서 판결에 영향을 끼쳤고, 심지어 내 집안사람들도 저쪽의 인간들이 두려워 우리 집을 보호해주지 못했다.

결국, 진수는 매 오십 대를 판결받았는데, 저쪽 인간들이 우겨서 열 대를 더 맞았다. 우리 여자 노비들은 매 서른 대, 마흔 대를 맞았는데, 나를 모욕했던 저쪽의 노비들은 고작 회초리로 종아리 스무 대만 맞았다. 이런 불공정한 판결이 어디 있나.

이웃은 영리한 꾀를 씁니다. 사건을 공적 재판이 아니라, 마을 규칙에 의거한 재판으로 바꾼 거예요. 싸움에서는 정말 목소리 큰 사람이 이기는 걸까요? 재판은 영 김령에게 불리한 쪽으로만 흘러갑니다. 게다

310

가, 믿었던 김령의 집안사람들마저 저쪽의 기세에 눌려 김령을 도와주지 못합니다. 결국, 김령의 노비들만 무거운 벌을 받고, 저쪽 집의 노비들은 가벼운 벌을 받는 것으로 사건이 마무리되죠.

그런데 김령은 일기에 이웃의 이름을 적지 않았습니다. 아마도 이 일기가 외부로 유출됐을 때, 이웃 간의 갈등이 더 커지는 것을 염려했던 것 같습니다. 다만, 후손들에게는 진실을 알리기 위해, 맥락을 아는 사람들이라면 누구인지 충분히 알 수 있도록 서술해두었죠. 너무나도 화가 나던 상황에서도 최후의 자제력을 발휘한 것 같습니다.

한편, 김령의 노비들은 동네 계모임에도 활발히 참여하며 마을의 당당한 구성원으로 활동했는데요. 때때로 평민들, 혹은 독특한 정체성을 지닌 사람들까지도 함께 계모임을 만들어 서로의 관혼상제(冠婚喪祭)를 돕고, 재테크를 하며, 나아가 축제까지도 같이하곤 했습니다. 양반의 시선에서 바라보는 이들의 친목 도모를 살펴보죠.

―

1694년 3월 19일
『지암일기(支菴日記)』

아침에 다리를 지나는데, 승려와 마을 남자들, 산에 사는 사람들이 잔뜩 모여 흰 장막을 치고 행사를 하고 있었다. 내가 "저 사람들은 누구고 모여서 뭘 하는 것인가?"라고 물었더니, "다리가 새로 만들어진 기념으로 동갑인 사람들을 모아 계모임을 열었습니다."라고 한다.

—

1692년 1월 1일
『지암일기(支菴日記)』

고을의 풍속에는, 매년 1월 1일 윗마을과 아랫마을이 대나무를 하나씩 가지고 '땅따먹기'를 한다. 이 축제에는 마을의 남녀노소가 모두 참여해 진검승부를 벌인다. 먼저 관아를 뚫고 들어가 깃발을 세운 쪽이 이기는데, 이기는 쪽은 징과 북을 울리며 광대놀음 한 판을 시원하게 벌인 후, 관아를 한 바퀴 돌고 나온다. 두 마을이 겨룰 때는 거의 죽기 살기로 달려드니, 그깟 놀이에 목숨 거는 모습이 웃긴다.

계, 같은 직업군, 같은 마을이라는 테두리로 뭉쳐 함께 웃다가 치고받고 싸우는 이들의 모습이 낯설지 않은 것은, 사람이 둘 이상 모이면 반드시 발생했던 인간사의 희노애락이 지금 우리가 겪는 것과 다르지 않기 때문이겠죠. 이는 기득권을 점유하는 계급, 양반도 다르지 않았습니다. 오히려 그들은 그들만의 '고인물 계모임'을 만들어, 때로는 클럽처럼 신나게, 때로는 살롱처럼 우아하게, 때로는 '감성 주점'처럼 뜨겁게 놀았죠.

그래서 양반들은 구별 짓기를 통해 더욱 믿을 만한 사람들끼리로만 VIP 회원제로 운영하려 노력하는데, 시간이 흐를수록 쉽지 않아집니다. 양반인 듯, 양반 아닌, 양반 같은 평민이 등장했기 때문입니다. 류의목(柳懿睦, 1785~1833)의 『하와일록(河窩日錄)』에선, 신분제가 송두리째

「수갑계첩(壽甲禊帖)」

—

1758년에 출생한 22명의 동갑 중인 계급끼리 서울의 정윤상 집에 모여 계모임을 벌이는 그림입니다. 양반과 양인 사이의 계층인 중인은 굉장히 애매했던 계급입니다. 그 애매함 때문에 다양한 사회적 차별을 받았지만, 그 애매함 덕분에 자신들만의 자유로움을 유지할 수 있었죠. 이들은 자신들만의 직업적 기술을 보유한 테크니션이 되거나, 혹은 문화 예술계를 선도하는 아티스트 등이 되어 재능을 꽃피웠습니다. 그림에는 앉을 자리가 없을 정도로 사람이 꽉 찬 잔치의 모습이 담겨 있습니다. 양반의 놀이 문화는 점차 하위 계급으로 전해지면서, 그들 또한 양반이 노는 것과 크게 다르지 않은 풍류를 즐겼습니다.

흔들리기 시작한 시대의 모습이 잘 드러납니다.

—

8월 29일, 점심을 먹는데, 귀삼이가 보였다. 귀삼이는 원래 평민 출신이라서, 나는 "귀삼이 너, 잘 지냈느냐."라고 말했더니, 귀삼이는 "아, 네. 그랬다네. 선생은 잘 지내셨나?"라며 어정쩡한 대답을 했다.

9월 2일, 귀삼이가 결심한 듯 내게 말했다. "지난번에 선생이 나를 노예처럼 불러 몹시 불편했습니다. 그때 신씨 양반이 마침 자리에 있었는데, 제게 '아까 그 청년은 왜 자네의 이름을 부르며 건방지게 구는가?'라고 묻기에 저는 '그 청년은 나에게 할아버지뻘 항렬이고, 귀삼은 내 처가의 마을 이름이네.'라고 답했습니다. 앞으로는 조심해주셨으면 좋겠습니다." 나는 속으로 깔깔 웃으면서, "아이고. 미안합니다. 내가 몰랐네요."라고 했다.

오래된 명문가의 후손, 류의목은 길을 가다가 상놈에서 류씨 성을 얻어 양반이 된 귀삼이를 만납니다. 류의목은 반가운 마음에 예전처럼 "잘 지냈느냐?"라고 반말을 하는데, 귀삼이의 응대가 야릇합니다. 썸 타는 사이도 아니면서 반 존대를 하는 거예요. 이에 류의목이 어리둥절해합니다.

머칠 뒤, 귀삼이는 류의목에게 '그때 같이 있던 사람들에겐 일단 대충 둘러두었습니다. 하지만 앞으론 조심해주셨으면 좋겠습니다.'라고 정중히 요청하죠. 류의목은 귀삼이가 양반이 된 줄 알면서도, 양반으로 인정하지 않아 일부러 반말을 건넨 터였습니다. 신분의 구별이 모호해지고, 어제의 평민이 오늘의 양반이 되는 시대지만, 류의목 같은 명문가는 그러한 시대의 흐름을 거부하려고 몸부림을 쳤습니다.

그러나 도도히 흐르는 역사의 물결을 막을 수는 없는 법입니다. 결국, 예전 같았으면 몽둥이로 호되게 찜질을 당할 일인, 공개적으로 양반을 놀리는 문화가 거리에 자리잡습니다. 함양 박씨가의 6대가 1834년부터 한국전쟁이 발발하는 1950년까지 써 내려간 일기,『저상일월(渚上日月)』에는 흔한 19세기 거리의 풍경이 기록되어 있습니다.

—

1863년 1월
『저상일월(渚上日月)』

오늘 거리에서 하나의 우스갯소리를 들었다. 하인들이 모여서 동네의 양반들을 풍자하는 얘기였다.
"이씨 양반은 가오리고, 류씨 양반은 문어라니까. 김씨 양반은 명태고, 권씨 양반은 포육이며, 또 다른 류씨 양반은 멸치, 다른 이씨는 조기, 또 다른 이씨는 정어, 조씨는 복어야."

양반들의 생김새와 배포를 해산물에 빗대 풍자하는 풍경입니다. 그러나 이 하인들은 양반을 욕했다고 곤장을 맞지도 않았고, 생계를 위협받지도 않았습니다. 노비가 한 명의 인간으로 거듭나기 시작할 때쯤, 조선의 이야기는 막을 내려갑니다.

엄마와 싸우는 노비, 횡령하는 노비, 사기 치는 노비, 사랑에 눈이 먼 노비, 김보성도 울고 갈 의리파 노비, 양반 욕을 하며 대판 싸우는 노비, 양반이 된 노비…… 삶과 욕망의 굴레에서 자신들만의 삶을 찾아 떠났던, 누구보다 욕망에 충실했고 그래서 '속박 안의 자유'를 누렸던 노비의 이야기는, 우리의 삶과 한 쌍의 데칼코마니를 이루고 있습니다.

노비는 이 시대에서는 찾아볼 수 없는 전근대의 상징입니다. 다만, 그들의 삶은 양반들의 기록에 남아, '보통 사람'의 모습을 엿보게 하는 귀중한 조연으로 빛나고 있습니다. 가장 천한 존재인 노비와 가장 고귀한 존재인 양반이 충돌하는 그 지점에서, 가장 보통의 존재인 평민의 모습이 그려집니다.

제가 준비한 시시콜콜한 조선의 일기들은 여기까지입니다. 사람은 솔직해지기 위해 일기를 쓰지만, 일기에서조차도 완벽히 솔직해질 수는 없습니다. 때로는 자신의 감정이나 실수를 감추기도 하고, 때로는 썼다가 지우기도 합니다. 언어의 한계를 숙명처럼 짊어진 인간은 자신에게, 또 타인에게, 더없이 솔직하지 못한 존재인지도 모릅니다.

다만, 일기가 소중한 까닭은 '솔직해지려는 노력'을 담아내기 때문일 것입니다. 스스로의 추한 욕망, 또는 흔들리는 양심을 마주하는 것은 불편하기 짝이 없는 일이죠. 완연히 솔직하지 못한 것이 인간성의 한계라면, 되돌아보고 성찰하려는 노력은 인간성이 가진 잠재력이라고 할 수 있을 것입니다.

함남영흥 관노비 부부 두 쌍

—

1911년경, 조선총독부의 공무원들이 촬영한 함경남도 영흥의 관노비 부부 두 쌍의 사진입니다. 1894년, 갑오개혁 이후 노비는 공식적으로 폐지되지만, 수천 년간 이어온 제도가 하루아침에 사라질 리 없죠. 이 사진은 한반도 최후의 관노비 사진 중 하나일 것입니다. 수염과 상투, 복장과 낯선 시선을 빼면, 그들의 모습은 우리 시대 동네 아저씨, 할아버지, 할머니, 아주머니의 모습과 닮았습니다. 비록 신분은 천했으나, 다만 누군가에게 팔리는 신세였으나, 그들 또한 우리와 같은 인간일 따름이었음이 사진 속 남성의 강렬한 시선에서 전해집니다.

어떤 영화에서 가장 좋았던 장면을 이야기할 때면, 사람마다 꼽는 프레임이 다릅니다. 무수히 많은 프레임 속에서 선택된 단 한 프레임에는, 눈에 보이지는 않지만, 그 사람이 그 시간까지 쌓아 올린 무수히 많은 시간의 역사가 투영되어 있을 것입니다.

저는 이 책이, 여러분의 특별하지 아니한 일상을 되돌아보고, 오직 자신만이 가장 잘 아는 '되감기'를 하는 계기가 되기를 바랍니다. 부디 이 책이, 수많은 보통사람의 일상과 맞닿는 이야기로 가득 차 있기를, 그리하여 여러분의 시시콜콜한 시간조차도 역사로서 기록되고 읽히기를 바라봅니다.

이 책에서 저는 가장 보통의 이야기를 담아내기 위해 노력했습니다. 가장 보통의 사람들이 펼치는 보통의 이야기가 가장 특별하다고 생각합니다. 그 까닭은, 보통 안에 담긴 상식과 기준이 시대를 관통하는 중요한 축이 되어왔다는 역사적 사실 때문입니다.

때때로 우리는 화려한 미디어, 그리고 SNS에서 나보다 저만치 앞서가는 듯한 지인의 근황 때문에 우리 안에 있는 '보통성'을 상실하곤 합니다. 평범함은 단점이 되었고, '관종'이 되지 않고선 살아남을 수 없는 시대에서 우리의 보통성은 위협받고 있습니다.

전작, 『시시콜콜한 조선의 편지들』을 발간하고 어떤 분께서 이런 평을 해주셨습니다. "이러한 소재로 이러한 이야기를 엮다니, 저자는 모든 사람을 사랑할 줄 아는 것 같다." 사실, 저는 그만 부끄러워졌습니다. 지나온 나날 속에서 제가 무례하게, 또 무신경하게 대했던 수많은 사람이 떠올라버렸기 때문입니다.

저는 이 책을 사람들과의 접촉을 최소화한 채, 인터넷도 잘 안 되고, 가로등 하나 없는 산골짜기 별장에서 작업했습니다. 몇 주 동안 조선의 보통사람들에 대한 이야기에 빠져 있다 보니, 사람과 사람이 함께 하는 것의 소중함을 새삼 깨닫게 되었죠. 가족과, 친구와, 직장 동료와 때로는 아웅다웅, 때로는 어깨동무를 하는 그 소소한 이야기들이 결국, 감당할 수 없는 고통의 시간이 밀려오더라도 실존성을 잃지 않게 하는 든든한 지반이 되어준다는 것을요.

불현듯, 학창시절에 쓰던 일기장을 꺼내 먼지를 털어 펼쳐보았습니다. 그 활자를 적었다는 기억은 생생한데, 어쩐지 활자가 담은 내용은 낯설기 짝이 없더군요. 꿈을 꾸고, 사랑하고, 아파하고, 즐거워하던 이야기가 너무나 낯설게 느껴진 것은, 고작 10년이라는 시간 동안, 자기방어라는 변명 아래 무신경하고 시니컬해진 자신을 재발견했기 때문입니다.

그 반성 덕분에, 책 작업을 마무리하던 즈음에는 '재미'라는 단어로만 가둬두었던 보통사람의 이야기가 지닌 가치를 다시 찾게 되었습니다. 보통성이 위협받는 시대라 하더라도, '관종'이 되지 않는다 해도, 삶을 빛낼 수 있는 가장 확실한 방법은 외부의 빛을 찾아 나서는 것이 아니라, 다만 자신 안의 빛을 발견하는 것이며, 그것은 소소한 보통의 이야기에서도 충분히 가능하다는 것. 그것이 이 책을 마무리하는 지금 제가 재발견한 소소한 깨달음입니다.

이 책은 비록 조선 사람들의 기록이지만, 저, 그리고 여러분의 삶에 맞닿을 수 있도록 얽어놓았습니다. 이 책에 실린, 마치 특별한 것처럼 서술된 보통의 이야기는 사실 우리 삶에서 수없이 마주하는 케케묵은 이야기입니다. 조선, 그리고 양반의 기록이지만, 사람 사는 이야기는 수천 년 전이나 지금이나 크게 다르지 않다는 점에서, 한 꺼풀만 벗기면 곧바로 우리의 하루, 우리의 일 년, 우리의 수십 년이 됩니다.

제가 저만의 성찰을 하였듯, 여러분이 이 보통의 이야기 속에서 자신만의 이야기를 발견하시길 희망합니다. 다만 재미만을 찾으시더라도 감사할 것입니다. 물론, 찾아낸 이야기가 삶 속의 어둠을 밝힐 작은 등불이 될 수 있다면 그보다 바라마지 않는 것이 없을 것입니다.

참고문헌

1. 나는 네가 과거 시험장에서 한 일을 알고 있다.

한국국학진흥원, 〈스토리테마파크 – 일기와 생활〉, (http://story.ugyo.net/ront/
index.do)

『계암일록(溪巖日錄)』-한국국학진흥원 〈선인의 일상생활, 일기〉 (http://diary.
ugyo.net/)

『매원일기(梅園日記)』-한국국학진흥원 〈선인의 일상생활, 일기〉 (http://diary.
ugyo.net/)

『청대일기(淸臺日記)』-한국국학진흥원 〈선인의 일상생활, 일기〉 (http://diary.
ugyo.net/)

『정조실록(正祖實錄)』 1777년 1월 29일 기사.

규장각한국학연구원, 『일기로 본 조선』, 글항아리, 2013.

노상추 저, 김지홍 외 8인 공역, 『국역 노상추일기 (1)~(3), (6)』, 국사편찬위
원회, 2017~2018.

문숙자, 『68년의 나날들, 조선의 일상사』, 너머북스, 2009.

한국역사연구회, 『조선시대 사람들은 어떻게 살았을까 1~2』, 청년사, 2005.

김명자, 「『매원일기(梅園日記)(1603~1644)』를 통해 본 예안 사족 김광계(金光
繼)의 관계망」, 대구사학 129, 2017, 239-268.

吳龍源, 「『계암일록(溪巖日錄)』을 통해 본 17세기 예안(禮安) 사족(士族)의 일
상」, 퇴계학논집 13, 2013, 275-301.

이남희, 「과거제도, 그 빛과 그늘」, 오늘의 동양사상 18, 2008), 117-136.

이지은, 「17~18세기 경상도 士族의 科擧 體驗」, 국내석사학위논문 경북대
학교 대학원, 2013.

전경목, 「조선후기 지방유생들의 修學과 과거 응시」, 史學硏究 0.88, 2007,
263-310.

하명준, 「정조대 영남 무관 노상추의 지역 정체성과 북방 관직활동」, 嶺南學
0.66, 2018, 285-319.

황위주, 「『離騷遺香』을 통해 본 조선후기 '科賦'의 출제와 답안 양상」, 大東
漢文學 40, 2014, 5-41.

2. 신입 사원들의 관직 생활 분투기

한국국학진흥원, 〈스토리테마파크 – 일기와 생활〉, (http://story.ugyo.net/ront/
index.do)

『중종실록(中宗實錄)』, 1514년 11월 15일 기사.

『계암일록(溪巖日錄)』-한국국학진흥원 〈선인의 일상생활, 일기〉 (http://diary.
ugyo.net/)

『임재일기(林齋日記)』-한국국학진흥원 〈선인의 일상생활, 일기〉 (http://diary.
ugyo.net/)

지암일기:데이터로 다시 읽는 조선시대 양반의 생활, 지암일기 연구팀
(http://jiamdiary.ino/)

금난수 저, 신상목 외 3인 공역, 『성재일기』, 한국국학진흥원, 2019.

노상추 저, 김지홍 외 8인 공역, 『국역 노상추일기 (3)~(6)』, 국사편찬위원회,
2017.

문숙자, 『68년의 나날들, 조선의 일상사』, 너머북스, 2009.

이상호, 『역사책에 없는 조선사』, 푸른역사, 2020.

박홍갑, 「조선시대 免新禮 풍속과 그 성격」, 역사민속학 11, 2000, 231-256.

송만오, 「성공을 위한 서찬규(徐贊奎)의 집념과 노력」, 한국학 35.4, 2012,
115-144.

오항녕, 「여말선초 사관 자천제의 성립과 운영」, 『역사와 현실』 30, 1998.

이상호, 「조선시대 만인소 운동의 철학적 배경」, 국학연구 0.38, 2019, 429-462.

전경목, 「조선후기 지방 유생들의 修學과 과거 응시」, 史學硏究 0.88, 2007,
263-310.

하명준, 「정조대 영남 무관 노상추의 지역 정체성과 북방 관직활동」, 嶺南學
0.66, 2018, 285-319.

한국민족대백과사전, 「권마성(勸馬聲)」 항목.

국립중앙박물관, 「도목안(都目案)」, 「희경루방회도(喜慶樓榜會圖)」 소장품 소
개.

국립민속박물관, 「면신첩」 소장품 소개.

3. 이 천하의 탐관오리 놈아!

한국국학진흥원, 〈스토리테마파크 – 일기와 생활〉, (http://story.ugyo.net/ront/

index.do)

『성종실록(成宗實錄)』-1479년 10월 25일 기사

『계암일록(溪巖日錄)』-한국국학진흥원 〈선인의 일상생활, 일기〉(http://diary.
ugyo.net/)

『매원일기(梅園日記)』-한국국학진흥원 〈선인의 일상생활, 일기〉(http://diary.
ugyo.net/)

『청대일기(淸臺日記)』-한국국학진흥원 〈선인의 일상생활, 일기〉(http://diary.
ugyo.net/)

한국사데이터베이스, 한국사료총서 55집~57집『南遷日錄』(http://db.history.
go.kr/)

한국학중앙연구원, 16세기 역사상의 재해석:『묵재일기(默齋日記:1535
~1567)』교감(校勘) 및 역주(譯註) 사업 (http://waks.aks.ac.kr/
rsh/?rshID=AKS-2014-KR-1230007)

아손 그렙스트 저, 김상열 역,『스웨덴 기자 아손, 100년 전 한국을 걷다』, 책
과함께, 2005.

오희문 저, 이민수 역,『쇄미록』, Olje(올재), 2014.

한국역사연구회,『조선시대 사람들은 어떻게 살았을까 1~2』, 청년사, 2005.

김기림,「상소문의 서술 전략과 논증적 글쓰기에 있어서의 활용 방안 모색」,
한국고전연구 0.33, 2016, 411-440.

김엘리,「19세기 초 孝田 沈魯崇의 流配生活 硏究」, 국내박사학위논문 中央
大學校 大學院, 2016.

백승아,「15,16세기 部民告訴禁止法(부민고소금지법)의 추이와 지방통치」, 韓
國史論 61, 2015, 121-177.

신병주,「16세기 일기 자료『쇄미록(鎖尾錄)』연구」, 朝鮮時代史學報 60,
2012, 37-70.

심재우, 「조선후기 수령의 법적 지위와 형벌권 행사의 실상: 『목민심서』를
　　　중심으로」, 한국문화 0.91, 2020, 149-175.

장성덕, 「默齋 李文楗의 流配時期 交遊樣相」, 국내석사학위논문 경상대학교
　　　대학원, 2008.

정우봉, 「沈魯崇(심노숭)의 『南遷日錄(남천일록)』에 나타난 내면고백과 소통
　　　의 글쓰기」, 韓國漢文學硏究 0.52, 2013, 261-305.

조은숙, 「『默齋日記』 연구」, 국내박사학위논문 고려대학교 대학원, 2019.

한동일, 「朝鮮時代의 量田과 量案에 관한 연구」, 국내석사학위논문 청주대
　　　학교 행정대학원, 1987.

한국민족문화대백과사전, 「조세(租稅)」 항목.

국립중앙박물관, 「노비치부책」 소장품 소개.

국립민속박물관, 「양안」 소장품 소개.

경남도민신문, 「고성오광대 비비탈」, 2009.05.08.

(http://www.idomin.com/news/articleView.html?idxno=286308)

4. 아니, 이게 무슨 소리요. 내가 암행어사라니!

『순조실록(純祖實錄)』-1805년 4월 12일 기사.

『숙종실록(肅宗實錄)』-1696년 5월 14일 기사.

지암일기:데이터로 다시 읽는 조선시대 양반의 생활, 지암일기 연구팀
　　　(http://jiamdiary.ino/)

박래겸 저, 조남권 외 1인 역, 『서수일기』, 푸른역사, 2013.

박래겸 저, 조남권 외 1인 역, 『북막일기』, 글항아리, 2016.

박만정 저, 윤세순 역, 『해서암행일기』, 서해문집, 2015.

김경숙, 「을병대기근기 향촌사회의 경험적 실상과 대응」, 역사와실학 61, 2016, 5-39.

문용식, 「조선후기 환곡 이자와 추가 징수의 문제」, 大東文化硏究 0.92, 2015, 163-195.

박동욱, 「박래겸의 암행어사 일기 연구」, 溫知論叢 0.33, 2012, 7-34.

박영호, 「『서수일기(西繡日記)』를 통해 본 박래겸(朴來謙)의 리더십」, 東方漢文學 56, 2013, 397-436.

송찬섭, 「18~19세기 경상도지역의 환곡구조(還穀構造)」, 大東文化硏究 0.58, 2007, 339-380.

조광현, 「조선후기 암행어사 문서 연구」, 국내박사학위논문 韓國學中央硏究院, 2019.

황재문, 「사환일기와 관직생활」, 大東漢文學 30, 2009, 41-78.

국립중앙박물관, 「정읍군수보고서」, 「노비 엇남의 토지매매명문」, 「암행어사에게 제출된 청원서」, 「서계별단」 소장품 소개.

5. 나의 결백함을 일기로 남기리라

『현종실록(顯宗實錄)』

『숙종실록(肅宗實錄)』

『승정원일기(承政院日記)』 1692년.

지암일기:데이터로 다시 읽는 조선시대 양반의 생활, 지암일기 연구팀 (http://jiamdiary.ino/)

한국학중앙연구원, 16세기 역사상의 재해석 :『묵재일기(默齋日記:1535~1567)』교감(校勘) 및 역주(譯註) 사업 (http://waks.aks.ac.kr/

rsh/?rshID=AKS-2014-KR-1230007)

한국사데이터베이스, 한국사료총서 55집~57집『南遷日錄』(http://db.history.
go.kr/)

민족문화추진회,『(국역) 대동야승』, 민족문화추진회, 1973.

한국역사연구회,『조선시대 사람들은 어떻게 살았을까 1~2』, 청년사, 2005.

김엘리,「19세기 초 孝田 沈魯崇의 流配生活 硏究」, 국내박사학위논문 中央
大學校 大學院, 2016.

장성덕,「默齋 李文楗의 流配時期 交遊樣相」, 국내석사학위논문 경상대학교
대학원, 2008.

정우봉,「沈魯崇(심노숭)의『南遷日錄(남천일록)』에 나타난 내면고백과 소통
의 글쓰기」, 韓國漢文學硏究 0.52, 2013, 261-305.

조은숙,「『默齋日記』연구」, 국내박사학위논문 고려대학교 대학원, 2019.

이해주,「大同法施行의 社會經濟的 背景과 그 意義」, 釜山商大論集 52, 1986.

최주희,「조선후기 宣惠廳의 운영과 中央財政構造의 변화」, 국내박사학위논
문 高麗大學校 大學院, 2014.

매경프리미엄,「관비가 된 단종의 누이 그 후의 삶은 어땠을까?」, 2018.02.03.
(https://www.mk.co.kr/premium/special-report/view/2018/02/21371/)

6. 식구인지, 웬수인지 알 수가 없다

한국국학진흥원, 〈스토리테마파크 - 일기와 생활〉, (http://story.ugyo.net/ront/
index.do)

한국학중앙연구원, 16세기 역사상의 재해석 :『묵재일기(默齋日記:1535
~1567)』교감(校勘) 및 역주(譯註) 사업 (http://waks.aks.ac.kr/

rsh/?rshID=AKS-2014-KR-1230007)

『매원일기(梅園日記)』-한국국학진흥원〈선인의 일상생활, 일기〉(http://diary.
　　ugyo.net/)

김찬웅 저,『선비의 육아일기를 읽다』, 문학동네, 2008.

규장각한국학연구원,『일기로 본 조선』, 글항아리, 2013.

강수연,「이문건의 아동교육관과 그 의의-『養兒錄』을 중심으로」, 역사와 교
　　육 20, 2015, 137-171.

권오영(權五榮),「오천 7군자의 학문활동과 사상」, 국학연구 0.30, 2016,
　　9-54.

김경호,「학교모범에 나타난 율곡의 교육사상」, 율곡학연구 6, 2003, 133-
　　153.

김명자,「『매원일기(梅園日記)(1603~1644)』를 통해 본 예안 사족 김광계(金光
　　繼)의 관계망」, 대구사학 129, 2017, 239-268.

김은아,「조선 전기 여성의 법적 지위」, 한국고전여성문학연구 0.19, 2009,
　　5-33.

박수진,「《소수록》에 나타난 기생들의 내면 의식과 사회문화적 의미 연구」,
　　한국언어문화 0.59, 2016, 227-262.

박양리,「『묵재일기』를 통해 본 16세기 사대부 여성의 초상」, 한국민족문화
　　77, 2020, 61-92.

장성덕,「默齋 李文楗의 流配時期 交遊樣相」, 국내석사학위논문 경상대학교
　　대학원, 2008.

조은숙,「『養兒錄』 연구」, 국내석사학위논문 숙명여자대학교 대학원, 2014.

조은숙,「『默齋日記』 연구」, 국내박사학위논문 고려대학교 대학원, 2019.

최은주,「『계암일록』을 통해 본 17세기 예안사족 김령의 인맥기반 형성과 특
　　징」, 퇴계학과 유교문화 55, 2014, 235-272.

문화일보, 「엄숙함 벗겨낸 익살스러운 묘사, 양반 사회 위선도 까발리다」,
　　2018.06.26.

(http://www.munhwa.com/news/view.html?no=2018062601032212000001)

7. 예쁜 딸 단아야, 아빠를 두고 어딜 가니

『인조실록(仁祖實錄)』

한국국학진흥원, 〈스토리테마파크 - 일기와 생활〉, (http://story.ugyo.net/ront/
　　index.do)

한국사데이터베이스, 한국사료총서 55집~57집『南遷日錄』(http://db.history.
　　go.kr/)

노상추 저, 김지홍 외 8인 공역, 『국역 노상추일기 (7)』, 국사편찬위원회,
　　2018.

오희문 저, 이민수 역, 『쇄미록』, Olje(올재), 2014.

조애중 저, 박경신 역, 『병자일기』, 나의시간, 2015.

문숙자, 『68년의 나날들, 조선의 일상사』, 너머북스, 2009.

김엘리, 「19세기 초 孝田 沈魯崇의 流配生活 硏究」, 국내박사학위논문 中央
　　大學校 大學院, 2016.

김영진, 「유배인 심노숭의 孤獨과 文筆로써의 消愁 - 유배일기『南遷日錄』
　　을 중심으로」, 漢文學論集 37, 2013, 79-108.

김성은, 「『계서야담』을 통해 본 19세기 조선지식인의 여성인식」, 여성과 역
　　사 -.8, 2008, 21-57.

김효주, 「『쇄미록(瑣尾錄)』에 나타난 16세기 사대부 오희문의 삶과 교육관」,
　　국내석사학위논문 건국대학교 교육대학원, 2011. 서울.

박미해, 「조선중기 수령의 가족부양으로 본 장자(長子)의 역할과 가(家)의 범
　　위」, 사회와 역사 0.75, 2007, 187-218.

신병주, 「16세기 일기 자료 『쇄미록(鎖尾錄)』연구」, 朝鮮時代史學報 60,
　　2012, 37-70.

이종숙, 「조선시대 개인 일기의 현황과 특징」, 문화재 52.4, 2019, 142-153.

장미경, 「전쟁시에 나타난 여성의 양가성 -壬辰倭亂과 丁酉再亂 詩材 한시
　　를 대상으로」, 한국고전여성문학연구 0.11, 2005, 331-356.

한국민족문화대백과사전, 「오윤겸」

월간민화, 「김취정 박사의 민화 읽기 ⑤석류가 품은 이야기」, 2018.05.06.
　　(http://artminhwa.com/)

e-나라지표, 「가족과 함께하는 생활시간량」

(https://www.index.go.kr/potal/main/EachDtlPageDetail.do?idx_cd=2713)

8. 그 땅에 말뚝을 박아 찜해놓거라

『명종실록(明宗實錄)』-1559년 2월 9일 기사.

한국국학진흥원, 〈스토리테마파크 - 일기와 생활〉, (http://story.ugyo.net/ront/
　　index.do)

『조성당일기(操省堂日記)』-한국국학진흥원 〈선인의 일상생활, 일기〉 (http://
　　diary.ugyo.net/)

지암일기:데이터로 다시 읽는 조선시대 양반의 생활, 지암일기 연구팀
　　(http://jiamdiary.ino/)

한국사데이터베이스, 한국사료총서 55집~57집 『南遷日錄』(http://db.history.
　　go.kr/)

김건태, 『조선시대 양반가의 농업경영』, 역사비평사, 2004.

노상추 저, 김지홍 외 8인 공역, 『국역 노상추일기 (2)』, 국사편찬위원회, 2017.

오희문 저, 이민수 역, 『쇄미록』, Olje(올재), 2014.

김세민, 「조선후기 廣州의 토지매매문서 연구」, 鄕土서울 -.84, 2013, 47-80.

김엘리, 「19세기 초 孝田 沈魯崇의 流配生活 硏究」, 국내박사학위논문 中央大學校 大學院, 2016.

김영진, 「유배인 심노숭의 孤獨과 文筆로써의 消愁 - 유배일기 『南遷日錄』을 중심으로」, 漢文學論集 37, 2013, 79-108.

박미해, 「조선중기 수령의 가족부양으로 본 장자(長子)의 역할과 가(家)의 범위」, 사회와 역사 0.75, 2007, 187-218.

백광열, 「조선시대 양반 지배의 특권성과 공공성」, 朝鮮時代史學報 -.86, 2018, 119-154.

백광렬, 「조선후기 한 지방양반의 친족연결망 - 海南尹氏 尹爾厚 친족의 사례 검토」, 泰東古典硏究 39, 2017, 41-88.

신병주, 「16세기 일기 자료 『쇄미록(鎖尾錄)』연구」, 朝鮮時代史學報 60, 2012, 37-70.

심재우, 「검안(檢案)을 통해 본 한말 산송(山訟)의 일단」, 古文書硏究 50, 2017, 27-49.

정윤섭, 「16, 17세기 해남윤씨(海南尹氏)의 화산(花山) 竹島 해언전(海堰田) 개간 - 윤이후(尹爾厚)의 『지암일기(支菴日記)』를 중심으로」, 역사학연구 46, 2012, 35-65.

규장각 원문검색서비스, 「김만복 처 정소사 원정」
(https://kyudb.snu.ac.kr/book/text.do?book_cd=TM18959_00)

규장각 한국학연구원, 김경숙 칼럼, 「산송(山訟)」

(http://kyujg.snu.ac.kr/home/brd/BrdView.do?siteCd=KYU&menuId=279&postSeq=122
83)

9. 이씨 양반은 가오리고, 류씨 양반은 문어라니까

『선조수정실록(宣祖修正實錄)』-1590년 6월 1일 기사.

한국국학진흥원, 〈스토리테마파크 - 일기와 생활〉, (http://story.ugyo.net/ront/
index.do)

『계암일록(溪巖日錄)』-한국국학진흥원 〈선인의 일상생활, 일기〉 (http://diary.
ugyo.net/)

『하와일록(河窩日錄)』-한국국학진흥원 〈선인의 일상생활, 일기〉 (http://diary.
ugyo.net/)

『저상일월(渚上日月)』-〈스토리테마파크 - 일기와 생활〉, (http://story.ugyo.net/
ront/index.do)

한국학중앙연구원, 16세기 역사상의 재해석:『묵재일기(默齋日記:1535
~1567)』 교감(校勘) 및 역주(譯註) 사업 (http://waks.aks.ac.kr/
rsh/?rshID=AKS-2014-KR-1230007)

지암일기:데이터로 다시 읽는 조선시대 양반의 생활, 지암일기 연구팀
(http://jiamdiary.ino/)

오희문 저, 이민수 역,『쇄미록』, Olje(올재), 2014.

노상추 저, 김지홍 외 8인 공역,『국역 노상추일기 (3)』, 국사편찬위원회,
2017.

문숙자,『68년의 나날들, 조선의 일상사』, 너머북스, 2009.

김엘리,「19세기 초 孝田 沈魯崇의 流配生活 研究」, 국내박사학위논문 中央

大學校 大學院, 2016.

신병주, 「16세기 일기 자료 『쇄미록(鎖尾錄)』연구」, 朝鮮時代史學報 60, 2012, 37-70.

박미해, 「조선중기 수령의 가족부양으로 본 장자(長子)의 역할과 가(家)의 범위」, 사회와 역사 0.75, 2007, 187-218.

정성미, 「조선시대 사노비의 사역영역과 사적영역 -『瑣尾錄』에 나타나는 사례를 중심으로」, 전북사학 0.38, 2011, 77-106.

이혜정, 「노비(奴婢)의 기상(記上)행위와 쟁송(爭訟) —『묵재일기(默齋日記)』를 중심으로」, 韓國思想과 文化 87, 2017, 81-106.

이혜정, 「16세기 노비의 삶과 의식세계」, 국내박사학위논문 경희대학교 대학원, 2012.

이혜정, 「16세기 어느 도망노비 가족의 생존전략 - 1578년 노비결송입안(奴婢決訟立案)을 중심으로」, 人文論叢 72.4, 2015, 153-182.

국립중앙박물관, 「입안(立案) 」, 「수갑계첩(壽甲稧帖) 」소장품 소개.

한국학중앙연구원, 「사노 복만 분급문기」 소개.

✳

도판 출처

1-1. 중국의 컨닝페이퍼 : 인민망 한국어판

　　http://kr.people.com.cn/n3/2017/0206/c309857-9174298-5.html

1-2. 심상기의 답안지 : 국립중앙박물관

　　https://www.museum.go.kr/site/main/relic/search/view?relicId=1870#

1-3. 베 : 문화유산채널

　　http://www.k-heritage.tv/brd/board/256/L/CATEGORY/614/menu/253

　　?brdType=R&thisPage=9&bbIdx=5168&searchield=&searchText=

1-4. 「길주과시도(吉州科試圖)」: 국립중앙박물관

　　https://ko.wikipedia.org/wiki/%EB%B6%81%EC%83%88%EC%84%A0

　　%EC%9D%80%EB%8%84#/media/%ED%8C%8C%EC%9D%BC:Buk

　　SaeSeonEunDo2.jpeg

2-1. 도목안 : 국립중앙박물관

　　https://www.museum.go.kr/site/main/relic/search/view?relicId=2760

2-2. 김홍도 작, 「응방식(應榜式)」: 국립중앙박물관

　　https://www.museum.go.kr/site/main/relic/search/view?relicId=1442

2-3. 김준근 작, 「신은신래」: 세계일보

http://www.segye.com/newsView/20080226002046

2-4. 면신첩 : 국립민속박물관

https://www.nm.go.kr/common/data/home/relic/detailPopup.
do?seq=PS0100200100104601500000

2-5. 「희경루방회도(喜慶樓榜會圖)」: 문화재청 (소유자-동국대학교)

http://www.heritage.go.kr/heri/cul/culSelectDetail.do?ccbaCpno=1121118
790000&pageNo=1_1_1_1

3-1. 김준근, 곤장치고(핀터레스트)

https://www.pinterest.co.kr/pin/672936369294245462/?nic_v1=1am
ZB%28ngKBNajLTxQwTemen6%2TrJ9RK1X3ysA7d4j5ztPAv6N%20
S5g4AEjQb0SV

3-2. 비비탈

https://aminoapps.com/c/k-pop-everywhere-6149652/page/
blog/youknowwhat-tal-todo-un-mundo-de-mascaras/KwNB_
xmiMu0qwQ0X7vw7azXoBQPPbQpBpJ

3-3. 노비치부책 : 국립중앙박물관

https://www.museum.go.kr/site/main/relic/search/view?relicId=2763

3-4. 양안(量案) : 국립민속박물관

https://www.nm.go.kr/common/data/home/relic/detailPopup.do?seq=
PS0100200100101827200000

3-5. 상소 : 국립중앙박물관

https://www.museum.go.kr/site/main/relic/search/view?relicId=2690#

4-1. 마패 : 국립중앙박물관

https://www.museum.go.kr/site/main/relic/recommend/
view?relicRecommendId=450615

4-2. 정읍군수보고서 : 국립중앙박물관

https://www.museum.go.kr/site/main/relic/search/view?relicId=2787#

4-3. 노비 엇남의 토지 매매 명문 : 해외한국학자료센터

　　http://kostma.korea.ac.kr/dir/viewI?dirType=orm&uci=RIKS%2BCRMA

　　%2BKSM-XE.1696.4421-20150413.KY_X_0137_003

4-4. 암행어사에게 제출된 청원서 : 국립중앙박물관

　　https://www.museum.go.kr/site/main/relic/search/view?relicId=2676#

4-5. 서계별단 : 국립중앙박물관

　　https://www.museum.go.kr/site/main/relic/search/view?relicId=2697

5-1. 대동법시행기념비 : 평택시청

　　http://sisa.pyeongtaek.go.kr/bbs/board.php?bo_table=ca06&wr_id=19

5-2. 「형정도(刑政圖)」 중 감금 : 국립민속박물관

　　https://www.nm.go.kr/common/data/home/relic/detailPopup.

　　do?seq=PS0100200100101124400000

5-3. 「금오당랑계첩(金吾堂郎契帖)」 : 국립중앙박물관

　　https://www.museum.go.kr/site/main/relic/search/view?relicId=1981

5-4. 남양주 사릉 : 문화재청

　　http://www.heritage.go.kr/heri/cul/culSelectDetail.do?ccbaCpno=1333102

　　090000&pageNo=1_1_1_1

5-5. 1900년 대구의 서당 : 대구광역시 중구 도심재생문화재단

　　http://djc.kr/gallery01_1.htm?no=33&page=1&pre=1&mod=view

6-1. 이윤탁 한글 영비 : 문화재청

　　http://www.heritage.go.kr/heri/cul/culSelectDetail.do?ccbaCpno=1121115

　　240000&pageNo=1_1_1_1

6-2. 이이 남매 화회문기 : 한국민족문화대백과사전

　　https://encykorea.aks.ac.kr/Contents/GetImage?id=0806042-386a-457a-

　　8ba3-ecccd587e17&w=600&h=600&square=1

6-3. 풍속화 「야연(野宴)」: 국립중앙박물관

　　https://www.museum.go.kr/site/main/relic/search/view?relicId=107221

6-4. 침락정 : 문화재청

http://www.heritage.go.kr/heri/cul/culSelectDetail.do?ccbaCpno=2113700

400000&pageNo=1_1_1_1

6-5. 김후신 작, 「대쾌도(大快圖)」: 문화일보 (간송미술관 소장)

http://www.munhwa.com/news/view.html?no=2018062601032212000001

7-1. 『병자일기』: 문화재청

http://www.heritage.go.kr/heri/cul/culSelectDetail.do?pageNo=1_1_1_1&c

cbaCpno=2114500040000

7-2. 숙녀의 묘와 송상현의 묘 : 우리문화신문

https://www.koya-culture.com/news/article.html?no=113040

7-3. 「회혼례도(回婚禮圖)」: 국립중앙박물관

https://www.museum.go.kr/site/main/relic/search/view?relicId=1492#

7-4. 김홍도 작, 「송도유수도임식(松都留守到任式)」: 국립중앙박물관

https://www.museum.go.kr/site/main/relic/search/view?relicId=1442

7-5. 「화조영모도(花鳥翎毛圖)」 중 석류 부분 : 국립민속박물관

https://nm.go.kr/common/data/home/relic/detailPopup.

do?seq=PS0100200100104723800000

8-1. 김만복처정소사원정 : 규장각고문서

https://kyudb.snu.ac.kr/book/text.do?book_cd=TM18959_00

8-2. 산이면 : 국토지리정보원

http://map.ngii.go.kr/ms/map/NlipMap.do

8-3. 김홍도 작, 「풍속화첩(風俗畵帖)」 중 '말징박기'

https://www.museum.go.kr/site/main/relic/search/view?relicId=613

8-4. 김득신 작, 「파적도(破寂圖)」: 문화일보 (간송미술관 소장)

http://www.munhwa.com/news/view.html?no=2018062601032212000001

9-1. 입안(立案) : 국립중앙박물관

https://www.museum.go.kr/site/main/relic/search/view?relicId=2677

9-2.「감로탱화」중 부분 : 국립중앙박물관

　　https://www.museum.go.kr/site/main/relic/search/view?relicId=2285#

9-3.「수갑계첩(壽甲禊帖)」: 국립중앙박물관

　　https://www.museum.go.kr/site/main/relic/search/view?relicId=8319

9-4. 함남영흥 관노비 부부 2쌍 : 국립중앙박물관

　　https://www.museum.go.kr/site/main/relic/search/view?relicId=35946